언어학 그리고 중어학

언어학 그리고 중어학

김태경 지음

한국문화사

언어학 그리고 중어학

1판 1쇄 발행 2024년 12월 12일

지 은 이	김태경
펴 낸 이	김진수
펴 낸 곳	한국문화사
등 록	제1994-9호
주 소	서울시 성동구 아차산로49, 404호(성수동1가, 서울숲코오롱디지털타워3차)
전 화	02-464-7708
팩 스	02-499-0846
이 메 일	hkm7708@daum.net
홈페이지	http://hph.co.kr

ISBN 979-11-6919-267-5 93720

- 이 책의 내용은 저작권법에 따라 보호받고 있습니다.
- 잘못된 책은 구매처에서 바꾸어 드립니다.
- 책값은 뒤표지에 있습니다.

오류를 발견하셨다면 이메일이나 홈페이지를 통해 제보해 주세요.
소중한 의견을 모아 더 좋은 책을 만들겠습니다.

머리말

 본서는 중국어 학습자들이 쉽게 읽을 수 있는 중국어학 개론서이다. 이 책에서는 언어학의 하위 분야인 음성학, 음운론, 형태론, 통사론, 의미론의 각도에서 중국어에 보이는 음운 현상과 문법에 대해 다루었다. 중국어학을 문자학, 음운학, 문법학의 세 분야로 나누어 기술한 기존의 개론서와 내용의 순서는 다르지만, 기존 개론서의 내용을 전부 포함한다. 중국 문자학에서 배우는 내용은 중국의 문자 편에서 다루었고, 중국어 음운학에서 배우는 내용은 음성학, 음운론, 형태론 편에 기술되어 있다. 또한 문법학에서 배우는 내용은 형태론, 통사론, 품사와 문법 범주 편에 모두 기술되어 있다. 여기에 기존의 중국어학 개론서에서는 거의 다루지 않은 화용론을 포함한 의미론도 다루었고, 역사비교언어학 부분에서는 중국어의 음운, 문법, 어휘에 발생한 변화에 대해서 통시적으로 기술했다. 책을 다 읽고 나면 중국 어학에 관련된 내용뿐 아니라 일반 언어학에서 다루는 내용도 자연스럽게 습득할 것이다. 중어학을 배우고도 일반 언어학 용어가 생소할 수 있는데, 이 책은 그러한 단점을 보완할 수 있다.

 또한 이 책은 중국어학에 관한 책이지만 중국어에 보이는 언어 현상뿐 아니라 한국어와 영어, 베트남어 등 여러 언어에서 볼 수 있는 언어 현상도 간략하게 다루었으므로, 중국어뿐 아니라 다른 언어나 일반 언어학을 공부하는 독자들도 참고할 수 있다. 예문은 중국어 위주이지만, 필요에 따라 한국어와 영어 문장도 적극적으로 활용했다. 중국어를 많이 배우지 않았어도 중고등학교에서 배운 영어와 약간의 한자 지식만 있어도 누구나 읽고 이해할 수 있도록 쉽게 기술했으므로, 독자들은 이 책을 통해 언어학에서 쓰이는 용어를 자연스럽게 습득할 수 있고, 언어학은 어떠한 학문인지, 또한 중국어는 한국어, 영어 등의 언어와 어떤 점이 비슷하고 어떤 점이 차이가 나는지 스스로 분석할 수 있을 것이다.

끝으로 이 책이 출판되도록 도와주신 한국문화사 관계자 여러분과, 귀중한 시간을 내어 원고를 읽고 교정을 봐준 김수정, 송미령, 이경희 세 분의 선생님들께도 진심으로 감사드린다. 또한 김수정 선생님과 곡효운 선생님께는 중국어 예문에 대해 여러 차례 자문을 구했는데, 이 자리를 빌려 두 분께 깊이 감사드린다. 그리고 엄익상 선생님과 이규갑 선생님께는 발음 표기와 한자의 자형 등 여러 가지 문제에 대해 자주 여쭤보았다. 항상 친절히 알려 주신 엄익상 선생님과 이규갑 선생님께도 이 자리를 빌려 깊이 감사드린다.

2024년 11월
김태경

목차

머리말 5

제1장 언어학의 연구 대상

1.1. 일반 언어학과 개별 언어학 ······ 11
1.2. 언어학의 하위 분야 ······ 12
1.3. 공시 언어학과 통시 언어학 ······ 14
1.4. 중어학의 연구 대상과 역사 ······ 14

제2장 음성학

2.1. 음성학의 분야와 국제 음성 문자 ······ 17
2.2. 조음 음성학 ······ 18
    1. 자음의 분류 19   2. 모음의 분류 25

제3장 음운론

3.1. 음소론 ······ 29
    1. 음소 30   4. 음운 변동과 음운 규칙 37
    2. 변이음 32   5. 음절 42
    3. 변별 자질 34   6. 중국어의 음운체계 45
3.2. 운율론 ······ 51
    1. 세기 52   3. 높이 53
    2. 길이 52

제4장 형태론

4.1. 단어의 정의 ··· 57
4.2. 형태소 ··· 59

    1. 형태소의 발견 59   3. 형태소의 변이 형태 61
    2. 형태소의 종류 60

4.3. 형태음운론 ··· 65

    1. 경성 65   3. 권설 운미 70
    2. 제3성의 성조 변화 68

4.4. 형태론의 조어법 ····································· 72

    1. 굴절 72   3. 합성 75
    2. 파생 73

제5장 통사론

5.1. 통사론의 연구 대상 ·································· 79
5.2. 구조주의 언어학 ···································· 83
5.3. 성분 분석과 구절 구조 규칙 ·························· 85
5.4. 변형생성문법 ······································· 91

제6장 품사와 문법 범주

6.1. 품사 분류 ·· 96
6.2. 중국어의 품사 ······································ 98

    1. 명사 98   7. 부사 108
    2. 동사 99   8. 전치사 110
    3. 형용사 104   9. 조사 111
    4. 대사 106   10. 접속사 118
    5. 수사 106   11. 감탄사 120
    6. 양사 107   12. 의성사(의성어) 120

6.3. 문법 범주 ·· 120

 1. 수 121
 2. 성 121
 3. 격 123
 4. 인칭 124

 5. 시제 126
 6. 상(相) 129
 7. 서법(敍法) 132
 8. 태(態) 133

6.4. 단문과 복문 ·· 135

제7장 의미론

7.1. 의미 연구 방법 ·· 137
7.2. 단어의 의미 ·· 138

 1. 다의, 동형 139
 2. 계열적 관계 146
 3. 통합적 관계 150

7.3. 문장의 의미 ·· 151

 1. 중의성 152
 2. 관용어 154

7.4. 화용론 ··· 155

 1. 언어 행위 156
 2. 발화 지시사(deixis) 157
 3. 직접 화행과 간접 화행 158
 4. 전제 159
 5. 함의 160
 6. 협력과 함축, 공손 162

제8장 역사 언어학과 비교 언어학

8.1. 역사비교언어학의 정의 ··· 165
8.2. 음성 변화 ·· 167

 1. 무조건 변화 168
 2. 조건 변화 169
 3. 산발적 변화 170
 4. 음운 분열과 음운 합류 174

8.3. 문법 변화 ·· 178
8.4. 어휘 변화 ·· 181

1. 인칭 대명사의 변화 182　　　2. 신조어의 형성 184

　　8.5. 비교 언어학 ··· 186

　　　　1. 중국어 방언 187　　　　　3. 언어의 분류 194
　　　　2. 재구 193

제9장 중국의 문자

　　9.1. 문자 이전의 기록 방법 ·· 201
　　9.2. 한자의 기원과 변화 ··· 203
　　9.3. 한자체의 변화 과정 ··· 210

　　　　1. 갑골문(甲骨文) 210　　　　4. 소전(小篆) 216
　　　　2. 금문(金文) 213　　　　　　5. 예서(隸書) 217
　　　　3. 대전(大篆)과 고문(古文) 215　6. 해서(楷書) 219

　　9.4. 『설문해자』와 육서 ·· 221

　　　　1. 육서(六書) 222　　　　　　2. 부수 224

　　9.5. 중국의 문자 개혁과 간체자 ··· 225

　　　　1. 한자와 발음기호 226　　　2. 한자 간소화 방안 230

참고문헌　233
찾아보기　235

제1장 언어학의 연구 대상

언어학은 인간의 언어와 관련한 여러 현상을 과학적으로 연구하는 학문이다. 스위스의 언어학자 페르디낭 드 소쉬르(Ferdinand de Saussure)는 『일반 언어학 강의』(1916)에서 언어를 랑그(langue)와 파롤(parole)의 두 개념으로 설명했다.[1] 랑그는 같은 언어를 사용하는 구성원들이 서로 의사소통할 수 있게 해 주는, 사회적으로 합의된 규칙의 체계이다. 반면 파롤은 같은 언어를 쓰는 구성원들이 랑그에 대한 지식을 바탕으로 그때그때의 상황에 따라 음성으로 표현한 말이다. 언어학의 연구 대상은 랑그이지만, 랑그는 파롤을 통해서만 파악할 수 있다. 듣는 사람은 파롤에 쓰이는 음성을 통해서 말하는 사람이 나타내려는 의미를 파악한다.

1.1. 일반 언어학과 개별 언어학

언어의 규칙 체계, 즉 랑그를 연구하는 언어학은 크게 일반 언어학과

---

[1] 『일반 언어학 강의』는 소쉬르 사후에, 제자들이 그의 강의 노트를 편집해 출간한 책이다.

개별 언어학으로 나뉜다. 일반 언어학은 언어의 본질, 기능, 보편적 특성, 변화 과정 및 변화의 원인이나 원리 등 모든 언어에서 볼 수 있는 일반적인 문제를 다루는 학문이며, 개별 언어학은 개별 언어의 특성을 과학적으로 밝히는 학문이다. 따라서 중어학은 중국어를 과학적으로 연구하는 개별 언어학의 한 분야이다.

1.2. 언어학의 하위 분야

우리가 중국어를 처음 배울 때 가장 먼저 익히는 것은 중국어에서 사용되는 특정한 음성들이다. 각 언어에서 사용되는 음성은 공통된 것도 있지만 특정 언어에서만 쓰이는 음성도 있다. 흔히 권설음(retroflex)이라고 불리는 파찰음 [tʂ]는 한국어와 영어에는 없고 중국어에는 있는 음성이다. 또한 한국어에서는 [f]가 의미를 구별하는 음성이 아니지만 영어와 중국어에서는 의미를 구별하는 음성이다. 중국어의 두 단어 副[fù]와 不[pù]²는 모음과 성조는 같으나 어두 자음이 다르다. 영어의 두 단어 fan, pan 역시 어두 자음만 다르다. 그러므로 영어와 중국어에서는 [f]와 [p]가 모두 단어의 의미를 구별하는 음성이다. 이렇게 어떤 언어에서 의미를 구별하는 기능을 가진 음성을 음소(phoneme)라고 한다. 각 언어에서 사용되는 음성은 언어마다 조금씩 차이를 보이는데, 인간의 여러 언어에 사용되는 모든 음성을 연구하는 학문이 음성학이고, 각 언어에서 음소를 찾아내고 음소들이 결합해 음절을 이루는 규칙을 연구하는 학문이 음운론이다.

---

2   不는 중국에서 사용되는 발음 기호인 한어병음자모(漢語拼音字母)로는 발음이 bù로 표기된다. 한어병음자모의 b는 국제 음성 문자(IPA)로는 [p]이고, p는 [pʰ]이다. [ʰ]는 유기음, 즉 발음할 때 조음 기관에서 공기가 강하게 빠져나오는 음을 가리킨다.

영어에서 복수를 나타내는 -s처럼, 하나의 음소가 뜻을 가진 가장 작은 단위인 형태소(morpheme)가 되는 경우도 있지만, 음소는 흔히 다른 음소와 결합해 형태소와 음절을 구성한다. 한국어의 공, 밤, 영어의 ball, night, 중국어의 球, 夜, 人은 단음절 형태소이자 단어로, 이 단어들은 의미를 가진 더 작은 단위로 분해되지 않지만, 한국어의 눈사람, 중국어의 歌手, 영어의 unavailable은 각각 눈+사람, 歌+手, un+avail+able로 의미를 가진 두 개 이상의 단위로 각각 나뉠 수 있다. 이 의미를 가진 최소의 단위가 형태소이다. 우리가 특정 언어를 사용할 때 가장 기본적인 단위로 인식하는 것은 단어이지만, 단어는 흔히 하나 이상의 형태소로 구성된다. 이 형태소가 어떤 규칙하에 단어로 구성되는지 연구하는 학문이 형태론이다. 그리고 단어는 일정한 규칙에 따라 서로 결합해 문장을 구성할 수 있는데, 단어가 어떤 규칙에 따라 문장을 구성하는지 연구하는 학문은 통사론이다.

따라서 언어학은 언어를 구성하는 각각의 단위 가운데 연구 대상이 무엇인지에 따라 다음과 같은 하위 분야로 나뉠 수 있다.

음성학(phonetics): 인간의 언어에 사용되는 모든 음성을 객관적으로 분류하고 기술하는 학문

음운론(phonology): 음성 가운데 각 언어에서 뜻을 구별하는 기능을 지닌 음성, 즉 음소를 찾아내고, 그 음소들이 결합해 형태소와 음절을 이루는 규칙을 연구하는 학문

형태론(morphology): 형태소와 단어의 구조를 밝히고, 형태소들이 어떤 규칙에 따라 결합해 단어를 구성하는지 연구하는 학문

통사론(syntax): 단어가 어떤 규칙에 따라 결합해 문장을 구성하는지 연구하는 학문

의미론(semantics): 단어와 문장의 의미체계를 연구하는 학문

중어학은 개별 언어인 중국어를 연구하는 학문으로, 중국어도 위의 하위 분야에 따라 음성학, 음운론, 형태론, 통사론, 의미론 등의 각도에서 연구될 수 있다. 문법학은 주로 형태론과 통사론으로 구성된다.

1.3. 공시 언어학과 통시 언어학

언어학은 특정한 시기의 언어를 연구 대상으로 하느냐, 시간의 흐름에 따라 변화하는 언어를 연구 대상으로 하느냐에 따라 공시(共時) 언어학과 통시(通時) 언어학으로 분류된다. 언어는 끊임없이 변화하지만 공시 언어학은 특정 시기의 한 언어체계를 기술하는 것이므로 정태(靜態) 언어학이라고도 한다. 통시 언어학은 언어의 역사적인 변화 과정을 기술하므로 역사 언어학이라고도 한다.

1.4. 중어학의 연구 대상과 역사

한자는 흔히 모양, 소리, 뜻, 즉 형(形), 음(音), 의(義)를 갖추었다고 말한다. 전통적으로 한자의 모양을 연구하는 학문은 문자학, 소리를 연구하는 학문은 성운학(聲韻學), 뜻을 연구하는 학문은 훈고학(訓詁學)이라고 불려 왔다. 중국어는 다른 언어들과 달리 중국어를 기록하는 문자인 한자(漢字)가 그 자체로 하나의 연구 대상이 되어 왔으며, 다른 개별 언어학과는 달리 문자를 연구하는 학문인 문자학이 중어학에서 큰 비중을 차지한다. 일반적으로 한자를 연구하는 학문인 문자학, 중국어의 음운체계를 연구하는 학문인 성운학(음운학), 경전의 글자나 어구를 풀이하는 학문인 훈고학은 중국 언어학의 전통적인 세 연구 분야였다. 그러나 오늘날 중어학의 세 분야라고 하면 문자학, 음운학, 문법학을 꼽는다.

중국 문자인 한자는 매우 유구한 역사를 자랑한다. 적어도 지금으로부터 약 3300년 전에 한자가 사용되기 시작했다.[3] 중국 문자학은 이러한 한자의 기원과 변화 과정을 연구 대상으로 포함하고 있어, 명실상부한 역사 언어학의 한 분야라고 할 수 있다. 중국에서 문자에 대한 연구가 시작된 시기는 한대(漢代)까지 거슬러 올라간다. 중국 최초의 자전이자 한자학 이론서인 『설문해자(說文解字)』가 한대에 간행되었다. 『설문해자』에는 수록된 각 한자에 "가(椵)는 가(賈)처럼 읽는다(椵讀若賈)"와 같이 음도 표기해 놓았다. 이러한 음 표기 방법은 후한(後漢) 말에 등장해 위진남북조(魏晉南北朝) 시기 이후 보편적으로 사용되기 시작한 음 표기 방법인 반절(反切)에 의해 대체되었다.[4] 반절은 두 글자로 한 글자의 음을 표기하는 방법으로, 당시 언어의 음운체계에 대한 지식 없이는 활용되기 어려운 음 표기법이었다. 또한 반절뿐 아니라 운서(韻書)가 간행된 사실 역시 당시 언어의 음운체계에 대한 학자들의 지식이 상당했음을 보여준다. 운서는 시(詩)를 지을 때 운(rhyme)을 맞출 수 있도록 운이 같은 글자들을 모아놓은 책이다. 최초의 운서가 위진(魏晉) 시기에 이미 출간되었고, 당대(唐代) 말기부터는 운도(韻圖)라 불리는 음운 자료도 간행되기 시작했다.[5] 그러므로 중국어의 음운체계를 연구하는, 이른바 성운학이라

---

3 갑골문은 상(商)나라의 마지막 도읍지인 은(殷)에서 발견되었다. 따라서 상나라는 은나라라고도 불린다. 사전에는 상나라가 기원전 1600년경에 세워져 기원전 1046년경에 멸망한 것으로 되어 있는데, 학계에서는 은이 도읍지였던 기간을 대략 200년 정도(최영애 2011:133)로 추정한다. 그렇다면 갑골문은 지금으로부터 약 3300년에서 3100년 전에 사용된 문자 기록이다. 문자가 단기간에 갑자기 만들어져 통용되었을 리는 없으므로, 중국 문자는 3300년 전보다 더 이전에 만들어졌다고 보아야 한다.
4 반절은 표음 대상이 되는 글자와 성모(聲母, 음절의 초성)가 같은 글자 및 운모(韻母, 성모를 제외한 부분)가 같은 글자를 나란히 배열해 ○○절로 음을 표기하는 방법이다. 반절에 대해서는 제9장의 9.5 중국의 문자 개혁과 간체자 1. 한자와 발음 기호 편을 참조하라.
5 최초의 운서는 위(魏) 리 떵(李登)이 지은 『성류(聲類)』이고, 뒤이어 진(晉)나라 때

불리는 중국어 음운학도 상당히 오래된 학문이라고 할 수 있다. 중국어의 문법 연구는 두 분야에 비해 매우 늦게 시작되었다. 넓은 의미에서 문자와 음운을 문법의 범위에 넣기도 하지만, 문법학이 대체로 형태론과 통사론으로 한정된다는 점을 고려하면, 중국어 문법 연구는 마 지앤종(馬建忠)이 저술한 문법서인 『마씨문통(馬氏文通)』(1898)에서 비롯되었다고 할 수 있다. 따라서 중국어 문법 연구는 19세기 말에야 시작된 셈이다.[6]

본서에서는 일반 언어학의 각도에서 음성학, 음운론, 형태론, 통사론, 의미론의 순서로 중국어에 대해 살펴보고, 중국어의 변화를 역사 언어학의 관점에서 기술하려 한다. 또한 마지막으로 중국 문자인 한자에 대해서도 살펴볼 것이다.

뤼 징(呂靜)이 『운집(韻集)』을 지었다고 전한다. 그러나 두 운서 모두 유실되었다. 운도는 등운도(等韻圖)라고도 하는데, 한자의 자음을 쉽게 찾을 수 있도록 제작한 도표라고 할 수 있다. 리 떵(李登), 뤼 징(呂靜) 등 본서의 중국어 인명과 지명 표기는 엄익상(2002) 표기법을 따랐음을 밝혀 둔다.

[6] 『마씨문통』 이후 출간된 주요 문법서로는 뤼 수시앙(呂叔湘)의 『중국문법요략(中國文法要略)』과 왕 리(王力)의 『중국현대어법(中國現代語法)』이 있고, 미국에서 출판된, 자오 위앤런(Chao, Yuen Ren 1968)이 쓴 *A Grammar of Spoken Chinese*가 있다. 이 책은 홍콩과 중국에서 『중국어의 문법(中國話的文法)』(丁邦新 역)과 『한어구어어법(漢語口語語法)』(呂叔湘 역)이라는 제목으로 중국어 역서가 출판되어 보급됨으로써 중국 문법학계에 큰 영향을 미쳤다. 최영애(2011:202-203) 참조.

제2장 음성학

음성학(phonetics)은 언어학의 하위 분야로, 사람의 입을 통해 나오는 말소리를 분석해서 객관적으로 기술하고 분류하는 학문이다.

2.1. 음성학의 분야와 국제 음성 문자

음성학에는 조음 음성학(articulatory phonetics), 음향 음성학(acoustic phonetics), 청취 음성학(auditory phonetics)의 세 분야가 있다. 조음 음성학은 인간이 말소리를 만들어 내는 과정을 설명하고 만들어 낸 말소리를 기술하고 분류하는 학문이다. 음향 음성학은 공기 파장을 통해 전달되는 음성의 물리적 특성을 연구하고, 청취 음성학은 귀에 전달된 음성이 어떻게 지각되고 인지되는지를 연구하는 학문이다.

현재 언어학계에서는 말소리를 기술하기 위한 수단으로 국제 음성 문자(International Phonetic Alphabet, IPA)를 사용한다. 국제 음성 문자는 말소리의 발음과 철자 표기와의 차이 때문에 생긴 것이다. 친구라는 뜻의 우리말 '동무'와 혼자 추는 춤을 뜻하는 '독무(獨舞)'는 철자 표기가 다르지만, 같은 음으로 읽힌다. 영어 단어 'give'와 'giant'의 'g'는 철자가 같지만,

실제 발화되는 소리는 다르다. 중국어 단어 '弟弟'는 중국어 발음 기호인 한어병음자모(漢語拼音字母)로 'dìdi'라고 표기하지만, 첫음절의 초성은 우리말 'ㄸ', 두 번째 음절의 초성은 우리말 'ㄷ'으로 발음된다.

이렇듯 철자 표기와 실제 발음과의 격차는 어느 언어에나 존재하는 현상이기 때문에 말소리를 객관적으로 기록하기 위해서는 공통의 표기법이 필요하다. 또한 각 언어에 존재하는 말소리를 비교하고 연구하는 데에도 이러한 표기법은 필수적이다. 이 국제 음성 문자를 이용하여 언어의 음성을 기록하는 일을 전사(轉寫, transcription)라고 한다. 언어학에서 음성 전사는 [ ] 안에 표기한다. 조음 음성학의 연구 성과로 각 언어에 존재하는 모음과 자음을 국제 음성 문자로 기술할 수 있게 되었다.

2.2. 조음 음성학

발음 기관은 기류를 내보내는 호흡 기관, 성대를 작동시켜 소리가 나게 하는 발성 기관, 구강과 비강을 중심으로 혀, 입술을 움직여 각종 음성을 만들어 내는 조음 기관으로 나뉜다. 이 세 기관 중에서 조음 기관이 음가(音價) 결정에 가장 중요한 역할을 한다. 구강은 크게 상부와 하부로 나뉘는데, 상부에는 윗입술, 윗니, 치조, 경구개, 연구개, 목젖이 있다. 하부는 아랫입술, 혀끝, 전설, 후설로 나누어진다. 상부의 조음 기관은 비교적 고정되어 있고, 하부의 조음 기관은 유동적이어서 잘 움직인다.

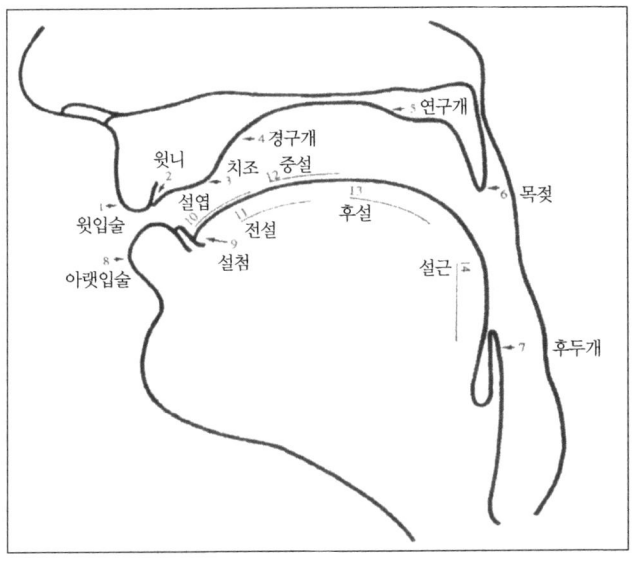

〈그림 2-1〉 발음 기관

이러한 조음 기관을 통해 나오는 언어 음성은 크게 자음과 모음으로 나뉜다. 자음(consonant)은 공기가 입안(구강)이나 코안(비강)을 통해 바깥으로 빠져나가면서 구강이나 비강 가운데 어느 한 부분에서 방해를 받고 조음되는 음성이다. 반면 모음(vowel)은 아무런 방해를 받지 않고 성대 진동이 수반되어 조음되는 음성이다. 조음 기관의 방해를 받지 않고 소리가 나는 모음이 자음보다 훨씬 귀에 잘 들리고, 세기(stress), 높이(pitch), 길이(length) 등의 운율적 성질을 지닌다. 중국어에서 성조를 표기할 때 모음 위에 표기하는 것도 이 같은 이유에서이다.

1. 자음의 분류

자음은 발음 부위, 즉 조음 위치(place of articulation)와 발음 방식, 즉 조음 방식(manner of articulation)에 따라 분류된다. 다음에서 영어의 알파벳과 국제 음성 문자의 발음이 일치하는 경우는 [ ] 표기를 생략했다. 중국어의 발음은 중국에서 사용하는 발음 기호인 한어병음자모를 먼저 적고 국제 음성 문자로 그 소릿값을 옆에 표기했다.

(1) 조음 위치에 따른 분류

① 양순음(bilabial) : 아랫입술과 윗입술이 맞닿아 나는 소리이다. 한국어의 ㅂ, ㅃ, ㅍ, ㅁ, 영어의 b, p, m과 중국어의 b[p], p[pʰ], m[m] 등이 양순음이다.

② 순치음(labiodental) : 아랫입술이 윗니에 닿아 나는 소리이다. 현대 표준 중국어의 f[f], 영어의 f, v, 베트남어의 ph[f], v[v]가 순치음이다. 한국어에는 없는 음성이다.

③ 치음(dental) : 영어의 [θ], [ð] 등이 치음에 해당하는데, 일부 사람들은 혀끝을 윗니 뒤에 대고 소리를 내지만, 일부 사람들은 윗니와 아랫니 사이에 혀끝을 내밀고 소리를 낸다. 한국어에는 없는 음성이다.

④ 치·치조음(dental-alveolar) : 중국어의 z[ʦ], c[ʦʰ], s[s]가 해당한다. 혀끝을 윗니 뒤에 접근시켜 소리를 낸다. 학자들에 따라서는 중국어의 [ʦ], [ʦʰ], [s]를 치음에 넣기도 하는데(端木三 2003:38), 엄밀히 말하면 [ʦ], [ʦʰ], [s]의 조음 위치는 치음 [θ], [ð]와 치조음의 중간 정도에 해당한다.[7]

⑤ 치조음(alveolar) : 혀끝을 윗니 뒤의 치조에 붙이거나 접근시켜 내는 소리이다. 영어의 d, t, n, l, s, z, 중국어의 d[t], t[tʰ], n[n], l[l]와 한국어의 ㄷ, ㄸ, ㅌ, ㄹ, ㅅ 등이 있다.

⑥ 권설음(retroflex) : 권설음(捲舌音)의 '권설'은 '혀를 말다'라는 뜻이지만, 실제로는 혀를 들어 올린 상태로 혀끝을 치조 돌기(alveolar ridge)의

---

[7] 중국어의 z[ʦ], c[ʦʰ], s[s]를 음가를 따져서 이렇게 치·치조음으로 설정해 분류하는 것이 치음이나 치조음에 넣는 것보다 적절하다고 본다.

뒷부분에 접근시켜 내는 소리이다. 중국어의 zh[tʂ], ch[tʂʰ], sh[ʂ], r[ɻ] 등이 권설음이다. 영어를 구사하는 사람들의 다수가 권설음을 전혀 발음하지 않는다. 그러나 일부 사람들은 rye, row, ray 등의 단어의 첫 글자를 발음할 때 권설음으로 읽는다. ire, hour, air 등의 어말음 r을 발음할 때도 혀끝이 들리는 권설음으로 발음될 수 있다(Ladefoged 2001:7).

⑦ 치조·경구개음(palato-alveolar) : 치조와 경구개의 접경 부분에 전설(前舌)의 앞부분을 접근시켜 내는 음성이다. 한국어의 ㅈ, ㅊ과 영어의 [ʃ], [tʃ], [ʒ], [dʒ], 중국어의 j[tɕ], q[tɕʰ], x[ɕ] 등이 있다.

⑧ 경구개음(palatal) : 혀의 앞부분을 경구개 쪽으로 올려서 내는 소리이다. 한국어에서 힘, 향기를 발음할 때의 ㅎ, 독일어 ich의 ch가 경구개음으로 발음된다. 현재 한국에 살고 있는 중국의 산똥(山東) 지역 방언을 구사하는 화교들은 '現在'의 '現'을 [çien]으로 발음하는데, [ç]는 [x]보다 조음 위치가 앞쪽인 경구개 마찰음이다. 〈표2-1〉에서 경구개 파열음으로 분류된 [c]는 치조·경구개음인 한국어 'ㅉ'에 가깝게 들린다. 베트남어 ch가 [c]로 읽히고 tr도 베트남의 북부지역에서는 [c]로 읽는다.

⑨ 연구개음(velar) : 혀의 뒷부분을 연구개에 대거나 접근시켜 내는 소리이다. 한국어의 ㄱ, ㄲ, ㅋ과 종성 ㅇ, 중국어의 g[k], k[kʰ], h[x], 종성의 ng[ŋ], 영어의 k, g, [ŋ] 등이 있다. 베트남어에는 ng[ŋ]이 어말 자음뿐 아니라 어두 자음으로도 존재한다.

⑩ 성문음(glottal) : 성문이 폐쇄되거나 마찰이 되어 나는 음성이다. 한국어의 ㅎ, 영어의 h가 해당한다. 베트남 문자 h도 성문음 [h]이다.

〈표 2-1〉 국제 음성 문자

자 음	양순음	순치음	치음	치조음	치조-경구개	권설음	경구개	연구개	목젖음	인두음	성문음
파 열 음	p b			t d		ʈ ɖ	c ɟ	k g	q ɢ		ʔ
내 파 음	ɓ			ɗ		ᶑ	ʄ	ɠ	ʛ		
비 음	m	ɱ		n		ɳ	ɲ	ŋ	N		
떨림 소리	ʙ			r					R		
두들김소리				ɾ		ɽ					
마 찰 음	ɸ β	f v	θ ð	s z	ʃ ʒ	ʂ ʐ	ç ʝ	x ɣ	χ ʁ	ħ ʕ	h ɦ
설측마찰음				ɬ ɮ							
접 근 음		ʋ		ɹ		ɻ	j	ɯ			
설측접근음				l		ɭ	ʎ	ʟ			

(2) 조음 방식에 따른 분류

① 유성음(voiced)과 무성음(unvoiced) : 성대의 진동 여부에 따라 유성음(voiced)과 무성음(unvoiced)으로 나뉜다. 영어의 b, d, g, z, n, l 등은 유성음이고 p, t, k, s 등은 무성음이다. 비강으로 기류를 내보내 발음하는 비음은 대부분 유성음으로, 중국어의 n[n], ng[ŋ](종성), 한국어의 ㄴ, ㅁ, ㅇ(종성) 등도 유성음이다. 그러나 한국어는 비음을 제외하고, 유성과 무성의 구별이 뚜렷하지 않다. ㄱ, ㄷ, ㅂ이 유성의 자음이나 모음 사이에 있을 때는 유성음으로 발음되고, 첫 음절의 초성으로 쓰이면 무성음으로 발음된다.

② 구강음(oral)과 비강음(nasal) : 공기가 빠져나오는 조음 위치가 입이면 구강음(oral), 코일 경우 비강음(nasal), 즉 비음에 속한다. 중국어의 n[n], ng[ŋ](종성), 한국어의 ㄴ, ㅁ, ㅇ(종성), 영어의 m, n, [ŋ]은 비강음이고, 비음을 제외한 나머지 자음은 구강음이다.

③ 조음 기관이 완전히 폐쇄되어 발음되느냐 아니면 폐쇄가 불완전하게 이루어진 채 마찰이 발생하면서 조음되느냐 등 기류가 발음 기관의 방해를 받는 방식에 따라서도 자음이 분류된다.

ㄱ. 파열음(plosive, 또는 폐쇄음 stop) : 조음 기관 가운데 한 부분이 완전히 붙었다가 파열되면서 나는 음성이다. 영어의 b, p, d, t, g, k, 중국어의 b[p], d[t], g[k] 등의 음성과 한국어의 ㄱ, ㄷ, ㅂ 등을 들 수 있다. 비음 m, n를 발음할 때도 조음 기관이 완전히 폐쇄되므로 이 음들도 폐쇄음이다.

ㄴ. 내파음(implosive) : 파열음을 발음할 때는 폐쇄 단계, 지속 단계, 파열 단계를 거쳐 발음되는데, 내파음은 파열 단계를 거치지 않은 채 발음된다. 한국어에서는 '국', '밥'과 같이 종성에 쓰이는 폐쇄음이 파열 단계가 생략된 내파음으로 읽힌다. 베트남어 b[ɓ], d[ɗ]가 유성의 내파음이다.

ㄷ. 마찰음(fricative) : 발음 기관의 사이가 아주 좁혀진 상태에서 마찰이 발생해 나는 음성이다. 영어의 f, v, s, z, 중국어의 f[f], x[ɕ], s[s], sh[ʂ], h[x], 한국어의 ㅅ, ㅆ, ㅎ 등이 마찰음이다.

ㄹ. 파찰음(affricate) : 어떤 조음 기관이 폐쇄되었다가 파열될 때 파열되는 속도가 느려서 결과적으로 마찰이 일어나면서 조음되는 음성이다. 중국어의 z[ts], j[tɕ], zh[tʂ], 영어의 [tʃ], [dʒ], 한국어의 ㅈ, ㅊ 등이 있다.

ㅁ. 설측음(lateral) : [l]을 발음할 때 기류가 혀의 양옆으로 빠져나간다고 해서 붙여진 이름이다. 물 흐르는 소리 같다고 하여 유음(流音)이라고도 한다.

ㅂ. 접근음(approximant) : 조음 기관이 마찰음을 발성할 때보다 덜 좁혀진 상태에서 나는 소리이다. 양순 연구개 접근음 [w], 순치 접근음 [ʋ], 치조 접근음 [ɹ] 등이 있다.

④ 유기음(aspirated)과 무기음(unaspirated) : 발음할 때 조음 기관에서 공기가 강하게 빠져나오는 음은 유기음, 약하게 빠져나오는 음은 무기음이다. 무기음의 무기(無氣)는 빠져나오는 기류가 없는 것을 의미하지만,

어떤 음을 발음하든지 기류는 반드시 빠져나온다. 다만 유기음에 비해 빠져나오는 기류가 현저히 적어서 무기음이라 부른다. 파열음과 파찰음만 유기와 무기의 구별이 있고, 마찰음은 유기와 무기의 구별이 없다. 유기음 표시는 발음 기호 오른쪽 위에 [ʰ]를 붙인다. 한국어의 ㅍ, ㅌ, ㅋ, ㅊ은 유기음이고 ㅂ, ㄷ, ㄱ, ㅈ, ㅃ, ㄸ, ㄲ, ㅉ은 무기음이다. 중국어에서는 p[pʰ], t[tʰ], k[kʰ], q[tɕʰ], c[tsʰ], ch[tʂʰ]가 유기음이다.

자음의 명칭은 기(氣)의 유무 또는 공기 통로, 성(聲)의 유무, 조음 위치, 조음 방식의 순서로 명명된다. 예를 들면 [kʰ]는 유기·(무성)·연구개·파열음으로 명명되고, [n]는 비강·(유성)·치조·파열음으로 명명한다. 유기음은 반드시 무성음이고, 비강음은 유성음이므로 [kʰ]와 [n]를 기술할 때 성의 유무는 생략할 수 있다.

그러나 모든 언어에서 비강음이 유성음인 것은 아니다. 비음은 모두 유성음이라고 배운 독자들이 많겠지만, 현재 미얀마어에서는 비음과 유음이 여전히 무성음과 유성음의 두 갈래로 존재한다. 미얀마어에는 현재 비음 m, n, ɲ, ŋ과 유음 l 외에 m̥, n̥, ɲ̊, ŋ̊, l̥의 무성음이 있다. 무성의 비음과 유음은 코에서 기류가 강하게 나오는 유기음이다. 미얀마어를 오래 배운 학습자는 m̥과 m의 차이에 대해 "m̥은 m을 발음할 때보다 코에서 기류가 강하게 나온다"라고 설명한다.[8] 따라서 유기음은 반드시 무성음이지만, 미얀마어의 사례를 볼 때 모든 비음과 유음이 다 유성음인 것은 아니다.

---

8   무성의 비음인 m̥의 발음 방식에 대해서는 '언어 평등×오르비타 공식 유튜브'의 '미얀마어 첫걸음 준비 학습(2) 자음편'(2020년 4월 23일)을 참조했다.

2. 모음의 분류

모음은 세 가지 기준에 따라 분류된다. 입안이 벌어진 정도에 따라 고모음(high vowels)과 저모음(low vowels)으로 나뉘고, 발음할 때 혀의 가장 높이 올라간 부분이 혀의 앞쪽인가 뒤쪽인가에 따라 전설 모음(front vowels)과 후설 모음(back vowels)으로 나뉘며, 입술의 원순 정도에 따라서 원순 모음(rounded vowels)과 평순 모음(unrounded vowels)으로 나뉜다.

(1) 18개의 기본 모음

영국의 음성학자 존스(D. Jones)는 발음할 때 입안이 벌어진 정도, 혀 정점의 위치, 입술의 원순 정도에 근거해서 기본 모음 사각도(cardinal vowel system)를 만들어 여러 가지 모음을 기술했다. 입안이 벌어진 정도에 따라 고모음과 저모음이 결정되는데, 입이 적게 벌어지는 [i], [u]는 고모음, 크게 벌어지는 [a], [ɑ]는 저모음이다. 이 가운데 [i], [a]는 전설 모음, [u], [ɑ]는 후설 모음이다. 전설 고모음 [i]와 전설 저모음 [a] 사이에 일정한 간격을 두고 전설 모음 [e]와 [ɛ]가 위치한다. 또 후설 모음 [u]와 [ɑ] 사이에 일정한 간격을 두고 후설 모음 [o]와 [ɔ]가 위치한다. 이 8개의 모음을 제1차 기본 모음(primary cardinal vowels)이라고 한다. 〈그림 2-2〉에서 왼쪽의 8개 모음이 제1차 기본 모음이다. 이 가운데 평순 모음은 [i], [e], [ɛ], [a], [ɑ]이고, 원순 모음은 [u], [o], [ɔ]이다. 제1차 기본 모음의 평순 모음에 대응되는 원순 모음이 있고, 원순 모음에 대응되는 평순 모음이 있는데, 이 모음들을 제2차 기본 모음(secondary cardinal vowels)이라고 한다. 또한 고모음의 전설과 후설 사이에 평순 모음 [ɨ]와 이에 대응되는 원순 모음 [ʉ]를 설정하면 모두 18개의 기본 모음이 생긴다. 이밖에 18개의 기본 모음에는 포함되지 않지만, 모음사각도의 중앙에 위치하는 중앙 모음(mid central vowel, schwa) [ə]도 곧잘 사용되는 모음이다.

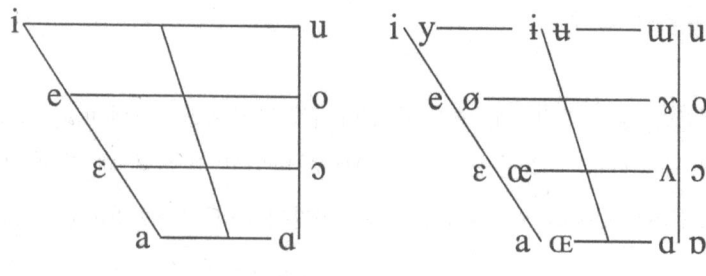

〈그림 2-2〉 기본 모음 사각도

중국어의 한어병음자모 가운데 e의 실제 음가는 [ɤ]인데, 그림에서 볼 수 있듯이 이것은 원순 모음 [o]에 대응되는 평순 모음이다. 또한 ü의 실제 음가는 [y]이며, 이것은 평순 모음 [i]에 대응되는 원순 모음이다.

(2) 비모음과 이중 모음

이 기본 모음들 외에 비모음(nasal vowels)과 이중 모음(diphthong)이 있다. 비모음은 구강뿐 아니라 비강으로도 공기를 통과시키면서 조음하는 모음이다. 비모음은 모음 위에 보조 기호 [˜]를 표기해 나타낸다. 모음이 비음 자음 뒤에 오면 비모음으로 발음된다. [ma], [na]를 발음할 때의 모음 a와 [ba], [ka]를 발음할 때의 모음 a를 비교해 보면, 구강음과 비모음의 차이를 알 수 있다. 또한 모음은 뒤에 오는 비음 자음의 영향도 받는다. sad[sæd]와 sand[sænd]의 모음을 비교하면 sad의 [æ]는 구강음이지만 sand의 [æ]는 비모음으로 읽힌다.

위와 같은 일반적인 음운 현상 외에, 중국어에서만 볼 수 있는 독특한 비음화 현상이 있다. 현대 표준 중국어를 구사하는 사람들은 일부 어휘의 끝에 권설음 -r[ɹ](儿)을 붙여 그 낱말을 권설음으로 발음한다. 권설음 -r[ɹ]이 붙은 이러한 음절을 중국어로 兒化韻(儿化韵, érhuàyùn)이라고 한다. 그런데 앞 글자의 말음이 [n]일 경우에는 [ɳɹ]이 되어 발음하기가 어려워지므로 [ŋ]이 탈락하게 되는데, 이때 앞의 모음이 비모음이 되는 비음화 현상이 발생한다.⁹ 예를 들면 [səŋ]과 [ɚ]이 결합하면 [sə̃ɚ]이 된다.

이중 모음으로는 한국어의 [야], [예], [요], [유], [와], [워] 등과 영어의 sale[seil], find[faind]의 [ei], [ai] 등이 있다. 중국어에는 [ia], [ou], [ei], [ai], [ye] 등 9개의 이중 모음이 있고, [iou], [iau], [uei], [uai]의 삼중 모음도 있다.

모음의 명칭은 입안이 벌어진 정도인 개구도(開口度), 혀 정점의 위치, 입술의 원순성 여부의 순으로 기술한다. 예를 들면 [y]는 고·전설·원순 모음으로, [a]는 저·전설·평순 모음으로 기술하고 [ɒ]는 저·후설·원순 모음으로 기술한다.

지금까지 음성을 자음과 모음으로 크게 분류하여 살펴보았다. 말소리는 음성의 연속체로, 이어지는 음성을 개별 음성으로 나누는 작업을 분할(segmentation)이라고 하며, 분할되어 나온 개개의 음성을 분절음(segmental sound)이라고 한다. 예를 들면 [hit]라는 음성의 연속체는 [h], [i], [t]의 세 분절음으로 분할되고, [desk]라는 음성의 연속체는 [d], [e], [s], [k]의 네 분절음으로 분할된다. 또한 '아름답다'를 뜻하는 중국어 어휘 美[měi]는 [m], [e], [i]의 세 분절음으로 분할된다.

그러나 분할되지 않는 음성 현상도 있다. 소리의 세기(stress), 높이(pitch), 길이(length) 등은 분절음처럼 분할되지 않으며, 분절음이 둘 이상 결합할 때 나타난다. 중국어 어휘 [měi]에서 모음 e 위의 ˇ 표기는 말소리의 높이에 변화를 주어 읽으라는 성조(tone) 표기이다. 성조는 어느 한

---

9 중국어 음운학에서는 전통적으로 한 음절을 두 부분, 즉 성모(聲母)와 운모(韻母)로 나누고, 운모는 다시 운두(韻頭, 개음), 운복(韻腹, 주요모음), 운미(韻尾, 말음)의 세 부분으로 나눈다. 운미는 모음이 될 수도 있고, 자음이 될 수도 있는데, 어느 경우이든 운복, 즉 주요모음 뒤의 운미는 하나뿐이다. 그러므로 운미가 -ŋ인 글자에 -ɚ이 붙어 권설음이 되면 -ŋ은 탈락할 수밖에 없다. 권설 운미에 대한 해석은 4.3 형태음운론 3. 권설 운미를 참조하라.

분절음에만 영향을 미치는 것이 아니라, 음절 전체에 영향을 미친다. 이러한 소리의 높이를 포함해 세기, 길이는 분절음에 상대되는 개념으로 초분절음(suprasegmental sound)이라고 한다. 초분절음에 대해서는 3.2 운율론에서 자세히 살펴볼 것이다.

제3장 음운론

음성학이 인간이 내는 말소리를 객관적으로 기술하고 분류하는 학문이라면, 음운론(phonology)은 각 언어에서 뜻을 구별하는 기능이 있는 말소리를 가려내고 그 결합 규칙을 알아내는 학문이다. 즉, 언어의 음성체계 또는 구조를 밝히는 학문으로 분절음인 음소를 다루는 음소론(phonemics)과 분할되지 않는 음성 현상을 다루는 운율론(prosody)으로 구별된다.

3.1. 음소론

음운론에서 가장 기본적인 개념은 음소(phoneme)이며, 음소의 사전적 의미는 음운의 최소 단위이다. 다음에서 각 언어에서 음소를 가려내는 방법과, 음소와 변이음의 차이에 대해 알아보고 음소를 기술하는 데 쓰이는 변별 자질 및 음성들이 결합해 만들어 내는 음절에 대해서도 살펴본다.

1. 음소

음소는 / / 속에 넣어 표기한다. 프랑스의 언어학자인 앙드레 마르티네 (André Martinet)는 이중 분절(double articulation)이라는 개념으로 언어가 일정한 단위들로 나누어지는 성질을 설명했다(성백인·김현권 1998:9). 그에 따르면 언어는 1차 분절(first articulation)에 의해 형태와 의미를 지닌 단소(單素)로 분절되고, 2차 분절(second articulation)에 의해 의미는 없지만 뜻을 구별하는 기능을 지닌 음성인 음소(音素)로 분절된다. 예를 들면 '게가바다로기어가다'라는 음성 연속체는 1차 분절에 의해 '게', '가', '바다', '로', '기', '어', '가', '다'의 형태와 의미를 지닌 단소들로 분절되고, 2차 분절에 의해 '게'는 /ㄱ/과 /ㅔ/로, '가'는 /ㄱ/과 /ㅏ/로, '바다'는 /ㅂ/과 /ㅏ/, /ㄷ/, /ㅏ/ 등 의미는 없지만 뜻을 구별하는 기능을 지닌 음성인 음소로 분절된다. '게'에서 /ㅔ/를 /ㅐ/로 교체하면 '개'가 되어 다른 단어가 된다. 그러므로 /ㅔ/와 /ㅐ/는 음소이다. 즉, 음소는 그 자체가 어떤 의미를 지니지 않지만, 단어의 형태와 뜻을 구별하는 최소 단위이다.

어떤 소리가 특정 언어에서 음소가 되는지 그렇지 않은지 알아보려면, 그 소리를 교체할 때 단어의 형태와 뜻이 바뀌는지 살펴보아야 한다. 한국어에서 [말]과 [발]은 [ㅏㄹ]이라는 공통된 환경(environment)에서 초성이 ㅁ이냐 ㅂ이냐에 따라 별개의 단어가 된다. 그러므로 두 음성 ㅁ, ㅂ은 음소이다. 이처럼 음소를 교체시켜 단어의 뜻과 의미가 달라지는지 알아보는 것을 환치(commutation)라고 한다. 한국어의 '굴'과 '꿀', '강'과 '공', '방'과 '빵', '덕'과 '떡', '자다'와 '짜다' 등과 영어의 vase와 face, find와 mind, 중국어의 买[mǎi]와 美[měi]에서처럼 오직 한 음소의 차이로 단어의 형태와 뜻이 구별되는 단어쌍을 최소 대립쌍(minimal pair)이라고 한다. 최소 대립쌍에서는 가려내려는 말소리가 똑같은 환경에서 대립한다. 따라서 최소 대립쌍을 찾아 내면 음소들을 가려낼 수 있다.

이렇게 음소로 가려낸 우리말의 자음은 ㄱ, ㄴ, ㄷ, ㄹ, ㅁ, ㅂ, ㅅ, ㅇ, ㅈ, ㅊ, ㅋ, ㅌ, ㅍ, ㅎ, ㄲ, ㄸ, ㅃ, ㅆ, ㅉ의 19개이다. 모음은 ㅏ, ㅐ, ㅓ, ㅔ, ㅗ, ㅜ, ㅡ, ㅣ, ㅚ, ㅟ의 단모음 10개와 ㅑ, ㅒ, ㅕ, ㅖ, ㅘ, ㅙ, ㅛ, ㅝ, ㅞ, ㅠ, ㅢ의 복모음 11개를 포함해 모두 21개의 모음이 있어, 한국어에는 40개의 음소가 있다. 국립국어원의 표준어 규정에는 단모음 가운데 'ㅚ', 'ㅟ'는 이중 모음으로 발음할 수 있다는 붙임이 달려 있다. 우리말의 'ㅟ'와 중국어의 ü[y]를 비교해 보면 확실히 'ㅟ'는 이중 모음으로 실현된다.

성백인·김현권(1998:36)에 의하면, 한국어에는 자음 19개, 모음 24개로, 모두 43개의 음소가 있고, 영어에는 44개의 음소가 있다. 그러나 국제 음성학 협회가 출판한 *Handbook of the International Phonetic Association*(1999)에서는 음성학자인 Ladefoged의 연구를 인용해 미국 영어에는 자음 24개, 모음은 이중 모음을 포함해 15개로, 모두 39개의 음소가 있고, 이현복(Hyun Bok Lee)의 연구를 인용해 한국어에는 자음 19개, 단모음 9개, 이중 모음 12개로 40개의 음소가 있다고 기술하고 있다. 이처럼 음소의 수가 일치하지 않는 것은 음소의 개수를 정하는 것이 쉽지 않은 일임을 보여 준다. Ladefoged도 방언에 따라 미국 영어에는 더 많은 모음이 포함될 수 있다고 밝힌다.[10] 음소 목록은 시대, 나이, 방언, 계층에 따라서도 변동이 있을 수 있다(성백인·김현권 1998:37).

중국어에는 초성에 쓰이는 21개 자음과 종성에만 쓰이는 1개의 자음 [ŋ]을 포함해 모두 22개의 자음이 있고, 이중 모음과 삼중 모음을 포함해 22개 정도의 모음이 있다.

---

10 International Phonetic Association 1999. *Handbook of the International Phonetic Association*, Cambridge University Press. p.41.

2. 변이음

음소는 교체하면 단어의 뜻이 바뀌기 때문에, 음성적인 차이가 있는 소리라 할지라도 단어의 뜻이 달라지지 않으면 음소가 아닌 변이음(allophones)으로 본다. 우리말에서 'ㄱ'은 어두에서는 무성음으로 발음되지만, 모음 사이에서는 유성음으로 발음된다. 한국어 어휘 '고기'를 국제 음성 문자로 전사하면 [kogi]이지만, 한국어에서는 자음에 유·무성의 대립이 없으므로 우리는 첫 번째 음절의 자음과 두 번째 음절의 자음을 다른 음으로 여기지 않는다. 그러므로 [g], [k]는 한 음소 /ㄱ/의 변이음으로 볼 수 있다.

중국어의 한어병음자모 a도 [a]뿐만 아니라 [ɑ] 또는 [ɛ]로도 실현된다. a는 앞에 다른 모음이 없이 -n과 결합하면 [a]로 읽히지만 -ŋ 앞에서는 후설 모음인 [ɑ]로 읽힌다.

    看   [kʰan]
    康   [kʰɑŋ]

이 경우 음성 [a]는 -n 앞에서, [ɑ]는 -ŋ 앞에서만 나타나는 상보적 분포(complementary distribution)를 이루며, [a]와 [ɑ]는 하나의 음소인 /a/로 취급한다. 앞에서 살펴본 /ㄱ/이 모음 사이에서 [g]로 실현되고 어두에서는 무성음 [k]로 실현되는 것도 상보적 분포의 예이다. 마찬가지로 l, r은 영어에서는 별개의 두 음소이지만, 한국어에서는 한 음소 /ㄹ/의 변이음으로, 초성에서는 r로 실현되고 종성에서는 -l로 실현되므로, 두 음은 서로 상보적으로 분포한다. 이러한 변이음들은 분포상의 차이에서 생겨난 음성적 차이이다. 교체하면 단어의 뜻이 달라지는 음소와 달리 변이음은 교체해도 단어의 의미는 달라지지 않는다.

베트남어에서는 하나의 음소를 분포하는 위치에 따라 다른 문자로 표기하기도 한다. 예를 들면 음소 /k/는 전설 모음 [i]와 [e] 앞에서는 k로 표기하고 원순 모음 [u] 앞에서는 q로 표기하며, [a], [o] 등 기타 모음 앞에서는 c로 표기한다. 따라서 c, k, q는 상보적으로 분포하며, 문자는 다르지만 모두 하나의 음 /k/의 변이음을 나타낸다.

그러나 상보적으로 분포하더라도 음성적으로 차이가 큰 음들은 변이음이 아닌 음소로 분류된다. 표준 중국어에서 연구개음 g[k], k[kʰ], h[x]와 치·치조음 z[ts], c[tsʰ], s[s]가 고모음인 [i], [y] 앞에서 두 모음의 영향을 받아 j[tɕ], q[tɕʰ], x[ɕ]로 변하는 구개음화 현상이 발생했다.[11]

京(경) [tɕīn]   欺(기) [tɕʰī]   喜(희) [ɕi]   虛(허) [ɕȳ]
精(정) [tɕīn]   妻(처) [tɕʰī]   洗(세) [ɕi]   胥(서) [ɕȳ]

京은 초성, 즉 성모(聲母)가 [k]로, 精은 [ts]로 읽혔으나, 뒤에 위치한 전설 고모음 [i] 앞에서 성모가 [tɕ]로 변화되어 현대 표준 중국어에서는 같은 음으로 읽힌다. 欺와 妻의 성모도 원래 [kʰ]와 [tsʰ]였으나 [i] 앞에서 같은 음 [tɕʰ]로 변화했고, 喜와 洗의 성모도 [x]와 [s]였으나 [i] 앞에서 같은 음 [ɕ]로 변화했다. 또한 虛와 胥의 성모도 원래 [x]와 [s]였으나 [y] 앞에서 같은 음 [ɕ]로 변화했다. 이러한 변화로 인해 [tɕ], [tɕʰ], [ɕ]는 고모음 [i], [y] 앞에만 분포하고 [k], [kʰ], [x]와 [ts], [tsʰ], [s]는 [i], [y]를 제외한 모음과만 결합하는 상보적 분포를 이룬다. 그러나 [k], [kʰ], [x]와 [ts], [tsʰ], [s]는 [tɕ], [tɕʰ], [ɕ]와 음성적으로 차이가 커서 변이음이 아닌 별개의 음소

---

11 현재 한국에 거주하고 있는 화교들은 '來不及'의 '及'를 [지]가 아닌 [기]로 읽고, '현재'라는 단어에서 '現'을 역시 [시엔]이 아닌 [히엔]으로 읽는다. 한국 화교들이 구사하는 중국 산뚱(山東) 지역의 방언에서는 이러한 구개음화가 아직까지 발생하지 않았기 때문이다.

로 본다.

또한 어떤 경우에는 대립하던 음성들이 특정한 위치에서 대립하지 않는 경우가 있는데, 대립하던 두 음소가 일정한 음운 환경에서 대립을 상실하는 것을 중화(neutralization)라고 한다. 예를 들면 우리말에서 ㅂ, ㅍ은 대립하는 음소이지만, '입'과 '앞'에서는 대립하지 않고 같은 음으로 발음된다. ㄱ과 ㄲ, ㅋ도 대립하는 음소이지만, 음절의 종성 위치에서는 대립을 상실하고 같은 음 [k]로 읽힌다. '낚시'의 '낚'이 '낙'으로 읽히고 '동녘'의 '녘'도 '저녁'의 '녁'과 같은 음으로 읽힌다.

3. 변별 자질

한국어에서 음소 /ㄱ/와 /ㅋ/는 어떤 음성적인 차이로 인해 구분되는지 알아본다. /ㄱ/와 /ㅋ/를 국제 음성 문자로 전사하면 [k], [kʰ]이다. [k]는 연구개음이면서 폐쇄음이고 무기음이다. 반면 [kʰ]는 연구개음, 폐쇄음이지만 유기음이다. 결국 두 음소를 구별 짓는 음성적 자질(phonetic feature)은 [무기/유기]이다. 이처럼 음소 대립을 초래하는 음성적 성질을 변별 자질(distinctive feature)이라고 한다.

음소를 기술하는 데는 일반적으로 변별 자질을 사용한다. 자음의 기술에 주로 사용되는 자질로는 자음성[consonant], 지속성[continuant], 공명성[sonorant], 조찰성[strident], 기음성[aspirated], 유성성[voice], 비음성[nasal], 폐쇄성[stop]을 들 수 있다. 또한 조음 위치와 관련된 것으로는 설배성(舌背性)[dorsal], 설정성(舌頂性)[coronal], 순음성[labial] 등이 있다. 설배성은 발음할 때 혓몸이 올라가는 특성을 가리키고, 설정성은 발음할 때 혀끝이 입천장 쪽으로 올라가는 특성을 가리킨다. 설배성은 구개음, 연구개음, 목젖음과 관련된 자질이고, 설정성은 치음, 치조음, 치조·경구개음, 권설음과 관련된 자질이다. 음성 자질을 사용해서 현대 표준 중국어의 자음을 기술하면 다음과 같다.

〈표 3-1〉 표준 중국어 자음의 음성 자질

자질 자음	자음성	공명성	지속성	조찰성	기음성	유성성	비음성	폐쇄성	설배성	설정성	순음성
p	+	-	-	-	-	-	-	+	-	-	+
pʰ	+	-	-	-	+	-	-	+	-	-	+
m	+	+	-	-	-	+	+	+	-	-	+
f	+	-	+	+	-	-	-	-	-	-	+
t	+	-	-	-	-	-	-	+	-	+	-
tʰ	+	-	-	-	+	-	-	+	-	+	-
n	+	+	-	-	-	+	+	+	-	+	-
l	+	+	-	-	-	+	-	+	-	+	-
ts	+	-	-	+	-	-	-	+	-	+	-
tsʰ	+	-	-	+	+	-	-	+	-	+	-
s	+	-	+	+	-	-	-	-	-	+	-
tʂ	+	-	-	+	-	-	-	+	-	+	-
tʂʰ	+	-	-	+	+	-	-	+	-	+	-
ʂ	+	-	+	+	-	-	-	-	-	+	-
ɻ	+	+	+	-	-	+	-	-	-	+	-
tɕ	+	-	-	+	-	-	-	+	-	+	-
tɕʰ	+	-	-	+	+	-	-	+	-	+	-
ɕ	+	-	+	+	-	-	-	-	-	+	-
k	+	-	-	-	-	-	-	+	+	-	-
kʰ	+	-	-	-	+	-	-	+	+	-	-
x	+	-	+	-	-	-	-	-	+	-	-
ŋ	+	+	-	-	-	+	+	+	+	-	-

두 음소를 대립시키는 일정한 자질이 있을 때, 그 자질을 소유하고 있는 음소는 + 기호로 표기하고, 이 자질을 가지고 있지 않은 음소는 - 기호로 표기한다. 예를 들면 /t/는 [+자음성], [-기음성], [+폐쇄성], [+설정성]으로 표기된다. 반면 /tʰ/는 [+자음성], [+기음성], [+폐쇄성], [+설정성]으로 표기된다. 그러므로 /t/와 /tʰ/는 기음 자질의 유무에 의해 대립한다. 두 음소를 대립시키는 자질을 소유한 음소를 유표항(marked), 소유하고 있지 않

은 음소는 무표항(unmarked)이라고 한다. 위에서 /t/와 /tʰ/를 대립시키는 자질은 기음성으로 기음성 자질을 가진 /tʰ/가 유표항이 되고 /t/가 무표항이 된다. 이 음소들과 관계없는 [유성성], [순음성] 등의 자질은 표기할 필요가 없으며, 관련된 자질 가운데서도 이 음소를 다른 음소와 구분해 주는 특징적인 자질들만 표기한다.

이 자질들은 자음의 기술에만 사용되는 것은 아니며 모음의 기술에도 사용된다. 후설 고모음 [u]는 [순음성] 자질이 있고, 전설 고모음은 [설배성], [설정성]과 관련이 있다. 앞에서 기술한 표준 중국어에서 연구개음 [k], [kʰ], [x]와 치·치조음 [ts], [tsʰ], [s]가 [i], [y] 앞에서 두 모음의 영향을 받아 [tɕ], [tɕʰ], [ɕ]로 변화된 구개음화 현상은 전설 고모음인 [i], [y]의 구개성[+palatal] 자질이 [-palatal]인 두 부류의 성모 [k], [kʰ], [x]와 [ts], [tsʰ], [s]에 영향을 미쳐 발생했다고 볼 수 있다.

모음의 변별 자질에는 혀의 높낮이와 관련된 자질로 고[high], 저[low]가 있고, 혀의 앞뒤 위치와 관련된 자질로 전설성[front], 후설성[back]이 있으며, 입술의 원순 여부와 관련된 자질로 원순성[roundness]이 있다. 그러나 이 자질들이 모음의 기술에만 사용되는 것은 아니다. [high], [low], [front] 등의 자질은 자음을 기술할 때도 흔히 쓰인다. 혓몸을 올려서 발음해야 하는 자음들, 예를 들면 치조·경구개음, 경구개음, 연구개음은 [+high]이고, 혓몸을 낮춰서 발음해야 하는 목젖음, 인두음, 성문음은 [+low]이다. 음성 자질들을 사용해서 현대 표준 중국어의 모음을 기술하면 다음과 같다.

⟨표 3-2⟩ 표준 중국어 모음의 음성 자질

자질\모음	i	u	y	ɿ	ʅ	ɤ	o	a
high	+	+	+	+	+	−	−	−
low	−	−	−	−	−	−	−	+
back	−	+	−	−	−	+	+	−
front	+	−	+	+	−	−	−	+
round	−	+	+	−	−	−	+	−
dorsal	+	+	+	+	−	+	−	−
coronal	+	−	+	+	+	−	−	−
labial	−	+	+	−	−	−	+	−

중국어를 처음 배우는 학생들은 한어병음자모로 표기된 a, o, e, i, u, ü의 6개 단모음을 익혔을 것이다. ü는 전설 원순 고모음 [y]이고, e는 후설 모음 [ɤ]로도 실현되고 중모음 [ə]로도 실현되며 전설 모음 [e]로도 실현된다. 예를 들면 歌(gē)에서는 [ɤ], 根(gēn)에서는 [ə], 美(měi)에서는 [e]로 실현된다. [ɿ]는 z[ts], c[tsʰ], s[s] 뒤에 오는 모음이며, [ʅ]는 zh[tʂ], ch[tʂʰ], sh[ʂ], r[ʐ] 뒤에 오는 모음이다. 두 모음 모두 한어병음자모로는 i로 표기한다. [o]는 순음인 [p], [pʰ], [m], [f] 뒤에서만 단독으로 출현하는데, 순음 자체가 원순성 모음 [u]를 수반하기 때문에 편의상 [u]를 생략한 것으로, 실제 음은 [puo], [pʰuo], [muo], [fuo]에 근접한다. 따라서 표준 중국어에서 [o]는 [uo], [ou]처럼 다른 음과 함께 실현된다.

4. 음운 변동과 음운 규칙

단어 내부에서 말소리가 바뀌는 현상을 음운 변동(phonological variation)이라고 한다. 음운 변동은 일반적으로 주위에 있는 다른 말소리의 영향을 받아 일어난다. 그리고 음소는 여러 음성 자질들로 이루어져 있으며, 이 자질이 음운 변화에 영향을 미친다. 그러므로 음운 변화를 기술하는 음운 규칙은 음성 자질들을 중심으로 기술할 수 있다.

A → B / C_____D

위의 규칙은 'C와 D 사이에 있는 A는 B로 변한다'로 해석되며, A, B, C, D는 음소들의 자질을 나타낸다. 우리말에서 무성의 무기음은 어두에서는 무성음으로 읽히지만, 유성음과 모음 사이에서는 유성음으로 읽힌다.

고기 [kogi]   강국 [kaŋguk]
그들 [kɯdɯl]   단단히 [tandanɦi]

모음은 유성음이므로, '고기'의 두 번째 음절의 초성 ㄱ이 모음 사이에서 [g]로 실현되며, '강국'의 두 번째 음절의 초성도 앞의 유성음 자음 [ŋ]과 모음 'ㅜ' 사이에서 [g]로 실현된다. '그들'의 두 번째 음절의 초성도 모음 'ㅡ' 사이에서 유성음 [d]로 실현된다. '단단히'의 두 번째 음절 초성도 첫 번째 음절의 ㄷ과는 달리, 유성음 [n]과 모음 'ㅏ' 사이에서 [d]로 실현되고 '히'의 초성 [h]도 유성음 [n]과 모음 'ㅣ' 사이에서 유성음 [ɦ]로 실현된다. 이러한 음운 변동은 다음과 같이 기술할 수 있다.

[-voice]
[-aspirated]   →   [+voice] / [+voice]_____[+voice]
[+consonant]

위의 규칙은 무성의 무기 자음이 유성음 사이에서 유성음이 되는 것을 나타낸다. 이렇게 변별 자질로 기술하면 음운 변동의 원인을 간결하게 제시할 수 있다.

음운 변동은 베트남어에서 매우 두드러진다. 원순 모음인 u[u], ô[o],

o[ɔ] 뒤에 연구개음 말음 ng[ŋ]이 오면 원순 모음의 영향으로 [ŋ]이 순음인 [m]으로 발음된다. 또한 원순 모음 뒤에 자음 [k]가 종성으로 쓰이면 [k]가 순음인 [p]로 발음된다. 이러한 음운 변동을 변별 자질을 활용해 음운 규칙으로 기술하면 다음과 같다.

[+velar]   [-velar]   [+rounded]
[-labial]   →   [+labial]   /   [+labial]   _____
[+consonant]   [+consonant]   [+vowel]

[+rounded], [+labial], [+vowel]을 충족시키는 모음은 [u], [o], [ɔ] 외에 [y]도 있지만 베트남어에는 [y] 모음이 없으므로, [+back]의 자질을 따로 넣지 않았다. 물론 [+back]을 추가하면 [y]는 당연히 배제된다. 위의 규칙으로 베트남어에서 원순 모음 [u], [o], [ɔ] 뒤에서 [ŋ]이 [m]으로 변하고 [k]가 [p]로 변하는 음운 변동을 나타낼 수 있다. 위의 음운 규칙은 원순 모음의 순음 자질이 뒤에 오는 연구개음을 순음으로 변화시킨 것을 의미한다.

이처럼 어느 하나의 음이 앞이나 뒤의 음의 영향을 받아 앞이나 뒤의 음에 가깝게 변화하는 것을 동화작용(assimilation)이라고 한다. 위의 음운 변화에서는 앞의 음의 영향을 받아 뒤의 음이 변화했는데, 이처럼 앞의 음의 영향으로 뒤의 음이 변화하는 것을 순행동화라고 한다. 위의 음운 변동 규칙은 다음과 같이 음소로도 간단히 나타낼 수 있다.

ŋ → m / u, o, ɔ _____
k → p / u, o, ɔ _____

앞에서 현대 표준 중국어에 존재하는 단모음은 [i], [u], [y], [ɤ], [a], [ɿ],

[ɿ]의 7개가 있다고 밝혔다. 이 7개의 모음은 그 위치에 따라 음운 변화를 일으킨다.

중국어에서 한어병음자모 a는 위치에 따라 [a] 또는 [ɑ] 또는 [ɛ]로 실현된다. a의 뒤에 후설 운미(韻尾, 주요모음 뒤의 음)가 오지 않고 또 a의 앞뒤로 전설음이 오지 않으면, a는 중설 모음으로 읽힌다.[12] a의 앞뒤로 전설음이 있는 ian과 üan에서는 a가 [ɛ]로 변화된다. 이것을 음운 규칙으로 나타내면 다음과 같다.

    a → ɛ / i, y _____ n

위의 음운 규칙은 전설 비음 운미 [n]과 전설 고모음 [i], [y] 사이에서 a가 [ɛ]로 전설음화, 고모음화한 것을 나타낸다.

후설 운미 -ŋ 앞에서 a는 운미의 영향을 받아 후설 저모음 [ɑ]로 실현된다. 이처럼 뒤의 음의 영향을 받아 앞의 음이 변화하는 것을 역행동화라고 한다.[13] ei, uei에서 e가 원래의 음인 [ɤ]로 발음되지 않고 전설 반고모음 [e]로 발음되는 것도 운미의 영향을 받은 역행동화이다.

    a → ɑ / _____ ŋ
    ɤ → e / (u)_____ i

---

12 an에서 a는 확실히 전설 저모음으로 읽힌다. 그러나 a, ia에서의 a는 an에서의 a보다 혀의 위치가 뒤쪽이고 ang, ua에서의 a보다는 혀의 위치가 앞쪽인 중설 모음 A이다. 그런데 이 중설 모음은 아직 국제 음성 문자로 인정되지 않았다. 따라서 일반적으로 한어병음자모 a의 대표음을 a로 설정하거나 아니면 ɑ로 설정해 음운 변화를 설명한다. 본서에서는 대표음을 a로 표기한다.
13 동화작용과는 달리 서로 동일하거나 유사한 음이 중복되어 있을 때 그 가운데 어느 한 음이 다른 음으로 변화하는 것을 이화작용(dissimilation)이라고 한다. 중국어의 음운사에서 발생한 음운 변화 가운데 이화작용으로 인한 변화의 대표적인 예로 品, 凡 등 순음 성모를 가진 -m 운미 글자들의 운미가 -n으로 변한 것을 들 수 있다.

반대로 활음 같은 앞 모음의 영향을 받아 주요모음이 변하기도 한다. 아래의 음운 변동에서 전설 고모음 [i]와 [y] 뒤에서 [ɤ]는 [e]로 전설음화하고, 후설 원순 고모음 [u] 뒤에서 평순 모음 [ɤ]는 [o]로 원순음화한다. 이 경우 두 모음은 앞의 음의 영향을 받아 변화한 것이므로 순행동화이다.

ɤ → e / i, y _____
ɤ → o / u _____

위에서 u의 영향으로 변화된 운모(韻母, 성모를 제외한 부분) uo는 제3성으로 읽을 때는 [o]가 [ə]에 가깝게 읽힌다. 중국어에서는 역행동화가 순행동화보다 훨씬 많은데, 이는 주요모음이 앞의 활음 같은 모음(개음)보다 운미의 영향을 더 받기 때문이다. 예를 하나 더 들어본다.

ɤ → o / (i) _____ u

운미 [u] 앞에서 평순 모음 [ɤ]가 원순 모음 [o]로 변화했다.[14] 운미의 영향이 개음보다 더 크기 때문에 개음 [i]가 있는 음절도 [u]의 영향으로 [ɤ] → [o]의 음운 변동이 발생한다. 베트남어에서는 표기는 công[koŋ]인데, 읽을 때 [kom]으로 읽는 순수한 동화작용이 발생하기 때문에 음운 변동을 쉽게 감지할 수 있다. 중국어에서는 [ɤ]를 기저 모음으로 간주하고, 이 기저 모음이 [i], [y] 뒤에서는 [e]로 읽히고 [u] 뒤에서는 [o]로 읽힌다고 설명한다. 그러나 한어병음자모로 표기할 때는 변화된 음을 반영해 ie, üe, uo, ou 등으로 표기하기 때문에, 한어병음자모로 중국어의 발음을 학습한 경우 동화작용으로 인식하기 어렵다.

---

[14] 한어병음자모 ou를 일부 원어민 화자들은 əu로 발음한다.

현대 표준 중국어의 음소와 운율에 대해 알아보기 전에 음성들이 결합하여 만들어 내는 말소리 단위인 음절(syllable)부터 살펴본다.

5. 음절

음성들은 결합하여 음절을 이룬다. 음절은 모음 하나만으로도 이루어질 수 있고, 모음과 하나 또는 그 이상의 자음으로 구성될 수 있다.

(1) 음절 분석

언어에서 가장 일반적이고 기본적인 음절은 자음과 모음으로 된 CV구조이다. 여기서 C는 자음(consonant), V는 모음(vowel)을 의미한다. 음절의 기본 구성 요소는 두음(頭音, onset)과 각운(脚韻, rhyme)이다. 두음은 하나 또는 하나 이상의 자음으로 구성된다. 각운은 모음 핵(nucleus)과 그 뒤에 오는 말음(末音, coda)으로 불리는 자음 또는 자음군으로 구성된다〈그림 3-1〉참조).

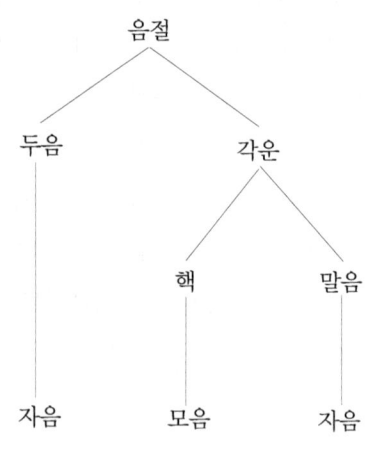

〈그림 3-1〉 음절 구조

두음과 모음 핵으로 구성되거나 모음 핵만으로 이루어진, 말음이 없는 음절은 개음절(open syllable)이라고 하고, 말음이 있는 음절은 폐음절(closed syllable)이라고 한다. 두음과 말음은 둘 이상의 자음으로 이루어져, 어두 자음군과 어말 자음군을 구성할 수 있다. 영어에서 sky, strike, grey, spring 등은 어두 자음군이 쓰인 단어이고, mask, ghost 등은 어말 자음군이 쓰인 단어로 모두 단음절 낱말이다. strike[straik]에서 볼 수 있듯이 모음 핵의 자리에는 단모음뿐 아니라 이중 모음도 올 수 있다. 따라서 strike는 단음절이다. 또한 단모음 하나만으로도 음절이 되므로, 음절 구성을 가능하게 하는 것은 자음이 아닌 모음임을 알 수 있다. 한국어에서는 어두와 어말 위치에 자음군이 올 수 없다.[15] 현대 표준 중국어 역시 어두와 어말 위치에 자음군이 올 수 없다.[16]

(2) 중국어의 음절 구조

현대 중국어에는 [luan], [kuɑŋ], [tɕyɛn], [uei]와 같은 음절이 존재한다. [luan]을 위의 음절 구조에 따라 분석해 보면, [l]는 두음, [ua]는 모음 핵, [n]는 말음이 된다. 즉 모음 핵이 이중 모음인 [ua]로 볼 수 있다. 그렇다면 [kuai], [uei]와 같은 음절은 [i]가 말음인가 아니면 [ua], [ue]와 함께 삼중 모음 [uai], [uei]를 형성하는 것으로 보아야 하는가? 말음은 음절 끝에

---

15 닭, 흙, 넓(다) 등의 어휘에 어말 자음군 형태가 보이지만 뒤에 모음이 와서 연음되는 경우를 제외하고, 단음절로 발음할 때는 '닥', '흑', '넙'이 된다. 조선시대 훈민정음 자료에서 흔히 접할 수 있는 'ᄭᅮᆷ' 같은 단어의 경우 어두 위치의 두 자음 ㅅ과 ㄱ이 모두 당시 실제로 음가를 가지고 있었을 가능성도 있다. 때(時)를 조선시대에는 ᄢᅢ, ᄣᅢ로 표기했는데, 노년층에서 '저 때'를 흔히 '접 때'라고 말하는 화자를 쉽게 찾아볼 수 있기 때문이다. 그러나 지금으로서는 조선시대에 정말로 어두 자음군이 존재했었다고 확언할 수는 없다.
16 현대 표준 중국어는 어두 위치에 자음군이 올 수 없지만, 상고 중국어에서는 어두 위치에 *pr-, *kr- 등의 자음군이 올 수 있었다는 것이 많은 학자들의 공통된 견해이다. 이 문제는 제8장 역사비교언어학 부분에서 자세히 다룰 것이다.

쓰이는 자음을 의미하므로, 위의 음절 구조에 맞추려면 [i]는 말음이 아닌 모음 핵에 속하는 것으로 보아야 한다. 그러나 일반적으로 중국어 음절에서는 두음 바로 뒤에 오는 모음 [i], [u], [y]와 말음 위치에 오는 모음 [i], [u]는 주요모음보다 발음이 지속되는 시간이 짧고 반모음의 성격을 띠는 것으로 본다.

중국어 음운학에서는 한 음절을 한국어의 초성에 해당하는 부분인 성모(聲母, initial)와, 중성과 종성에 해당하는 운모(韻母, final)로 나눈다. 운모는 다시 세 부분으로 나뉘는데, 흔히 개음(介音, medial)이라 일컫는 운두(韻頭)와 주요모음(nucleus)인 운복(韻腹), 그리고 자음일 수도 있고 모음일 수도 있는 끝소리인 운미(韻尾, ending)로 나뉜다. 성모와 운모 외에 중국어에는 운율소인 성조가 있으며, 성조는 음절 전체에 영향을 미친다.

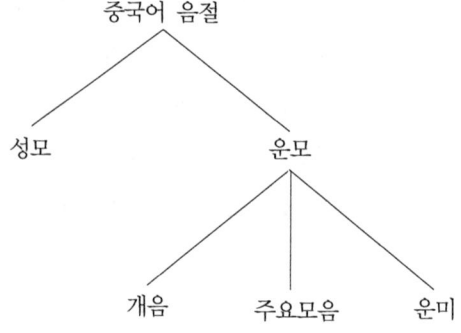

〈그림 3-2〉 표준 중국어의 음절 구조

[uai], [iou]와 같이 모음으로 구성된 운모의 세 분절음 가운데 주요모음이 가장 길고 정확하게 발음되므로, 주요모음의 음이 가장 잘 들린다. 운미와 개음 중에서는 개음보다는 운미가 더 분명히 들린다는 것이 음운학자들의 공통된 견해이다. 중국의 시가(詩歌)에서 압운(押韻)의 기준이

주요모음과 운미이지 개음이 아니라는 점도 이 같은 사실을 방증한다. 개음이 다르더라도 압운될 수 있으므로 운모에서 개음을 제외한 부분을 운(韻)이라고 한다.

6. 중국어의 음운체계

중국어를 처음 배우는 학습자는 중국어의 어휘를 학습하기 전에, 먼저 한어병음자모로 표기된 21개의 성모와 er을 포함한 36개의 운모를 배운다. 다음에서 중국어의 성모와 운모의 음운 특징에 대해 알아본다.

(1) 현대 표준 중국어의 성모

현대 표준 중국어의 성모는 크게 장애음과 공명음의 두 부류로 나눌 수 있다. 장애음에는 파열음, 파찰음, 마찰음이 속하며 이 성모들은 모두 무성음이다. 이에 비해 공명음에 속하는 성모들은 모두 유성음이다. 또한 장애음 가운데서도 파열음과 파찰음은 유기음과 무기음으로 나뉜다. 중국어의 성모를 한어병음자모, 국제 음성 문자와 함께 도표로 나타내면 다음과 같다. 편의상 파찰음도 파열음에 넣었다.

〈표 3-3〉 표준 중국어의 성모

조음 위치 \ 조음 방법	장애음			공명음	
	무기파열음	유기파열음	마찰음	비음	유음
순음	b[p]	p[pʰ]	f[f]	m[m]	
설첨음	d[t]	t[tʰ]		n[n]	l[l]
설첨전음	z[ts]	c[tsʰ]	s[s]		
설첨후음	zh[tʂ]	ch[tʂʰ]	sh[ʂ]		r[ɻ]
설면음	j[tɕ]	q[tɕʰ]	x[ɕ]		
설근음	g[k]	k[kʰ]	h[x]		

순음에는 양순음 [p], [pʰ], [m]와 순치음 [f]가 있다. 중국어 음운학에서는 양순음을 중순음(重脣音), 순치음을 경순음(輕脣音)이라 부른다. 치조음인 [t], [tʰ], [n], [l]와 치·치조음 [ts], [tsʰ], [s]는 중국어 음운학에서는 각각 설첨음(舌尖音)과 설첨전음(舌尖前音)이라고 부른다. 치·치조음 [ts], [tsʰ], [s]가 치조음 [t], [tʰ], [n], [l]를 발음할 때보다 혀끝의 위치가 앞쪽이기 때문이다. 설첨전음을 발음할 때는 혀끝이 윗니의 안쪽에 닿는다. 권설음인 [tʂ], [tʂʰ], [ʂ]는 설첨음이나 설첨전음 성모들을 발음할 때보다 혀끝이 뒤로 가기 때문에 r[ɻ]와 함께 설첨후음(舌尖後音)이라 불린다. 치조·경구개음 [tɕ], [tɕʰ], [ɕ]는 혀의 평평한 바닥 부분, 즉 설면(舌面)이 경구개의 앞쪽과 맞닿는 위치에서 발음되므로 설면음이라고 부른다. 이밖에 연구개음 [k], [kʰ], [x]는 혀뿌리가 연구개에 닿아 나는 소리이므로 설근음(舌根音)이라고 부른다.

위의 표에는 모두 21개의 성모가 수록되어 있다. 성모가 없는 이른바 영(零 zero)성모인 음절도 많은데, 흔히 현대 표준 중국어에는 영성모를 포함해 22개의 성모가 있다고 말하기도 한다. 한국어에서는 '먹어'가 '머거'로 읽히는 것처럼, 두 번째 음절에 초성이 없으면 첫음절의 끝 자음이 뒤 음절의 초성으로 연음(連音)된다. 그러나 중국어에서는 이러한 연음 현상이 발생하지 않는다. 音乐(음악)의 발음 yīnyuè는 '이뉘에'로 연음되지 않고 '인위에'로 발음된다. 따라서 중국어의 영성모는 순수한 영성모로 볼 수 없으므로, 아마도 이러한 의미에서 영성모를 포함한 성모의 개수를 사용하는 것 같다.

(2) 현대 표준 중국어의 운모

운모는 성모와 함께 음절을 구성한다. 성모가 나눌 수 없는 하나의 자음으로 이루어진 것과 달리, 운모는 개음, 주요모음, 운미의 세 부분으로 나뉜다. 개음 위치에는 [i], [u], [y]의 세 모음이 올 수 있고, 운미에는 비(鼻)

자음 [n], [ŋ]과 모음 [i], [u]가 올 수 있다. 중국어 음운학에서는 개음의 유무와 종류에 따라 중국어의 운모를 네 부류로 나누고, 발음할 때의 입 모양에 따라 개구호(開口呼), 제치호(齊齒呼), 합구호(合口呼), 촬구호(撮口呼)라고 지칭했다. 이 네 부류의 운모를 사호(四呼)라고 한다.

① 개구호: 개음이 없고, 주요모음이 고모음이 아닌 글자의 운모를 지칭한다.
② 제치호: 개음이 [i]이거나 주요모음이 [i]인 글자의 운모를 지칭한다.
③ 합구호: 개음이 [u]이거나 주요모음이 [u]인 글자의 운모를 지칭한다.
④ 촬구호: 개음이 [y]이거나 주요모음이 [y]인 글자의 운모를 지칭한다.

현대 표준 중국어의 운모를 개구호, 제치호, 합구호, 촬구호의 순서대로 한어병음자모와 국제 음성 문자로 나타내면 다음과 같다.

〈표 3-4〉 표준 중국어의 운모

사호\운미	영운미	-i	-u	-n	-ng	-r
개구	(i) e a [ɿ][ʅ] [ɤ] [a]	ei ai [ei] [ai]	ou ao [ou] [au]	en an [ən] [an]	eng ang [əŋ] [ɑŋ]	er [əɹ]
제치	i ie ia [i] [ie] [ia]		iou iao [iou] [iau]	in ian [in] [iɛn]	ing iang iong [iŋ] [iɑŋ] [ioŋ]	
합구	u uo ua [u] [uo] [ua]	uei uai [uei][uai]		uen uan [uən] [uan]	ueng uang ong [uəŋ] [uɑŋ] [oŋ]	
촬구	ü üe [y] [ye]			ün üan [yn] [yɛn]		

모음 o는 순음인 b[p], p[pʰ], m, f 뒤에서만 o로 표기되며, 다른 성모 뒤에서는 이중 모음인 [uo]로 표기된다. 순음 자체가 원순성 모음 u를 수반하기 때문에 편의상 bo, po, mo, fo라고 표기한 것이지 원래 음은

[puo], [pʰuo], [muo], [fuo]였다. 예를 들면 坡(pō)와 锅(鍋 guō)는 고대 중국어에서 같은 운모를 가졌었다. b, p, m, f 순음이 u 모음과 연관이 깊은 것은 우리말로도 입증된다. 우리말 'ㅡ' 모음은 종종 순음 초성 뒤에서 'ㅜ'로 실현된다. 아프다가 '아푸다'로, 앞으로가 '아푸로'로, 고프다가 '고푸다'로, 슬프다가 '슬푸다'로 실현된다. [o]가 단모음으로 단독으로 실현된 경우는 어기조사인 咯[o]를 제외하고는 개음절로는 없다. 따라서 보통 咯를 예외로 보고 [o]를 단모음 운모로 분류하지 않는다.

그러므로 현대 표준 중국어에는 [i], [y], [ɿ], [ʅ], [u], [ɤ], [a]의 7개 단모음(monophthong) 운모가 있다. 이들은 한어병음자모로는 각각 i, ü, i, i, u, e, a로 표기한다. [ɿ]는 설첨전음 성모 [ts], [tsʰ], [s] 뒤에 오고, [ʅ]는 설첨후음 성모 [tʂ], [tʂʰ], [ʂ], [ʐ] 뒤에서 실현된다. 이 두 고모음은 선행 자음과 같은 위치에서 발음된다. 한어병음자모로는 i로 나타낸다. 개음으로도 쓰이는 [i], [u], [y] 역시 모두 고모음이다. 이에 반해 중모음은 [ɤ], 저모음은 [a]로 각각 하나뿐이지만, 이 두 모음은 이들과 결합하는 개음 및 운미의 음성 자질에 따라 [ɤ]는 [e]나 [o] 또는 [ə]로 실현되기도 하고, [a]는 [ɛ] 또는 [ɑ]로 실현되기도 한다.

현대 표준 중국어에는 [ai], [ia], [ou], [au] 등 9개의 이중 모음(diphthong)이 있으며 [uai], [uei], [iau], [iou] 등의 삼중 모음(triphthong)도 있다. 이 가운데 uei 앞에 성모가 오면 주요모음인 e를 표기하지 않는다. 예를 들면 贵는 guì로 표기한다. iou도 마찬가지로 앞에 성모가 오면 주요모음인 o는 표기하지 않으며 성조 표기는 u위에 한다. 예를 들면 流는 liú로 표기한다. 마찬가지로 uen과 ueng 앞에 성모가 와도 주요모음 e[ə]를 표기하지 않는다. 예를 들면 论은 lùn으로 표기한다. 따라서 公은 gūng으로 표기해야 하지만, 한어병음방안위원회(漢語拼音方案委員會)에서 u가 n과 혼동되기 쉬워 가능한 한 쓰지 않는다는 방침을 세웠기 때문에[7] ung대신 ong을 써서 gōng으로 표기한다. 중국어 교재에 실린 한어병음자모 표에는 uen

옆에 종종 (-un)을 표기함으로써 성모가 올 때 주요모음이 표기되지 않는 것을 밝힌다. 그러나 ueng 옆에는 (-ong)을 표기하지 않고 ueng과 관련이 없는 것처럼 아무런 표시 없이 ong을 병기한다.

au, iau도 u와 n이 혼동되기 쉬워 u 대신 o를 써서 ao, iao로 표기하기로 정했다고 한다. ao, iao의 운모를 읽을 때 u가 아닌 o로 읽는 사람들이 많다. 그런데 o를 u로 발음하든 o로 발음하든 의미 변경을 초래하지 않는다. 즉 운미 위치에서 [o]와 [u] 두 모음은 서로 대립하지 않는 변이음 관계에 있다. 다만 ao, iao의 운미가 u가 아닌 o라고 한다면 운미에 쓰이는 모음으로 i와 u 외에 o도 설정해야 하는데, o는 ao, iao에서만 운미로 사용되기 때문에, 운미의 o는 u의 변이음으로 처리하는 것이 음운체계를 설명할 때 편리하다.

또한 iung은 iong으로 표기한다. iong은 [iuŋ] 또는 [ioŋ]으로 읽힌다. iong 운모는 ün[yn]에 대응되는 -ŋ 운미 촬구호 운모로 여겨져 왔으나, [iuŋ]은 ün(윈)과 달리 '윙'이 아닌 '융'으로 읽히므로 촬구호 운모와는 거리가 멀다. 그마저도 현재는 한어병음자모의 영향 때문인지 '용'으로 읽는 사람들이 많다. iong 운모 글자들 가운데 소수의 글자들이 역사적으로 한때 촬구호 운모를 가졌기 때문에[18] 지금까지도 습관적으로 iong을 촬구호 운모로 분류하는 것일 뿐, 현재의 음으로는 제치호로 분류해야

---

17 王力 1979. 「現代漢語諸音分析中的幾個問題」 『中國語文』 4:281-286. 최영애 (2011:89-90)에서 재인용.

18 경(局), 경(絅), 형(炯), 경(傾), 경(憬) 등의 글자들이 베트남 한자음에서 -uynh[uiɲ] 운모로 모음이 [ui]로 실현되었다. 따라서 이 글자들이 당시 '윙'과 같은, 아니면 적어도 '윙'과 비슷한 촬구 운모를 가졌던 것은 분명하다. 그런데 이 글자들은 1606년 간행된 『등운도경(等韻圖經)』이라는 음운 자료에서 용(用), 용(容)처럼 원래 iuŋ 운모를 가졌던 글자들에 합류했다(김태경 2023:76-77). 用, 容의 베트남 한자음도 iuŋ이다. 이것은 局, 絅, 炯, 傾, 憬 등의 글자들의 운모가 iuŋ이 된 것을 의미한다. ui는 '위로' 발음되지만 iu는 '유'로 발음된다. 따라서 iuŋ은 '융'이지 '윙'이 아니다. 그러므로 17세기 이후로는 -ŋ 운미를 가진 촬구호 운모는 이미 소실되었다고 할 수 있다.

한다.

많은 중국인 화자들이 ao, iao, ong, iong에서 o의 발음을 글자 그대로 [o]로 발음하는 것을 한어병음자모의 영향 때문이라고 하는데, 그렇게 단언하기도 어렵다. 한어병음자모를 사용하지 않는 타이완 사람들도 ao, iao, ong, iong에서 o의 발음을 [o]로 발음한다.[19] 公(gōng), 用(yòng) 등의 주요모음은 대체로 [o]로 실현된다. 그런데 ong, iong에서 o를 u로 발음하든 o로 발음하든 음절의 의미가 변하지는 않는다. 이것은 -ŋ 앞에서 [u]와 [o]는 별개의 음소가 아닌, 한 음소의 변이음임을 의미한다. 그러므로 두 운모의 주요모음을 o로 설정하든 u로 설정하든 문제가 되지 않는다. 물론 ong이 ueng과 관계가 깊으므로 [uŋ]으로 설정하는 것이 운모 체계를 설명할 때 편리하기는 하다. 그러나 음운체계는 시대에 따라 변한다. 따라서 앞의 〈표3-4〉 표준 중국어의 운모 표에는 최근의 발음 경향을 반영해 ong의 음가를 [oŋ]으로 표기했다. 반대로 주요모음을 u로 설정하고 o를 변이음으로 처리해도 된다. 이 경우 원래의 음은 u인데, -ŋ 앞에서 u가 o로 실현될 수 있다는 설명(u → o/(i)_____ŋ)을 덧붙이면 된다.

er[ɚ]은 二, 耳 등의 운모이다. 그런데 운모 er[ɚ]의 운미 r[ɻ]은 다른 음절 뒤에 쓰여 권설운(중국어 음운학 용어로 兒化韻)을 형성할 수 있다. 대체로 [ɻ]이 붙어 권설 운모가 되더라도 의미는 달라지지 않지만, [ɻ]이 붙으면 의미나 품사가 달라지는 어휘도 있다. 따라서 권설 운미를 꼭 붙여야 할 때가 있고 붙일 경우 어색한 표현이 될 때가 있다. 예를 들면 '함께 갑시다'라고 할 때 '一块儿走'라고 하지 '一块走'라고는 하지 않는다. 반면 '1원'은 '一块钱'이라고 하지 '一块儿钱'이라고 할 수 없다. 권설운에 대해서는 형태론에서 자세히 다룰 것이다.

---

[19] 30여 년 전 필자가 타이완에서 고궁(故宮)을 '꾸꿍'이라고 발음하자 타이완 사람이 '꾸꽁'으로 발음해야 한다고 필자의 발음을 지적했던 일이 있었다.

영성모를 포함한 22개 성모와, o를 포함한 38개 운모가 아무런 제한 없이 결합될 수 있는 것은 아니다. 양순음은 촬구호와 결합하지 않고, 순치음은 제치호, 촬구호와 결합하지 않는다. 설면음은 제치호, 촬구호 운모와만 결합하는 반면, 설근음, 설첨전음, 설첨후음 성모는 개구호, 합구호의 운모와만 결합한다. 또한 설첨음 [t], [tʰ]는 촬구호를 제외한 나머지 운모와 결합할 수 있고, [n], [l]는 비록 제한적이기는 하지만, 사호의 운모와 모두 결합할 수 있다.[20] 이렇게 해서 현대 표준 중국어에는 400개가 넘는 음절이 있다.

3.2. 운율론

음소가 결합하여 음절을 이룰 때, 이와 동시에 실현되는 음성의 높이(pitch), 세기(stress), 길이(length)가 그 음절의 의미나 그 음절이 속한 단어, 혹은 문장의 의미에 영향을 미칠 수 있다. 이 단위들은 어느 음소 하나에만 적용되는 것이 아닌, 음절 전체에 영향을 미치는 초분절 음소(suprasegmental phoneme)이다. 높이, 세기, 길이는 단어의 의미를 변화시킬 수 있다. 따라서 이 단위들을 운율 음소, 즉 운율소(prosodeme)라고 하고, 이 분야를 연구하는 학문을 운율론(prosody)이라고 한다.

---

20 제한적이란 말은 nü, lü 등의 촬구호 음절은 있지만 nün, nüan 등의 촬구호 음절은 없으며, nu, lu 등의 합구호 음절은 있지만 nuai, luai 등의 합구호 음절은 없는 것에서 알 수 있듯이 개음이 같더라도 결합이 가능한 운모가 있고, 그렇지 않은 운모가 있다는 의미이다.

1. 세기

세기는 강세 또는 악센트라고 하며, 다른 음절보다 잘 들리는 부분이 강세가 주어진 음절이다. 영어에서 object는 명사로 쓰일 때는 첫 번째 음절에 강세가 주어지지만, 동사로 쓰일 때는 두 번째 음절에 강세가 주어진다. 명사로 쓰이면 '물건', '목적' 등을 의미하고, 동사로 쓰이면 '반대하다'를 의미한다. 이렇듯 강세가 주어지는 음절이 바뀌면 품사와 의미도 바뀔 수 있다. 한국어에도 강세는 있지만 뜻을 구별하는 기능은 없다.

2. 길이

소리의 길이는 발음이 지속되면서 나타나는 현상이다. 소리의 길이는 어떤 음성이 유성음인가 무성음인가 또는 파열음인가 마찰음인가에 따라 영향을 받는다. 모음은 자음보다 길게 발음되며, 유성음은 무성음보다, 마찰음은 파열음보다 길게 들린다. 영어에서 heat는 장모음으로 발음되고 hit는 단모음으로 발음되는데, 모음의 길이에 따라 서로 다른 단어가 되는 것을 알 수 있다. 한국어에서도 음의 길이로 뜻을 구분한다. 예를 들면 보는 눈은 단모음이지만 하늘에서 내리는 눈[눈ː]은 장모음으로 읽어야 한다. 타는 말(馬)은 단모음으로 읽고 언어를 의미하는 말[말ː]은 장모음으로 읽어야 한다. 먹는 배, 타고 다니는 배, 신체의 일부인 배는 단모음으로 읽고, 갑절을 의미하는 배[배ː]는 장모음으로 읽어야 한다. 그러나 오늘날에는 음의 길이를 정확하게 지켜서 말하는 사람은 매우 드물다.

중국어에서는 성조에 따라 음절의 길이가 다르다. 단독으로 읽으면 4개의 성조 가운데 제3성의 길이가 가장 길다. 그렇지만 제3성은 뒤에 3성이 아닌, 경성을 포함한 다른 성조 음절이 올 때는 앞부분의 내려가는 부분만 발음되는 반(半)3성으로 읽히며, 반3성은 다른 성조에 비해 길이가 더

짧다.

  음절이 자립해서 발음할 수 있는 최소의 단위라면 모라(mora)는 음절의 길이를 재는 단위이다. 모라는 음절은 아니지만 운율론에서의 최소 단위로 단모음은 1모라, 장모음은 2모라이다. 경성으로 읽히는 글자들을 제외하고, 중국어 음절은 대체로 한국어 음절보다 길이가 길다. 중국의 화폐 단위 元은 1음절이지만, 元(yuán[yɛn])의 발음을 한글로 표기하면 '위앤'이 되어 2모라 음절임을 알 수 있다. 이중 모음이 쓰이지 않은 mā와 같은 음절도 성조로 인해 장모음으로 읽힌다. 따라서 중국어의 경성 음절은 1모라이지만, 다른 성조 음절은 2모라로 볼 수 있다.

  일반적으로 초성은 뒤에 나오는 중성인 모음과 함께 동시에 발음되어 운율 구조에 영향을 미치지 않기 때문에 모라를 형성하지 않지만, 뒤에 나오는 모음은 단모음인가 아니면 장모음인가 또는 이중 모음인가에 따라 1모라가 되기도 하고 2모라가 되기도 한다. 일본 문자인 히라가나로 음을 표기할 때 자립해서 발음할 수 없지만 운율의 최소 단위로 쓰는 소리가 있는데, 이때도 모라라는 개념을 적용할 수 있다. 예를 들면 일본어로 '公正(공정)'은 2음절이지만 こうせい(코우세이) 4모라로 구성되어 있다.

3. 높이

  말소리의 높낮이에 변화를 주면 성조(tone)와 억양(intonation)이 생긴다. 높이의 변조가 음절에 적용되면 성조가 생기고, 문장과 관련되면 억양이 된다. 중국어나 타이어, 베트남어 등의 동남아시아 언어, 아프리카의 많은 언어에서는 말소리의 높낮이를 변조함으로써 단어의 뜻을 분화시킨다. 성조는 음소와 같이 의미의 변별 기능이 있어 성조가 다르면 의미도 달라진다. 현대 표준 중국어에는 다음에서 볼 수 있듯이 네 가지 기본 성조가 있다.

guō	제1성	냄비(锅)
guó	제2성	나라(国)
guǒ	제3성	과실(果)
guò	제4성	지나다(过)

성조는 음의 높이(pitch)에 의해 결정되므로, 성조 값은 음의 고저를 수치로 나타낸 것이다. 따라서 직접 들을 수 있는 현재의 언어가 아닌 경우, 그 구체적인 값을 측정할 수 없다. 중국어의 모든 음절에는 성조가 있고, 성조에 따라 음절의 의미가 달라지기 때문에 성조도 음소이다. 그러나 성조는 강세, 길이처럼 다른 음소가 음성으로 실현될 때만 함께 실현되며, 자음과 모음처럼 독립적으로 존재할 수 없다.

성조는 방언에 따라 다르다. 중국어의 방언은 크게 관화(官話) 방언, 우(吳) 방언, 깐(贛) 방언, 시앙(湘) 방언, 위에(粤) 방언, 커지아(客家) 방언, 민(閩) 방언의 7대 방언으로 분류되는데, 이 가운데 관화 방언의 성조가 가장 간단한 편이다. 베이징(北京)어는 북방 관화 방언에 속하며, 성조가 간단한 편이라 배우기가 비교적 쉽다. 현대 표준 중국어의 네 가지 성조는 각각 1, 2, 3, 4성이라고 부르는데, 원래의 명칭은 음평(陰平), 양평(陽平), 상성(上聲), 거성(去聲)이다.

성조의 높낮이를 수치로 표기하기 시작한 학자는 자오 위앤런(趙元任 1930)이다.[21] 그는 음역(register)을 다섯 등분하여 가장 낮은 음역부터 가장 높은 음역까지 1, 2, 3, 4, 5로 번호를 매기고 각 성조의 높낮이의 변화를 이 수치로 나타냈다. 이 방법은 상당히 획기적인 방법으로 중국어를 배우는 외국인들의 성조 학습에 큰 도움이 되었다. 그의 이른바 이 오도제(五

---

21 Y. R. Chao(1930), "A System of Tone Letters" *Le Maître Phonétique*, 45:24-27. 최영애(2011:95-96)에서 재인용. 베이징어가 표준어로 채택된 것도 음운체계와 성조 체계가 간단하다는 점이 크게 작용했을 것이다. 이외에도 베이징이 오랫동안 중국의 도읍이어서 이미 넓은 지역에서 사용되고 있었다는 점이 주된 이유였을 것이다.

度制) 표기법으로 베이징어의 각 성조 값을 나타내면, 고평조(高平調)인 1성은 55로 높은 음이 처음부터 끝까지 유지되는 성조이고, 2성은 35로 중간 음역에서 최고 음역까지 올라가는 고승조(高升調)이다. 또한 3성은 비교적 낮은 음역에서 최저 음역으로 낮아졌다가 다시 올라가는 강승조 (降升調)인데, 자오 위앤런은 3성의 음높이를 214로 제시했다. 3성은 내려갔다 올라가는 성조의 특성상 단독으로 발음할 때는 네 성조 중에서 길이가 가장 길다. 그러나 3성의 길이는 점점 짧아지는 추세이다. 3성 뒤에 또 다른 3성 음절이 오는 경우를 제외하고, 3성 뒤에 1성, 2성, 4성, 경성의 음절이 오면 앞의 내려가는 부분(21)만 발음하며, 4의 음역까지 올려서 발음하지 않는다. 문장 끝에 오는 3성도 대체로 21로 읽으며, 단독으로 끝까지 발음한다고 해도 214의 높이까지는 올라가지 않고 대체로 213 정도로 발음된다. 4성은 51로 최고 음역에서 최저 음역으로 내려가는 고강조(高降調)이다. 그림으로 나타내면 다음과 같다.

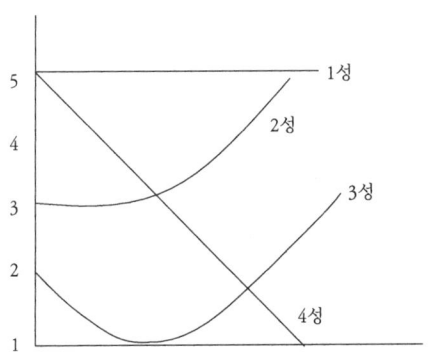

〈그림 3-3〉 표준 중국어 성조

각 방언의 성조 값은 각각 다르다. 예를 들면 같은 음평조라 하더라도 방언에 따라 성조 값이 다르다. 베이징어의 음평은 55이지만, 우 방언인 쑤조우(蘇州) 방언의 음평은 44이고, 깐 방언인 난창(南昌) 방언의 음평은

42이다(『漢字古今音表』).

　이러한 4가지 기본 성조 외에도 경성(輕聲, neutral tone)이 있다. 중국어에서 대부분의 글자들은 본래의 성조에 따라 발음되지만, 어떤 글자는 본래의 성조를 잃고 약하고 짧은 음으로 발음된다. 이렇게 본래의 성조를 잃고 약하고 짧은 음으로 발음되는 성조를 경성이라고 한다.

제4장 형태론

 뜻을 구별하는 기능을 지닌 말소리, 즉 음소가 결합해 만들어진 의미의 최소 단위를 형태소(morpheme)라고 한다. 또한 형태소와, 형태소가 결합해 만들어진 단어를 연구 대상으로 하는 학문은 형태론(morphology)이라고 한다. 형태소를 가려내는 절차와, 형태소로 구성된 단어 구조를 밝히는 것이 형태론의 영역이다.

4.1. 단어의 정의

 단어는 무엇인가? 문자가 있는 언어에서는 대체로 띄어쓰기로 단어의 경계가 분리된다. 영어와 한국어 등 많은 언어에서 단어는 띄어쓰기로 분리되어 있어 한눈에 알아볼 수 있다. 그러나 중국어는 띄어쓰기를 하지 않으며, 문자가 없는 언어도 있다. 따라서 띄어쓰기는 모든 언어에서 단어를 구분하는 기준이 될 수 없다.
 학자들은 단어를 구분하는 기준으로 음성·음운적 표지, 의미(뜻), 형식적인 절차의 세 가지 기준을 제시한다(성백인·김현권 1998:53-55). 말할 때 주어지는 강세나 잠재적 휴지가 단어의 경계와 일치하는 언어에서는 음성적 표지가 단어를 구분하는 기준이 될 수 있다. 그러나 영어나 한국어에서는 모든 단어에 전부 강세가 주어지지는 않으므로 이 기준만을 적용할 수는 없다. 또한 의미가 기준이 될 경우, 한 단어는 하나의 의미를 가져야 하는데, 여러 단어가 모여 한 가지 의미를 나타내는 경우는 이 기준을 적용할 수 없다. 예를 들면 영어의 '존경하다'라는 뜻을 가진 동사구(phrasal verb)[22] look up to는 한 단어로 보아야 하는지 세 단어로 보아야 하는지 의미의 기준을 적용하기가 어렵다. 형식적인 정의는 단어가 자유롭게 반복적으로 쓰일 수 있는지, 위치를 바꿀 수 있는지, 분리해 쓸 수 있는지 따져 본다. 그러나 영어에서 the, of와 같은 정관사와 전치사는 분명 단어이지만 자유롭게 반복적으로 쓰일 수 없으며 함부로 위치도 바꿀 수 없다. 그러므로 모든 단어에 이 기준을 적용할 수는 없다.

형식적인 정의 가운데 내부에 다른 단어를 삽입시킬 수 있는지의 여부는 단어를 구분하는 기준으로 쓰일 수 있다. 예를 들면 중국어 很漂亮的新衣服에서 很과 新을 분리해 漂亮的衣服라고 해도 된다. 衣服, 漂亮 대신 다른 단어를 넣어도 된다. 그러나 衣服 사이에 的를 넣어 衣的服라고 할 수는 없다. 즉 衣服는 내부에 다른 단어를 삽입시킬 수 없으므로 한 단어이다. 즉 단어끼리는 분리해 쓸 수 있지만 단어 내부에 다른 것을 넣을 수는 없다.

『표준국어대사전』에 실린 단어의 사전적 의미는 "분리해서 자립적으로 쓸 수 있는 말이나 이에 준하는 말, 또는 그 말의 뒤에 붙어서 문법적 기능을 나타내는 말"이다. 따라서 단어에는 문법적 기능을 나타내는 조사도 포함된다. 그러나 우리말에서 조사는 일반 단어와 달리 띄어 쓰지 않고

---

22 영어의 phrasal verb는 두 개 이상의 단어로 이루어져서 하나의 의미를 나타내는 동사구이다. 흔히 이러한 동사구를 숙어(熟語)라고 지칭했는데, 요즘은 영어의 낱말 순서대로 구동사로 지칭하기도 한다.

다른 단어에 붙여 쓴다.

4.2. 형태소

　형태소는 의미의 최소 단위로, 하나의 형태소로 이루어진 단어도 있고, 두 개 이상의 형태소로 구성된 단어도 있다.

1. 형태소의 발견

　한 언어에서 형태소를 찾아내려면 의미를 가진 최소 단위로 어휘를 분할해야 한다. 예를 들면 영어 단어 unavailable은 un, avail, able의 세 개의 형태소로 나뉘고, unavoidable도 un, avoid, able의 세 개의 형태소로 나뉜다. 한국어 어휘 '눈사람'은 눈과 사람의 두 개의 형태소로 구성되어 있고, '피눈물'은 피, 눈, 물의 세 개의 형태소로 구성되어 있다. 눈사람이나 피눈물은 합성어이기 때문에 형태소의 변화 없이 결합해 있다. 그러나 다음의 어휘를 살펴보자.

　　　슬기로웠다: 슬기+롭+었+다 → 슬기+로우+었+다

　이처럼 때에 따라서는 어휘를 형태소로 분석하는 것이 그렇게 간단한 일만은 아닌 것을 알 수 있다.
　중국어에서 형태소를 가려낼 때도 의미를 가진 최소의 단위로 어휘를 분할하면 된다. 중국어는 흔히 단음절 형태소어라고 한다. 즉 각 음절이 형태소이자 어휘의 단위가 된다. 学는 단음절 어휘로 '배우다', 吃는 '먹다'의 뜻을 나타낸다. 한국어에서는 이와 같은 뜻을 나타내려면 2음절 이상으로 표현해야 하지만 중국어에서는 단음절로 이와 같은 뜻을 나타낼 수 있다. 현대 중국어에는 단음절 어휘보다는 2음절 어휘가 훨씬 더 많다. 이 어휘들은 사회가 발전하고 복잡해짐에 따라 많은 신조어가 생기는 과정에서 뜻을 보다 분명하게 나타내기 위한 목적에서 만들어진 어휘들이다. 대부분의 2음절 어휘에서는 각 음절의 의미가 합해져 어휘의 뜻을 나타내는데, 각 음절이 의미의 단위이다. 예를 들면 学校(학교)는 배우는(学) 곳(校)이다. 두 음절이 각각 의미를 지닌 채 형태 변화 없이 결합되어 있다. 그러므로 중국어는 여전히 단음절 형태소어라고 할 수 있다. 어휘가 형태 변화 없이 결합되어 있어, 형태소를 분류하는 작업이 다른 언어에서 보다는 훨씬 쉽다. 다음의 어휘를 살펴보자.

歌手 가수　　高手 고수　　名手 명수
我们 우리　　他们 그들　　同学们 학우들
画家 화가　　作家 작가　　专家 전문가

歌手们은 歌, 手, 们의 세 형태소로 분리된다. 手는 단독으로 쓰이면 손을 의미하지만, 歌手, 高手, 名手처럼 다른 형태소 뒤에 쓰이면 사람을 가리킨다. 家도 단독으로 쓰이면 집을 뜻하지만 专家, 作家, 画家에서 家는 사람을 가리킨다. 们은 사람을 가리키는 인칭 대명사나 명사 뒤에서 복수를 나타내는 접미사가 된다. 们이나 사람을 가리키는 手와 家는 단독으로는 사용될 수 없다. 그러나 단독으로 쓰일 수는 없지만 의미를 가진 형태소이다.

2. 형태소의 종류

歌手们은 한 단어이지만 歌, 手, 们의 세 형태소로 분리된다. 세 형태소

가운데 歌, 手는 각각 '노래', '손'을 의미하는 어휘로 단독으로 쓸 수 있다. 그러나 전술한 대로 手가 名手, 高手에서처럼 사람을 의미할 때는 단독으로 쓸 수 없다. 이 경우 단독으로 어휘로 쓸 수 있는 형태소는 자립 형태소 단독으로 사용할 수 없고 다른 형태소의 앞이나 뒤에서만 쓸 수 있는 형태소는 의존 형태소라고 한다. 영어의 desks, books에서 복수 형태소 -s는 의존 형태소이고 desk, book은 자립 형태소이다. liked, loved에서 과거형 어미인 -ed는 의존 형태소이고 like, love는 자립 형태소이다. 한국어 문장 '나는 학교에 있다'에서 '나', '학교'는 자립 형태소이고 '는', '에', '있', '다'는 의존 형태소이다. 중국어의 們, 다른 형태소 뒤에서 사람의 의미를 나타내는 手, 家는 의존 형태소이며, 小李, 小王의 小도 접두사로 쓰인 의존 형태소이다. '손'을 의미하는 手, 집을 의미하는 家, 노래를 뜻하는 歌는 자립 형태소이다.

형태소는 또한 어휘 형태소와 문법 형태소로 나누기도 하는데, 일반적으로 어휘 형태소는 자립 형태소이고 문법 형태소는 의존 형태소이다. 어휘 형태소의 수는 매우 많고 계속해서 늘어나지만, 의존 형태소의 수는 제한되어 있다.

3. 형태소의 변이 형태

형태소가 구체적으로 실현된 음성 형식, 즉 말소리를 형태(morph)라 하고, 원래의 형태와 다르게 실현된 형태를 변이 형태(allomorph)라고 한다. 변이 형태는 대개 인접한 음성의 영향을 받아 원래의 형태와는 다르게 실현된 것인데, 이웃한 음성의 영향을 받아 실현된 변이 형태는 음운적으로 조건화되었다고 한다. 음운적 변이 형태는 어떤 언어에서든 쉽게 찾아볼 수 있다.

먹어 → 머거
먹는 → 멍는
먹보 → 먹뽀
먹자 → 먹짜
먹다 → 먹따
먹고 → 먹꼬

위에서 '먹'의 ㄱ 뒤에 비음 ㄴ이 오니, ㄱ이 같은 조음 위치의 비음인 ㅇ으로 변했고, ㄱ 뒤에 다른 구강 자음이 오니, 그 구강 자음들은 모두 된소리가 되었다. ㄱ 뒤에 모음이 오는 경우만 '먹'으로 읽혔다. '먹는'이 '멍는'으로 실현된 것과 같이 파열음 종성이 뒤에 나오는 비강 자음의 영향을 받아 다른 음으로 변할 경우 같은 조음 위치의 비음으로 변한다.

밥물 → 밤물
호미는 두고 낫만 가져와라 → 난만

ㅂ은 ㅁ과 조음 위치가 같고 ㅅ은 ㄴ과 조음 위치가 같다.
영어에서는 과거를 나타내는 형태소 -ed가 앞의 음이 무성음인가 유성음인가에 따라 다른 음으로 실현된다.

helped   [helpt]
offered [ɔːfərd]
guided   [gaidid]

-ed는 무성음 뒤에서는 [t]로, 유성음 뒤에서는 [d]로 실현되고, 치조음 -d, -t 뒤에서는 [id]로 실현되는 상보적 분포를 보인다. 이 변이 형태는 형태소 -ed가 동사 뒤에 규칙적으로 적용된 경우이다. 한국어에도 과거를

나타내는 굴절 접사 '었'이 있다.

    밥을 먹었다
    책을 읽었다
    옷을 입었다
    약속을 지켰다 (← 지키었다)
    한 노인이 살았다
    물에 밥을 말았다
    기분이 좋았다

'었'은 어간인 앞 음절의 모음이 양성모음이면 '았'으로 실현되고 어간의 모음이 음성모음이나 중성모음이면 '었'으로 실현되는 상보적 분포를 보이는데, '아름다웠다', '괴로웠다', '평화로웠다'의 쓰임을 볼 때 '었'을 원래의 형태로, '았'을 변이 형태로 보아야 한다. 그러나 과거를 나타내는 형태소가 불규칙적으로 적용된 예도 많다.

    am, is → was
    are → were
    go → went
    hit → hit
    swim → swam

위와 같은 과거 형태는 불규칙적이기 때문에 영어를 학습하는 사람들은 무조건 단어별로 외울 수밖에 없다. 이 어휘들은 음운적으로 조건화된 변이 형태와는 다른, 어휘적으로 조건화된 변이 형태들이다. 우리말 '하다'의 과거형도 '하았다'가 아닌 '하였다'로 불규칙하게 실현되므로 어휘적으로 조건화된 변이 형태라고 볼 수 있다.

  음운적 변이 형태는 과거를 나타내는 형태소(-ed)가 어휘에 부가되어 배열되는 것으로 설명할 수 있는데, 형태 분석을 기술하는 이와 같은 서술 방식을 항목과 배열(item and arrangement) 모델이라고 한다. 이에 반해 항목과 과정(item and process) 모델은 형태소가 불규칙하게 여러 형태로 실현되는 것을 기술하는 데 쓰인다. 이 모델은 형태소가 여러 변이 형태가 되는 과정을 기술한다. hit, cut의 과거형은 영(零) 형태소를 지니는 것으로 풀이하고 swim이 swam이 되고 sing이 sang이 되는 것은 모음 교체로 설명한다. are[ər, ɑːr]이 were[wəːr, wər]가 되는 것은 반자음 w가 첨가된 것이다. 항목과 배열 모델은 형태소와 형태의 관계가 잘 대응되는 교착어의 분석에 주로 쓰이고, 항목과 과정 모델은 굴절어의 분석에 주로 쓰일 수 있다.[23]

중국어에서 음운적 변이 형태는 一와 不의 성조 변화에서 찾아볼 수 있다. 不는 본래 4성이지만 뒤에 4성의 음절이 오면 2성으로 읽는다. 따라서 不好의 不는 4성으로 읽지만 不去의 不는 2성으로 읽는다. 또한 一은 원래 1성이므로, 숫자를 하나씩 읽거나 一이 마지막 음절일 때 제1성으로 읽지만, 1, 2, 3성 앞에서는 4성으로 읽고 4성 앞에서는 2성으로 읽는다. 一年의 一는 4성으로 읽히지만 一万의 一는 2성으로 읽힌다. 위와 같은 변화는 규칙적이어서 예측할 수 있는 음운적으로 조건화된 것이므로, 위와 같은 변이 형태들은 음운적 변이 형태들이다.

---

23 교착어는 첨가어라고도 한다. 어간에 접사나 조사가 결합하여, 문장 속에서 문법적 관계를 나타내는 언어로, 한국어, 일본어, 터키어 등이 여기에 속한다. 굴절어는 문장 속에서 문법적 기능에 따라 단어의 형태가 변하는 언어로 라틴어, 독일어, 프랑스어 등 인도·유럽 어족에 속한 언어들이 대부분 굴절어이다.

4.3. 형태음운론

위와 같이 형태소가 어떠한 음운 환경에서 변이 형태로 바뀌는지 연구하는 학문을 형태음운론(morphophonemics)이라고 한다. 형태소 안에서 일어나는 음운 변화, 즉 음운 교체 현상을 연구하는 학문으로, 형태음소론이라고도 한다. 음운론이 음소를 가려내고 언어의 음운체계를 밝히는 것이 목적인 학문이라면, 형태음운론에서는 형태소의 문법적 기능과 음운 변화의 관계가 연구 대상이다. 영어에서 pan과 ban을 대립시켜 음소를 찾아내고 두 음소를 구별 짓는 자질을 기술하는 것은 음운론의 영역이고, 과거를 나타내는 문법적 기능을 가진 형태소 -ed가 어떤 음운 환경에서 각각 [t], [d], [id]로 실현되는지 연구하는 것과 복수를 나타내는 -s가 어떤 음운 환경에서 유성음 [z], [iz]로 발음되는지 연구하는 것은 형태음운론의 범위에 들어간다.

중국어의 각 방언에서 성조의 개수와 성조 값을 알아내는 것은 음운론, 운율론의 영역에 속하지만, 2음절 이상의 어휘에서 성조의 변화로 인해 다른 의미의 낱말이 파생되는 것을 연구하는 것은 형태음운론의 범위에 속한다. 또한 음절의 끝에 儿이 첨가되어 귀엽고 친숙한 어감을 주거나 다른 의미의 낱말을 파생하는 것을 연구하는 것도 형태음운론의 범위에 속한다. 먼저 성조 값이 바뀌어 단어의 의미가 달라지는 사례를 들어본다.

1. 경성

앞 장에서 이미 언급했듯이 중국어는 기본 성조 외에도 본래의 성조를 잃고 약하고 짧은 음으로 발음되는 성조인 경성이 있다. 다음의 단어를 살펴보자. 중국어의 발음은 한어병음자모로 표기했다.

东西 dōngxī 동쪽과 서쪽   东西 dōngxi 물건
告诉 gàosù 고소하다   告诉 gàosu 알리다
地方 dìfāng 지방(↔중앙)   地方 dìfang 곳, 장소
大学生 dàxuéshēng 대학생   大学生 dà xuésheng 만학도
小学生 xiǎoxuéshēng 초등학생   小学生 xiǎo xuésheng 어린 학생

위의 단어들은 두 번째 음절이 원래의 성조로 읽히느냐 경성으로 읽히느냐에 따라 뜻이 달라진다. 그러므로 글자가 같아도 서로 다른 어휘이다. 그러나 경성으로 읽히든 원래의 성조로 읽히든 뜻이 변하지 않는 어휘들도 있다. 知道와 打算은 두 번째 음절을 경성으로 읽든 제4성으로 읽든 의미가 같다.

일부 어휘의 경우에는 두 번째 음절이 경성으로만 읽힌다.

狐狸 húli 여우   桌子 zhuōzi 탁자
知识 zhīshi 지식   我们 wǒmen 우리
答应 dāying 대답하다   大的 dàde 큰 것
漂亮 piàoliang 예쁘다   看着 kànzhe 겉보기에는

위의 어휘는 모두 두 번째 음절이 경성으로 읽힌다. 그렇지만 오른쪽에 열거된 어휘들은 두 번째 음절이 모두 조사와 접미사 등의 의존 형태소로 되어 있다. 따라서 오른쪽 어휘의 두 번째 음절은 처음부터 강세가 주어지지 않으며 경성으로 읽는다. 반면 왼쪽에 나열된 어휘의 두 번째 음절은 조사도 접미사도 아니며, 첫 번째 음절과 마찬가지로 단어의 뜻에 기여한다.

위와 같이 경성은 두 가지로 나눌 수 있는데, 본래부터 경성으로 발음되는 음절과, 본래는 경성이 아니었으나 다른 음절과 연이어 발음할 때 경성으로 변하는 음절로 나눌 수 있다. 吗, 吧, 了, 呢, 的, 们, 得, 着, 地 등의 조사와 접미사는 문법 형태소로서 본래부터 경성으로 읽는다. 그러

나 본래 제 성조를 갖고 있으나 다른 음절과 단어를 이룰 때 경성으로 발음되는 음절은 어휘별로 하나씩 익혀야 한다. 이 어휘들은 성조의 변화가 불규칙하게 실현된 예로, 어휘적으로 조건화된 변이 형태이다. 경성을 정확하게 구사하는 것은 외국인뿐 아니라 다른 방언 지역 중국인들에게도 매우 어려운 일이어서, 경성의 정확한 구사 여부에 따라 중국인끼리도 베이징 사람인지 아닌지 금방 가려낼 수 있다고 한다.

오도제 표기법을 처음 사용한 자오 위앤런(趙元任 1948)은 경성 음절의 음의 높낮이는 앞 음절에 의해서 결정된다는 사실을 처음으로 밝혔다.[24] 그가 밝힌 경성 음절의 음의 높낮이는 1성 뒤에서는 2(半低), 2성 뒤에서는 3(中), 3성 뒤에서는 4(半高), 4성 뒤에서는 1(低)이다. 3성 뒤의 경성이 다른 성조 뒤의 경성보다 음높이가 높다. 이 경성의 성조 값은 지금도 여러 회화책의 앞부분에 수정되지 않은 채 인용되어 있다. 그러나 이 수치는 절대적인 것이 아니다.

자오 위앤런은 1성 뒤의 경성이 2성 뒤의 경성보다 음높이가 낮다고 여겼지만, 실제로 중국인들은 2성 뒤의 경성도 1성 뒤의 경성과 거의 같은 음높이로 발음한다. '白的'의 的는 분명 35(白의 성조 값)의 3보다 음높이가 낮다. 3성 뒤의 경성도 자오 위앤런이 제시한 성조 값 4에는 결코 미치지 못한다. 중국인들은 대체로 제1, 2성 뒤의 경성을 2(半低), 3성 뒤의 경성을 3(中), 4성 뒤의 경성을 1(低)로 인식한다.[25]

정 진취앤(鄭錦全 2002:96-97)은 Dreher & Lee의 음향학 연구를 인용해 경성의 성조 값을 다음과 같이 밝혔다.

---

24 Chao, Yuen Ren 1948, *Mandarin Primer*, Cambridge: Harvard University Press. 최영애(2011:97)에서 재인용.
25 이러한 결과는 몇몇 중국어 원어민 화자들에게 직접 물어보고 얻은 결론이다. 원어민들은 확실히 1, 2성 뒤의 경성의 음높이가 같다고 여겼다.

제1성 뒤 41
제2성 뒤 31
제3성 뒤 23
제4성 뒤 21

위의 성조 분석 결과에서 볼 수 있듯이 자오 위앤런이 제시한 경성의 성조 값과는 달리 제1성 뒤의 경성이 오히려 제2성 뒤의 경성보다 음높이가 높게 측정되었다.

정 진취앤은 위와 같은 분석 결과를 간략하게 "어떤 음절이 어휘에서 경성으로 명시되거나, 표층 구조에 의해 비강세가 부여되었을 때 그 음절의 성조는 경성이 되며, 경성은 높은 성조 뒤에서는 낮고 하강하나, 낮은 성조 뒤에서는 높고 상승한다"라고 밝히고 이것을 경성의 법칙(Neutral Tone Rule)이라 정의했다.

2. 제3성의 성조 변화

중국어에서는 3성이 연이어 있으면 앞의 3성 음절은 2성으로 발음된다. 了解, 可口는 본래 두 음절 모두 3성이지만 앞의 음절이 2성으로 읽힌다.
3성 뒤에 1성, 2성, 4성, 경성의 음절이 오면 3성은 반3성으로 읽힌다. 제3성이 3성 이외의 성조 앞에서 하강 부분(21)만 발음이 되는 것을 정 진취앤(2002:75)은 반3성의 법칙(Half-Third Tone Rule)이라고 정의했다. 사실 3성이 2음절 낱말의 두 번째 음절로 쓰여도 반3성으로 읽고, 문장 끝에 오는 3성도 대체로 반3성으로 읽는 추세이다.
3성 음절이 중복된 경우에도 단어에 따라 각 음절의 성조가 다를 수 있으므로, 단어에 따라 각 음절의 성조 변화를 익혀 두어야 한다. 가장 흔히 드는 예는 小姐와 姐姐이다. 두 단어 모두 3성의 음절들로 이루어져 있고, 두 번째 음절은 모두 경성으로 읽히지만, 첫 번째 음절은 각각 2성과 반3성으로 읽힌다. 두 단어의 성조 변화를 순서대로 나타내면 다음과 같다.

小姐 ˇˇ → ˊˇ → ˊ˚
走走 ˇˇ → ˊˇ → ˊ˚
姐姐 ˇˇ → ˇ˚
奶奶 ˇˇ → ˇ˚

小姐, 走走는 성조 변화의 규칙대로 앞 음절이 먼저 2성이 된 후에 뒤의 음절이 경성으로 읽히게 된 단어이다. 姐姐, 奶奶, 宝宝와 같이 동일한 글자가 중첩되어 이루어진 단어에서는 경성의 법칙만이 적용된 것으로 풀이할 수 있다. 정 진취앤에 의하면, 3성 앞에서 3성의 음절이 2성으로 읽히는 성조 변화의 규칙이 경성의 법칙보다 먼저 적용된다. 小姐, 走走의 성조 변화가 이 같은 사실을 입증한다. 그러나 경성의 법칙이 먼저 적용되면 성조 변화 규칙은 적용되지 않는다. 姐姐, 奶奶가 이에 해당한다.

제3성이 3음절 이상 연이어 있는 경우는 어떨까? 성조 변화가 어휘 내에서만 적용되는 경우와 서로 다른 어휘에 적용되는 경우로 나누어 볼 수 있다. 3성이 연이어져 있는 어휘와 문장의 예를 들어본다.

九点五十 ˊˊˇˊ
可口可乐 ˊˊˊˋ
我很好。ˇˊˇ
我也很好。ˊˇˊˇ
我也喜欢。ˊˊˇ˚ → ˊˊˇ˚

九点五十에서 앞의 세 음절 모두 3성이다. 九点과 五十(分)은 서로 다른 어휘로 분리될 수도 있지만 시간을 가리키는 성분으로 문장에 쓰이면 하나의 어휘가 된다. 빨리 읽으면 앞의 九点이 제2성으로 읽히고 五만 반3성으로 읽힌다. 두 번째 어휘도 같은 성조 변화를 거친다.

그러나 서로 독립된 제3성의 단어가 연이어져 있는 경우는 조금 다르다. 이러한 경우는 통사론적인 기준이 적용된다. 세 번째 문장은 주부와 술부로 나뉘어 我 뒤에 휴지(pause)가 주어지기 때문에 我는 반3성으로 읽히고 뒤의 很만 好 앞에서 제2성으로 읽힌다. 네 번째, 다섯 번째 문장의 주부는 我也이므로 也 뒤에 휴지가 주어진다. 따라서 我也很好는 ´ ˇ ´ ˇ로, 我也喜欢은 ´ ˇ ˇ °으로 변화되는데, 我也喜欢을 빨리 읽으면 ´ ´ ˇ °이 된다.

3. 권설 운미

낱말 끝에 儿(兒, ér)이 붙는, 이른바 儿化운(韻)은 베이징어의 음운 특징이다. 儿이 운미로 쓰이면 한어병음자모로 –r로 표기하지만 실제 음은 [ɻ]에 가깝다.[26] 儿化운도 형태음운론의 각도에서 살펴볼 수 있다. [a], [ɤ], [o], [u] 뒤에 [ɻ]이 붙으면, 이 모음들은 음성적 변화 없이 권설 운미와 결합되지만, 그 밖의 경우에는 인접한 앞의 음성에 영향을 주면서 다음과 같은 여러 가지 변이 형태를 만들어 낸다.

첫째, 전설 고모음 [i], [y]가 주요모음인 음절에 [ɻ]이 붙으면 모음과 권설 운미 사이에 중모음 [ə]가 삽입된다. 鱼에 儿이 붙으면 鱼儿[yə́ɻ]이 된다.

둘째, 주요모음인 전설 고모음 [ɿ], 중설 고모음 [ʅ] 뒤에 [ɻ]이 붙으면

---

26 영어의 알파벳 r은 치조 전동음(alveolar trill)이고 儿化韵의 운미는 권설음으로 발음되므로, 국제 음성 문자로 표기할 때 실제 음을 반영해서 권설 운미는 권설 접근음인 [ɻ]로 표기한다.

두 모음은 [ə]로 저모음화된다. '명주실'을 의미하는 丝에 儿이 붙으면 '실'을 의미하는 丝儿[sə˞]이 된다. 동사로도 쓰이고 명사로도 쓰이는 食에 儿이 붙으면 食儿[şə˞]이 되고, 먹이, 모이, 사료를 뜻하는 명사로만 쓰인다.

셋째, 전설 고모음 -i나 전설 비음 -n이 운미인 음절에 儿이 붙으면 운미 -i, -n은 탈락한다. 门[mən]에 儿이 붙으면 -n이 탈락하며 门儿[mə˞] 이 된다. 또한 '덮다'를 뜻하는 盖[kài]라는 동사에 儿이 붙으면 '덮개'라는 명사 盖儿[kà˞]이 되고, 한 덩어리라는 뜻의 단어 一块에 儿이 붙으면 '함께'라는 뜻의 부사 一块儿[ikʰuà˞]이 된다. 이처럼 주요모음이 [a], [ə]인 경우는 운미 -i, -n만 탈락한다. 그러나 주요모음이 [e]인 음절은 [e]가 [ə]로 바뀐다. '갑절'을 뜻하는 倍[pèi]에 儿이 붙으면 倍儿[pə̀˞]이 된다. 또한 주요모음이 [u], [i]인 음절은 운미가 탈락하고 [ə˞]이 붙는다. 귀신을 뜻하는, 한어병음자모로 발음이 guǐ[kuǐ]인 鬼에 儿이 붙으면, 부정, 속임 이라는 뜻의 새 낱말 鬼儿[kuə˞]이 된다. 그런데 이것은 운미가 탈락하고 [ə˞]이 붙은 것으로 풀이할 수도 있지만, 鬼의 원래 운모가 [uei]이므로 운미가 탈락하고 주요모음 [e]가 [ə]로 바뀐 것으로도 풀이할 수 있다. 편지라는 어휘 信[ɕin]에 儿이 붙으면 소식이라는 뜻의 새 낱말 信儿[ɕiə˞] 이 되는데, 이것이 운미가 탈락하고 [ə˞]이 붙은 경우에 해당한다.

넷째, 설근 비음 -ŋ이 운미인 음절에 [L]이 붙으면 -ŋ이 탈락하고 앞 모음은 비음화된다. 声[şəŋ]에 儿이 붙으면 ŋ이 탈락하고 앞 모음이 비음 화되어 [şə̃˞]이 된다. 또한 '밝다'라는 뜻의 형용사 및 '이해하다'라는 뜻의 동사로 쓰이는 明에[27] 儿이 붙어 明儿이 되면 -ŋ이 탈락하고 비음화된 중모음 [ə]가 삽입되어 [miə̃˞]이 된다. 明儿은 明天처럼 내일 또는 가까운

---

27 明은 형용사로 쓰이면 明月, 明人과 같이 단음절 명사를 수식해 2음절어의 한 구성 성분으로 쓰인다. 동사로 쓰일 때도 去向不明, 失明처럼 부정 부사 不와 함께 2음절 어를 이룬다.

장래를 뜻한다.

중국어 음운학자들은 운미 -n과 -ŋ이 탈락하는 이유를 현대 베이징어에서는 어말 위치에 -nɻ, -nɻ 같은 자음군이 올 수 없기 때문이라고 설명한다. 현대 베이징어의 음절 구조에서는 운미 위치에 자음이든 모음이든 한 개의 음소만이 위치할 수 있다. 그렇다면 头[tʰóuɻ], 鸟[niăuɻ]에 [ɻ]이 붙었을 때 운미 -u도 탈락해야 한다. 그런데 이 -u 운미는 탈락하지 않는다. 이에 대해 엄익상(2002:288-290)은 [ɻ]은 결합하는 음절의 운을 권설음화(retroflexion)시키는 것으로 권설음화 과정은 모음의 조음과 동시에 일어나는 것으로 해석했다. [ɻ]을 분절음이 아닌 모음의 권설음적 자질을 나타내는 부호로 보면 중국어 음절 구조의 제한을 받지 않는다. 이 경우 小狗儿의 狗儿은 [kouɻ]이 아니라 [ko̜u̜]이며, 이때 o̜, u̜는 권설음화된 o, u를 의미한다. 그렇다면 전설 운미 -i, -n과 -ŋ이 탈락한 것은 음절 구조의 제약이 아닌 음성학적 적합성(phonetic compatibility)에서 원인을 찾아야 한다. 즉 [i], [n], [ŋ]은 [ɻ]과 음성적인 차이가 커 동시에 발음될 수 없어서 탈락한 것이다.

4.4. 형태론의 조어법

형태소가 결합해 단어를 이루는 형태론적 절차에는 굴절(inflection), 파생(derivation), 합성(composition)이 있다. 다음에서 단어를 만들어 내는 이 세 가지 조어법(造語法)에 대해 알아본다.

1. 굴절

굴절은 어휘 형태소에 문법 형태소인 굴절 접사를 붙여서 문장 내의 다른 단어들과의 관계를 나타내는 조어법이다. 영어에서 과거를 나타내는 -ed, 현재 진행형을 나타내는 -ing, 주어가 3인칭 단수일 때 동사에 붙는, 현재 시제를 나타내는 -s 등이 굴절 접사이다. 중국어 같은 고립어는 굴절에 의한 조어법이 없다.

우리말에서는 체언의 굴절을 곡용(declension)이라고 하고 용언의 굴절을 활용(conjugation)이라고 한다. 체언은 주어나 목적어로 쓰이는 명사, 대명사, 수사 등을 가리키고, 용언은 주로 술어로 쓰이는 동사와 형용사를 가리킨다.

한국어 문장 '길이가 길다'에서 '가'는 곡용 어미이고 '다'는 활용 어미이다. 또한 '머리를 기르다'에서 '를'은 곡용 어미이고, '다'는 활용 어미인데, 이 곡용 어미와 활용 어미가 어휘 형태소에 붙는 문법 형태소로서 영어의 굴절 접사에 해당한다. 그런데 한국어 문법에서는 이러한 곡용 어미와 활용 어미를 조사 또는 어미라고 한다. 한국어 문법에서 접사라고 하면 일반적으로 다음에서 다룰 파생 접사를 가리킨다.

2. 파생

파생은 어휘 형태소에 파생 접사를 붙여 새로운 단어를 만들어 내는 조어법이다. 명사 '신'에 접두사 '덧'이 붙으면 '덧신'이라는 새 낱말이 된다. '신다'라는 동사에도 '덧'이 붙으면 '덧신다'라는 새 낱말이 된다. 형용사 '높다', '길다', '깊다'의 어근에 파생 접사 '이'를 붙이면 '높이', '길이', '깊이' 등의 명사가 된다. 동사 '놀다'의 어근에도 '이'가 붙으면 '놀이'라는 명사가 된다.

그렇다면 굴절 접사와 파생 접사의 차이점은 무엇일까? 정리하면 다음과 같다.

첫째, 굴절 접사가 새로운 어휘를 만들어 내지 못하고 문법적 의미만을 나타내는 것과 달리 파생 접사는 새로운 어휘를 만들어 낼 수 있다. 영어의 -ed는 과거를 나타낼 뿐 새로운 낱말을 만들어 내지는 않는다. 위에서 살펴본 우리말의 곡용 어미, 활용 어미도 새로운 낱말을 파생시키지 않는다. 그러나 형용사 '길다'의 어근 '길'에 파생 접사 '이'가 붙으면 '길이'라는 새 단어가 되고, 영어의 long에 접미사 -th를 붙이면 length라는 새 단어가 된다. 동사 protect에 접사 -tion이 붙으면 protection이라는 새 단어가 된다. 이 어휘들은 파생 접사가 붙어서 품사가 바뀐 어휘들인데, 파생 접사가 반드시 품사의 변화를 동반하지는 않는다. '익숙한'을 의미하는 형용사 familiar에 파생 접사 un이 결합되어 파생된, '낯선'을 의미하는 새 단어 unfamiliar 역시 형용사이다. '신다'에 파생 접사 '덧'을 붙여 만든 새 낱말 '덧신다'도 '신다'와 마찬가지로 동사이다. 명사 '이'에 파생 접사 '덧'을 붙여 만든 새 낱말 '덧니'도 '이'와 마찬가지로 명사이다.

굴절에 의한 조어법을 찾기 힘든 중국어에서도 파생 접사는 더러 찾아볼 수 있다. 앞에서 살펴본 바와 같이 '덮다'라는 뜻의 동사 盖에 儿을 붙이면 덮개라는 뜻의 명사 盖儿이 만들어진다. 편지를 뜻하는 信에 儿을 붙이면 소식이라는 새 단어 信儿이 만들어진다. 头도 파생 접사로 쓰인다. 형용사 老(늙다)에 头가 붙으면 늙은이라는 뜻의 명사 老头가 되고 苦(쓰다)에 头가 붙으면 고통이나 불행을 뜻하는 苦头라는 명사가 된다. 不도 公平, 不公平, 平等, 不平等에서 볼 수 있듯이 다른 뜻의 어휘를 만들어 내므로 파생 접사이다. 또 아무런 의미 없이 명사를 만드는 접사 子가 붙은 桌子(탁자), 椅子(의자) 등의 어휘도 파생으로 만들어진 어휘이다.

둘째, 굴절 접사가 파생 접사보다 적용 범위가 훨씬 넓다. 영어의 과거 형태소 -ed가 많은 동사에 광범위하게 적용되듯이, 한국어의 활용 어미 '다'와, 과거를 나타내는 '었' 등은 용언의 어근과 두루 결합한다. 반면 영어의 파생 접사 -tion, -ness, -th 등은 제한된 어휘에 적용된다. 앞서 언급한 한국어의 파생 접사 '덧', 명사를 만드는 데 쓰이는 '이'도 소수 제한된 어휘에만 적용된다.

　셋째, 파생 접사가 굴절 접사보다 종류가 많다. 한국어에서 굴절 접사로는 곡용 어미인 주격 조사 '이', '가'와 목적격 조사인 '을', '를', 관형격 '의', 여격 '에게', 활용 어미인 '다' 등이 있다. 파생 접사는 이보다 훨씬 다양하다. 덧니, 덧버선, 덧붙이다의 '덧', 풋고추, 풋사과의 '풋', 맨발, 맨손의 '맨', 군살, 군일, 군말의 '군', 짓밟다, 짓누르다의 '짓' 등 다양한 접두사가 있고, 어근 뒤에 붙는 접미사로는 강아지, 송아지의 '아지', 사기꾼, 밀수꾼의 '꾼'이 있으며, 형용사를 만드는 접미사로는 정답다, 사람답다의 '답다', 죄스럽다, 고통스럽다, 복스럽다의 '스럽다', 슬기롭다, 평화롭다, 정의롭다의 '롭다' 등이 있다. 이처럼 파생 접사는 어근 앞, 뒤에 부가되어 다양한 낱말을 만들어 낸다.

　넷째, 파생 접사가 굴절 접사보다 단어 내부에 위치한다. 어휘 '입히다', '잊히다'에서 어근 '입', '잊'에 부가되는 사동 또는 피동을 의미하는 접사 '히'는 활용 어미, 즉 굴절 접사 '다'의 앞에 온다. 영어 단어 'movements'는 동사 move에 파생 접사 -ment가 붙고 그 뒤에 굴절 접사 -s가 부가된 것이다.

3. 합성

　합성은 두 개 이상의 자립 형태소가 결합해 만들어진 단어이다. 영어의 snowman, raindrop, highlight 등은 모두 합성어이다. 한국어의 눈사람, 밥그릇, 책가방, 엿장수, 문고리 등도 합성어이다. 파생에 의한 조어법이 많지 않은 중국어에서는 대부분의 2음절 이상 어휘가 합성어이다. 앞에서 언급한 의존 형태소 儿, 子, 头 등이 부가된 단어는 파생어이고, 어휘 형태소끼리 결합한 어휘는 합성어이다.

　중국어 문법에서는 파생에 의한 조어법도 합성에 넣어 분류한다. 중국어로 형태소는 어소(語素)라고 하는데, 단음절 어휘이든 다음절 어휘이든 형태소가 하나인 낱말은 단일어 또는 단순어, 둘 이상의 형태소로 구성된 낱말은 합성어라고 한다. 다음절 단순어는 대부분 의성이나 외래어이다. 巧克力(qiǎokèlì 초콜릿), 巴西(Bāxī 브라질), 可乐(kělè 콜라) 등은 다음절어이지만 뜻은 하나이다. 전술한 대로 头, 儿, 子 등의 접사가 부가되어 만들어진 椅子, 桌子, 孩子(아이) 등과 같은 파생어도 하나의 뜻만 지니는 어휘이다. 그런데 중어학에서는 명사를 나타내는 문법 기능만을 가진 子가 붙은 어휘도 합성어로 분류하는데, 자립 형태소이든 의존 형태소이든 두 개 이상의 형태소로 구성된 낱말을 합성어에 넣고, 합성어의 구성 방식을 중첩, 부가, 복합으로 설명하기 때문이다.

(1) 중첩

중첩은 姐姐, 弟弟처럼 같은 형태소를 반복해 어휘를 만드는 조어법이다. 발음은 한어병음자모로 표기했다.

姥姥 lǎolao 외할머니   娃娃 wáwa 아기, 인형
公公 gōnggong 시아버지   婆婆 pópo 시어머니

(2) 부가

부가는 의존 형태소인 접미사나 접두사를 부가해 낱말을 만드는 방법이다. 老를 붙인 老虎, 小를 붙인 小姐는 접두사가 부가된 어휘이다. 孩子는 접미사 子가 부가되었고, 木头는 접미사 头가 부가되었다. 또한 花儿, 孩儿은 접미사 儿이 부가된 어휘이다. 부가의 방식으로 만들어진 이 어휘들은 굴절, 파생, 합성의 세 형태론 영역에서 파생에 속한다.

老鼠 lǎoshǔ 쥐   老狐狸 lǎohúli 교활한 사람

牢子 láozi 간수, 교도관　　包子 bāozi 찐빵
里头 lǐtou 안, 안쪽　　　　石头 shítou 돌

(3) 복합

중첩, 부가와 달리 복합 방식에 의해 만들어진 합성어는 각 음절마다 뜻이 다른 자립 형태소로 구성되어 있다. 복합 방식으로 만들어진 합성어는 다음의 다섯 가지 방법으로 결합되어 있다.

① 병렬

뜻이 비슷하거나 대립되는 두 개의 형태소로 결합되어 있다.

城市 chéngshì 도시　　　大小 dàxiǎo 크기, 대소
道路 dàolù 도로, 길　　　早晚 zǎowǎn 아침과 저녁, 조만간
朋友 péngyou 친구　　　 肠胃 chángwèi 장과 위, 요충지

② 수식

첫 번째 음절이 두 번째 음절을 수식한다.

皮鞋 píxié 가죽 구두　　　脸色 liǎnsè 얼굴빛, 안색
地图 dìtú 지도　　　　　 路边 lùbiān 길가, 노변
机票 jīpiào 비행기표　　　冷饮 lěngyǐn 차가운 음료

③ 동보(동사+보어)

두 번째 음절이 첫 번째 음절의 뜻을 보충해 준다. 동사와 뒤에 오는 보어가 술어가 된다.

延长 yáncháng 연장하다　　扩大 kuòdà 확대하다, 넓히다

改善 gǎishàn 개선하다   促进 cùjìn 촉진하다
提高 tígāo 향상시키다   集中 jízhōng 모으다, 모이다

④ 주술(주어+술어)
첫 번째 음절이 주어, 두 번째 음절이 술어 관계이다.

年轻 niánqīng 나이가 젊다   头痛 tóutòng 두통, 머리가 아프다
年老 niánlǎo 나이가 많다   空调 kōngtiáo 에어컨(공기 조절 장치)
性急 xìngjí 성급하다   头晕 tóuyūn 현기증이 나다

⑤ 술목(술어+목적어)
첫 번째 음절이 술어, 두 번째 음절이 목적어 역할을 한다.

减肥 jiǎnféi 살을 빼다   刷卡 shuākǎ 카드를 긁다, 카드로 결제하다
游泳 yóuyǒng 수영하다   开车 kāichē 차를 몰다, 운전하다
跳舞 tiàowǔ 춤을 추다   毕业 bìyè 졸업하다, 학업을 마치다

살펴본 바와 같이 형태소가 결합해 어휘를 이루는 형태론적 조어법에는 굴절, 파생, 합성이 있다. 영어와 한국어는 세 가지 유형의 조어법을 모두 사용하지만, 중국어에는 굴절에 의한 조어법이 없고, 합성에 의한 조어법이 대부분이다. 파생에 의한 조어법은 합성에 비해 제한적으로 사용된다.

중어학에서는 어휘를 단순어와 합성어로 분류하고, 합성어의 구성 방식을 중첩, 부가, 복합으로 분류해 설명한다. 이 가운데 부가가 파생에 의한 조어법이고, 복합이 합성에 의한 조어법이다.

제5장 통사론

 문법은 크게 형태론과 통사론(syntax)으로 구성된다. 앞 장에서 형태소가 결합해 어휘를 이루는 형태론적 조어법인 굴절, 파생, 합성에 대해 살펴보았다. 굴절, 파생, 합성을 통해 만들어진 단어가 일정한 규칙에 따라 결합해 문장(sentence)이 되는 것을 연구하는 것이 통사론이다. 즉 문장 내에서 단어들의 결합 관계를 연구하는 분야가 통사론이다.

5.1. 통사론의 연구 대상

 통사론은 한자로 統辭論이다. 통사는 문장과 같은 뜻의 어휘이다. 그러므로 통사론은 문장을 연구 대상으로 하는 학문이다. 중국어로는 구법(句法) 또는 구법학(句法學)이라고 한다. 국립국어원의 『표준국어대사전』에는 문장이 "생각이나 감정을 말과 글로 표현할 때 완결된 내용을 나타내는 최소의 단위"라고 정의되어 있는데, 때로는 하나의 단어만으로도 생각이나 감정을 온전히 나타낼 수 있다. 그렇다면 하나의 단어도 때로는 문장이 된다. 이러한 의미에서 문장이라는 단위는 정의하기가 쉽지 않다.
 성백인·김현권(1998:74-75)에 문장을 정의할 때 쓰이는 다섯 가지 기준이 제시되어 있어 옮겨 본다. 첫째, 글로 쓴 문장에서는 구두점(punctuation)이 찍힌 단어까지가 문장이다. 그러나 구어에서는 구두점을 표시할 수 없고, 하나의 단어만 사용하는 경우도 있어 이 기준은 절대적인 기준이 될 수 없다. 둘째, 문장은 하나의 완전한 생각을 표현하는 단위라는 의미론적(semantic) 정의이다. 이 경우 무엇이 '완전한 생각'인지에 대한 기준이 모호하다는 문제가 발생한다. 셋째, 주어와 술어로 구성되어 논리적인 판단을 표현하는 것이 문장이라는 논리적(logical) 정의이다. 그러나 "나는 바람이 분다고 느꼈다"와 같이 논리적인 판단이라고 볼 수 없는 문장도 많아서 이 기준도 문장을 정의하는 완벽한 기준이 될 수 없다. 넷째, 서법(mood)으로 하나의 문장인지를 판단한다. 그러나 "아!"와 같은 감탄사 한 단어로 된 감탄법의 문장도 있고, "가!"와 같이 한 단어로 된 명령법의 문장도 있다. 한두 단어로 된 이러한 문장은 다른 서법의 일반적인 문장과는 구조가 완전히 다르다. 또한 언어마다 서법의 분류도 다르다. 따라서 이 기준도 문장을 정의하는 완벽한 기준은 아니다. 다섯째, 문장은 구조적으로 기술할 수 있는 가장 큰 언어 단위라는 언어학적(linguistic) 정의이다. 언어학적 정의에 의하면, 두 개의 문장을 접속사로 연결해도 결국은 하나의 문장이 되며, 더 작은 단위로 나뉠 수 있지만 더 큰 단위는 만들어 내지 못하는 가장 큰 언어학적 단위가 문장이다.

 문장 안에서 단어들이 서로 맺는 관계는 어순, 굴절, 기능어(function word)에 의해 표현된다(성백인·김현권 1998:76-78). 같은 의미를 갖는 다음의 세 문장을 살펴보자.

  나는 당신을 사랑합니다.
  I love you.
  我爱你。

위의 세 문장은 어순은 차이가 있지만 모두 주어, 술어, 목적어를 가지고 있다. 이 문장들에서 주어와 목적어의 위치를 바꾸어 본다.

당신을 나는 사랑합니다.
You love me.
你爱我。(당신은 나를 사랑합니다.)

영어는 어순에 따라서도 문장의 뜻이 달라지지만, 인칭 대명사의 형태도 I에서 me로 굴절된 것을 볼 수 있다. 반면 한국어는 낱말의 관계가 영어의 굴절 접사에 해당하는 조사 '은', '는', '을', '를'에 의해 결정되어서, 문장의 뜻은 변하지 않았다. 형태 변화를 하지 않는 중국어는 전적으로 어순에 따라 문장의 뜻이 결정되는 것을 볼 수 있다. 따라서 같은 단어로 구성된 다음의 두 문장에서도 都와 不의 어순만 바꿔도 문장의 뜻이 달라진다.

他们都不是韩国人。　　그들은 모두 한국인이 아니다.
他们不都是韩国人。　　그들이 모두 한국인인 것은 아니다.

중국어도 어순이 다른 문장들이 같은 의미를 나타낼 수 있다. 예를 들면 다음의 문장 (a)를 (b)처럼 피동문으로 나타낼 수 있고, (c)처럼 전치사 把를 써서 목적어를 술어 앞에 놓을 수도 있다. 그렇지만 (b), (c) 두 문장은 어디까지나 특수한 문장 형태일 뿐이며, 중국어의 기본 어순은 (a)처럼 주어, 술어, 목적어의 어순이고, 대체로 어순이 문장의 의미를 결정하는 데 결정적인 작용을 한다.

(a) 我吃了那个面包了。
(b) 那个面包被我吃了。

(c) 我把那个面包吃了。

영어에서는 어순과 굴절뿐 아니라 기능어인 전치사에 의해서도 문장의 의미가 좌우된다. 다음의 두 문장에서는 기능어인 into와 out of에 의해 문장의 의미가 완전히 달라진 것을 볼 수 있다.

I talked him out of it.   내가 그에게 그 일을 하지 말라고 설득했어.
I talked him into it.   내가 그에게 그 일을 하라고 설득했어.

통사론에서는 언어를 어순에 따라 SOV 언어, SVO 언어 등으로 분류하기도 하고, 구조나 형태의 각도에서 비슷한 유형끼리 묶어 고립어, 교착어, 굴절어로 분류하기도 한다. 유형론적인 분류는 제8장에서 살펴보기로 하고, 여기서는 어순에 따라 분류한 결과를 살펴본다. 그린버그(Greenberg)는 주어(S), 술어(V), 목적어(O)의 어순에 따라 언어를 분류했는데, 그 결과 세계의 여러 언어 가운데 SOV 어순을 지닌 언어는 한국어를 포함해 180개 언어로 전체 언어의 45% 정도 되고, 영어와 중국어가 속하는 SVO 어순의 언어는 168개 언어로 42%이며, 웨일스어(Welsh)가 속한 VSO 어순의 언어는 37개로 9.2%를 차지한다(성백인·김현권 1998:193-194).

그는 또한 각 유형의 언어에서 명사와 전치·후치사의 배열을 조사했다. 그에 따르면 SOV 어순을 가진 언어에서는 항상 명사+후치사 유형의 배열을 보이며, VSO 어순의 언어는 전치사+명사의 배열을 보여 준다. 또한 SVO 어순의 언어는 대체로 전치사+명사의 어순을 갖는다고 언급했다(성백인·김현권 1998:193). 한국어는 조사 결과대로 '도서관에서'와 같이 명사+후치사의 어순을 갖는다.

〈표 5-1〉

기본 어순	VSO	SVO	SOV
명사+후치사	0	3	11
전치사+명사	6	10	0

 살펴본 바와 같이 문장 안에서 단어들이 서로 맺는 관계는 언어에 따라 차이가 있으나 대체로 어순, 굴절, 기능어에 의해 표현된다. 굴절에 의한 조어법을 사용하지 않는 중국어에서는 주로 어순에 의해 문장의 의미가 결정된다.

5.2. 구조주의 언어학

 문법을 연구하기 시작한 역사는 고대 그리스까지 거슬러 올라가지만, 문법 연구에 현대적인 연구 방법이 도입된 것은 19세기 역사비교언어학과 20세기 구조주의 언어학이 등장하고부터이다. 즉 그리스 문법과 라틴 문법에서 기원한 전통문법(Traditional grammar)이 19세기에 역사비교언어학이 등장하기 전까지 이어져 왔다. 한국어 문법에서도, 개화기에 근대 언어학이 태동한 이후 구조주의 언어학의 영향을 받기 시작한 1950년대 이전의 문법을 대개 전통문법이라고 한다(『한국민족문화대백과사전』).
 구조주의 언어학은 언어가 가진 형식적 측면인 구조(structure)를 연구하는 학문으로, 소쉬르에게서 비롯되었다. 소쉬르는 언어를 랑가주(language)와 랑그(langue)로 구분했는데, 랑가주는 듣고 말할 수 있는 인간이 가진 언어능력이고, 랑그는 한 언어에 내재(內在)된 규칙의 체계이다. 각 언어에는 이러한 규칙이 있어서, 같은 언어를 사용하는 사람들은 서로 의사소통할 수 있다. 랑가주는 관찰하기 어렵고, 랑그는 의사전달

과정에서 실현된 개개인의 발화(파롤, parole)를 통해 파악할 수 있다. 따라서 구조주의 문법에서는 관찰이 가능한 파롤을 연구 대상으로 언어의 구조를 연구했다. 소쉬르에게서 비롯된 구조주의 언어학은 유럽에서는 프라그(Prague) 학파, 코펜하겐(Copenhagen) 학파를 형성했다.

구조주의 언어학은 유럽뿐 아니라 1930년을 전후해 미국에서도 발전했다. 미국 언어학자들은 "언어 자료를 분석하여 형태소의 개념을 발견하고 형태소를 정의했으며, 형태소의 분포와 그 유형을 분류했다. 또한 언어를 구성하는 가장 큰 단위를 문장(sentence)으로 가정하여 문장을 일정한 분석 절차를 통해 분석하고, 문장을 구성하는 단위들과 이 단위들 간의 관계를 밝혔다"(성백인·김현권 1998:72). 미국의 언어학자들에게는 분포가 언어의 분석 절차에서 매우 중요한 기준이므로, 이들의 언어학은 분포주의(distributionalism) 언어학이라고도 불린다. 블룸필드(Bloomfield) 학파를 형성한 미국의 언어학자인 블룸필드(Leonard Bloomfield)가 미국의 구조주의 언어학을 크게 발전시켰다. 자오 위앤런(Chao, Yuen Ren 1968)이 쓴 *A Grammar of Spoken Chinese*가 구조주의 언어학에 근거해 중국어 문법을 분석한 책이다(최영애 2011:203). 이 책은 홍콩과 중국에서 중국어 역서가 출판되어 보급됨으로써 중국 문법학계에 큰 영향을 미쳤다(16쪽 각주 6번 참조).

구조주의 연구 방법은 발화된 언어 자료가 연구의 대상이기 때문에, 한 언어에 존재하는 언어 단위, 즉 음소나 형태소를 발견하고 분류하고 기술하는 데는 유용하여, 이 분야에 많은 연구 결과를 축적할 수 있었다. 그러나 단어와 단어가 결합해서 만들어지는 문장의 분포를 기술하는 데는 한계가 있다. 한 언어에 존재하는 음소나 형태소는 제한되어 있지만, 문장은 그 수가 제한되어 있지 않기 때문이다. 모국어 화자는 전에 사용해 본 적이 없는 새로운 문장을 상황에 따라 만들어 낼 수 있고, 들어본 적 없는 새로운 문장도 이해할 수 있는데, 구조주의 연구 방법으로 이러한 무한한 문장을 분석하는 데는 한계가 있다. 촘스키는 바로 이러한 문제를 해결하기 위해 통사론 중심의 변형생성문법(transformational generative grammar)을 고안해 냈다. 촘스키의 언어 이론은 "모국어 화자의 창조적인 언어능력(linguistic competence)을 기술하는 것"이 목표이다(성백인, 김현권 1998:104).

5.3. 성분 분석과 구절 구조 규칙

분포주의 언어학자들은 문장을 하위 구성 성분들로 분석하고, 이 성분들이 문장에서 어떤 패턴을 보이는지 연구했다(성백인, 김현권 1998:83). 문장의 구조를 분석하려면 문장을 구성하는 각 어휘의 성분을 분석해야 한다. "한 학생이 도서관에서 잡지를 본다"라는 문장을 분석해 본다. 이 문장은 몇 차례에 걸쳐 다음과 같이 분석된다.

한 학생이 | 도서관에서 잡지를 본다.
한 || 학생이 | 도서관에서 || 잡지를 || 본다.
한 || 학생 ||| 이 | 도서관 ||| 에서 || 잡지 ||| 를 || 보 ||| ㄴ다.

먼저 조사를 제외하고 띄어쓰기로 나누어진 어휘를 분석한다. 1단계 분석에서는 주부(主部)와 술부(述部)의 두 성분으로 크게 나뉜다. 2단계 분석에서는 주부가 수식어와 주어 성분으로 나뉘고, 술부도 수식어로 쓰인 부사어(도서관에서)와 목적어 및 술어로 나뉜다. 3단계 분석에서는 '학생이'가 '학생'과 '이'로 나뉘며, 도서관에서는 '도서관'과 '에서'로, '잡지를'은 '잡지'와 '를'로 나뉜다. 또한 '본다' 역시 '보'와 어미인 'ㄴ다'로 나뉜다. 이렇게 문장을 형태소까지 분석하는 것이 직접 성분 분석이다.

2단계까지 각 어휘는 관형어, 주어, 부사어, 목적어, 서술어의 성분으로 분류되었다. 각 성분은 통사 범주로 바꾸어 기술할 수 있다. '한 학생이'는 명사구(noun phrase)가 되고, 이 명사구에서 '한'은 관형사(determiner), '학생'은 명사가 된다. '도서관에서'는 뒤에 나오는 '잡지를 본다'와 함께 술부, 즉 동사구(verb phrase)를 이룬다. '도서관에서'는 술어인 '본다'를 수식하므로, 통사 범주로 기술하면 부사구(adverb phrase)가 된다. 주어, 목적어, 서술어 뒤의 후치사(postposition)는 소문자 p를 붙여 표기하고, '도서관에서'는 부사구로 표기하여, 2단계까지 분석된 위의 문장을 나무 그림으로 나타내면 다음과 같다.[28]

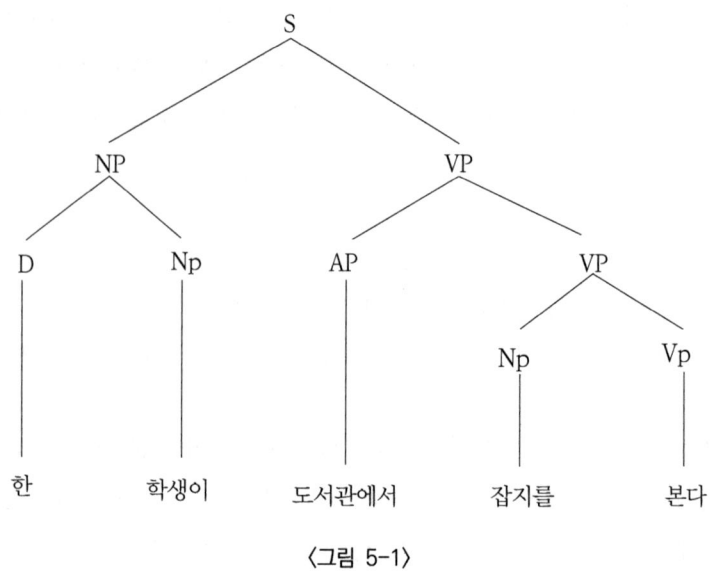

〈그림 5-1〉

---

28 3단계 형태소까지 분석한 문장을 나무 그림으로 나타낼 수도 있지만, 그림이 너무 복잡해지기도 하고, 〈그림 5-2〉 영어 문장과의 비교를 위해 여기서는 띄어쓰기로 단어끼리 구분된, 2단계까지 분석된 문장을 나무 그림으로 나타냈다.

같은 의미의 영어 문장 "A student reads a magazine in the library"도 같은 방식으로 나무 그림으로 나타낼 수 있다. 다음에서 P는 전치사(preposition)이며, PP는 전치사구(prepositional phrase)이다.

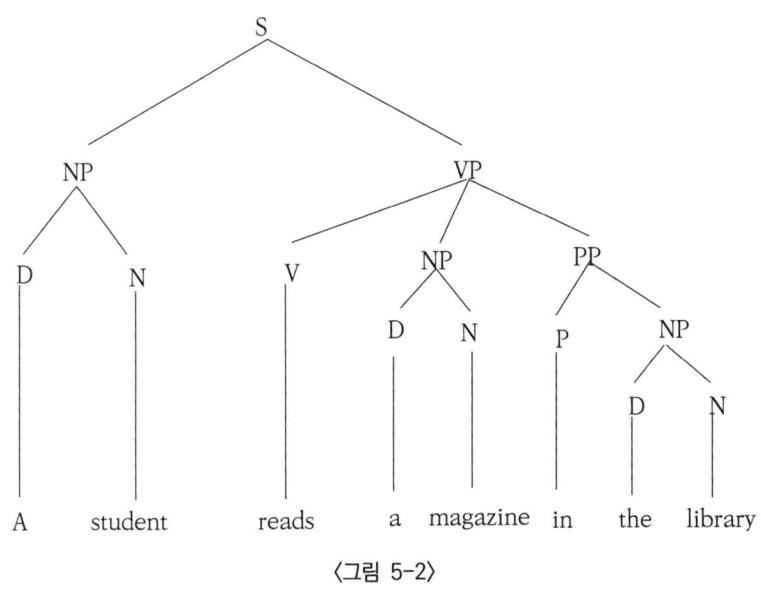

〈그림 5-2〉

나무 그림은 문장(S)이 명사구와 동사구로 구성되는 것을 보여 준다. 명사구는 명사와 명사를 수식하는 낱말로 구성된다. 명사구는 두 언어의 나무 그림이 일치하지만, 동사구의 경우 두 언어의 나무 그림이 차이를 보인다. 두 언어는 술어와 목적어의 어순이 다르다. 또한 동작이 발생한 장소를 나타내는 구가 한국어에서는 부사구로서 동사 앞에 위치하는데, 영어에서는 동사 뒤에서 전치사구(prepositional phrase)를 형성한다. 나무 그림을 통해 두 언어가 어떤 방식으로 명사구와 동사구를 형성하는지 비교할 수 있다.

구와 절은 모두 문장을 구성하는 성분들이다. 문장 내의 각 성분이 어떤 통사 범주에 속하는지 기술해서 각 성분의 관계를 나타낸 구조가 구절(句節) 구조 또는 구 구조이고, 구절 구조 규칙(phrase structure rule) 또는 구 구조 규칙은 한 문장이 아닌 여러 문장의 기술에 적용될 수 있는 일반화된 규칙이다. 구절 구조 문법에서는 문장 내 각 성분 간의 통사적 관계를 다시쓰기(rewriting) 규칙으로 기술한다.

위에서 "A student reads a magazine in the library"라는 문장을 구성하는 각 어휘의 통사 범주를 이미 분석해 나무 그림으로 나타냈는데, 나무 그림의 내용을 다시쓰기 규칙으로 기술해 본다.

① S → NP + VP
② NP → D + N
③ VP → V + NP + PP
④ PP → P + NP
⑤ V → reads
⑥ D → a, the
⑦ N → student, magazine, library
⑧ P → in

먼저 ①에서 문장은 명사구(NP)와 동사구(VP)로 나뉘는데, ②, ③을 보면 명사구는 관형사(D)와 명사로 이루어지고, 동사구(VP)는 동사와 명사구, 전치사구(PP)로 이루어진다. D와 N, V, P는 다시 분할될 수 없으므로 ⑤, ⑥, ⑦, ⑧에 나열된 어휘를 순서대로 넣어 주면 된다. 동사가 'reads'이므로 첫 명사구의 명사는 student가 되고, 동사 뒤의 명사구에는 magazine을 넣어 주면 된다. 이런 식으로 이와 같은 유형의 문장을 모두 기술할 수 있다. "A man sleeps in his room"과 같이 목적어가 없는 문장은 ① S → NP + VP, ② NP → D + N, ③ VP → V + PP, ④ PP → P + NP로 기술할 수 있다.

He gives me a book.

이른바 수여 동사가 쓰인 위 문장은 ① S → NP + VP, ② VP → V + NP + NP로 기술되는데, ①의 명사구와 ②의 첫 명사구는 NP → Pronoun(대명사), ②의 두 번째 명사구는 NP → D + N으로 기술하면 된다.

문장 속에 절이 내포된 복문도 구절 구조 규칙으로 기술할 수 있다.

I think she likes cats.
我觉得她喜欢猫。

위의 문장은 동사 뒤에 명사구가 아닌, 절이 쓰였다. 절을 S'로 표기하면, ① S → NP + VP, ② NP → Pro, ③ VP → V + S', ④ S' → NP + VP로 기술하고, S'의 동사구는 ⑤ VP → V + N의 순서로 차례로 기술하면 된다. Pro는 대명사를 나타낸다. 그런데 S'도 문장이므로 위의 규칙은 ① S → NP + VP, ② NP → Pro, ③ VP → V + S, ④ VP' → V + N,[29] ⑤ Pro → I, she, ⑥ V → think, likes, ⑦ N → cats로 다시 쓸 수 있다. 중국어 문장은 영어 문장과 구조가 같아서 ④까지 영어 문장과 동일하게 기술하고, ⑤부터는 중국어 단어를 넣어 ⑤ Pro → 我, 她, ⑥ V → 觉得, 喜欢, ⑦ N → 猫로 기술하면 된다.[30]

---

29 이하 후순위로 적용되는 동사구에는 편의상 '를 달아 표기한다.
30 위 문장은 "I think that she likes cats"에서 that이 생략된 문장이다. that이 생략되지 않은 문장은 that을 Comp로 표기해서 ① S → NP + VP, ② VP → V + S', ③ S' → Comp + S와 같이 다시 쓸 수 있다. Comp는 complementizer로 문장 속에 다른 문장이 들어 있음을 나타내는 보문소(補文素) 또는 보문 표지이다. 따라서 위의 문장은 ① S → NP + VP, ② NP → Pro, ③ VP → V + S', ④ S' → Comp + S, ⑤ VP' → V + N, ⑥ Pro → I, she, ⑦ V → think, likes, ⑧ Comp → that, ⑨ N → cats로 다시 쓸 수 있다. 중국어 문장에는 보문소가 쓰이지 않으므로, that이

구절 구조 규칙은 순환적으로 적용된다. 〈그림 5-2〉를 보면 명사구가 세 개 사용되었는데, 모두 NP → D + N의 하나의 규칙으로 기술된 것을 볼 수 있다. 따라서 구절 구조 규칙으로 단문뿐 아니라 무한히 긴 문장의 구조도 기술할 수 있다. "我以为你知道他是大学生呢!(나는 네가 그 사람이 대학생인 걸 아는 줄 알았어)"와 같은 문장은 ① S → NP + VP, ② VP → V + S′, ③ S′ → NP + VP, S′의 동사구는 ④ VP → V + S″…와 같이 차례로 기술하면 된다. 그러나 위에서 밝힌 바와 같이 S′, S″도 문장이므로, 결국 문장은 S → NP + VP의 하나의 규칙으로 기술할 수 있다. 따라서 문장은 S → NP + VP 하나로 기술되고, 명사구는 NP → Pro로 기술되며, 동사구는 VP → V + S와 VP → V + N + P의 두 가지로 기술되는데, 첫 동사구 VP → V + S도 S → NP + VP와 마찬가지로 위의 문장을 기술하는 데 순환적으로 적용된다. 두 번째 동사구(VP)에서 V는 是, N은 大学生, P는 문장 끝에 쓰인 조사 呢를 가리킨다. 따라서 위의 문장은 ① S → NP + VP, ② NP → Pro, ③ VP → V + S, ④ VP′ → V + N + P, ⑤ Pro → 我, 你, 他, ⑥ V → 以为, 知道, 是, ⑦ N → 大学生, ⑧ P → 呢로 기술할 수 있다.

조금 더 긴 문장 他说, "我以为小金知道图书馆在哪儿呢"도 구절 구조 규칙을 순환적으로 적용해 기술할 수 있다. 이와 같이 구절 구조 규칙으로 모든 형식의 문장을 기술할 수 있다. 구절 구조 규칙은 문장을 구성하는 각 성분의 관계를 형식적으로 기술하여 문장의 구조를 밝히는 데 큰 도움이 되었다.

생략된 영어 문장을 본문에 넣었다.

5.4. 변형생성문법

구절 구조 규칙은 구조가 서로 다른 문장이 같은 의미를 갖거나, 한 문장이 두 가지 의미를 갖는 경우에는 규칙을 적용하기 어렵다. "I ate the bread"와 "The bread was eaten by me"는 구조가 다르지만 결국은 같은 의미를 나타낸다. "我吃了面包了"와 "面包被我吃了"도 구조는 다르지만, 듣는 사람은 같은 의미로 받아들인다.

영어의 동사구(phrasal verb)는 분리되어 쓸 수 있어서, 분리되면 같은 의미를 나타내도 문장의 구조가 달라진다. 본래의 뜻은 '반창고를 떼다'로, '하기 싫은 일을 재빨리 해치우다'라는 의미로 쓰이는 'rip off the band-aid'라는 구에서 본동사는 rip off인데, 목적어가 동사구 사이에도 위치할 수 있어 다음의 두 문장은 구조는 달라도 의미는 같다.

Rip off the band-aid!
Rip the band-aid off!

중국어에서는 어떠한 행동이 얼마 동안 진행되었는지를 나타내는 문장이 두 가지 구조로 표현된다. 다음 문장은 모두 "나는 중국어를 반년 동안 배웠다"를 의미하는데, 문장의 구조가 다른 것을 볼 수 있다.

我学了半年汉语。
我学汉语学了半年。

촘스키는 자신의 저서인 『통사 구조』 Syntactic Structure(1957)와 『통사 이론의 여러 양상』 Aspects of the Theory of Syntax(1965)에서 구조주의 문법으로는 해결할 수 없는 이와 같은 문제를 해결하기 위해, 변형과 표층 구조, 심층 구조라는 개념을 도입해 새로운 문법 모델을 제시했는데, 이 문법이 나중에 표준 이론(standard theory)으로 불리게 되었다.[31] 표준 이론에서는 구조가 달라도 같은 의미로 해석되는 두 문장은 심층 구조가 같은데, 변형이 발생해 표층 구조가 서로 달라진 것으로 풀이한다. 위의 영어 문장에서는 "rip off the band-aid"가 기본적인 형태이고, 이 형태에서 off가 이동해 두 번째 문장이 생겨났다.

성백인·김현권(1998:110)에 심층 구조에서 표층 구조로 바뀔 때 작용하는 변형 규칙이 5가지로 요약되어 있어 옮겨 본다.

삭제: X + Y + Z → X + Z
첨가: X + Y + Z → X + Y + W + Z
전위: X + Y + Z → Y + X + Z
이동: X + Y + Z → Z + Y + X
교체: X + Y + Z → X + W + Z

전위는 위치를 바꾼다는 뜻이다. 위의 중국어 문장에서는 목적어 앞에 시간 명사가 온 "我学了半年汉语"가 기본적인 형태이고, 이 형태에서 동사 뒤로 목적어인 汉语가 이동하고, 목적어 뒤로 동사 学가 첨가되었다. 또한 "我吃面包了"가 기저형이라면 같은 의미를 갖는 "我把面包吃了"는 기저형의 문장에서 목적어와 술어인 동사의 위치가 바뀌고, 기능어인 把가 목적어 앞에 첨가된 것이다. "面包被我吃了"는 기저형 문장에서 목적어가 주어의 위치로 이동하고, 기능어인 被가 행위의 주체 앞에 첨가된 것이다. 즉 심층 구조는 하나인데 변형의 과정을 거쳐 둘 이상의 표층

---

[31] 성백인·김현권(1998:111)에서 인용. 촘스키는 처음에는 변형 규칙이 문장의 구조에만 적용되는 것으로 보았는데, 나중에는 이 규칙이 문장의 의미 변경까지 초래한다고 했다.

구조가 되었다.

그렇다면 문장 구조는 하나인데 아무런 구조의 변화 없이 두 가지 의미로 해석되는 중의(重義)적인 문장은 어떻게 설명할까? 중국어는 특히 한 문장이 두 가지 의미로도 해석될 수 있는 중의적인 문장이 많다.

我也会说汉语。
(a) 나도 중국어 할 수 있어.
(b) 나는 중국어도 할 수 있어.

중국어 어휘 也는 주어 바로 뒤에 위치하며, 주어를 수식할 수도 있고 술어를 수식할 수도 있어서 위의 문장은 각각 두 가지 의미로 풀이된다. 그러나 구절 구조 문법으로는 위의 문장을 하나의 구조로만 기술할 수 있다. 한 문장이 두 가지 의미로 해석되는 것은 심층 구조가 두 개인데 일정한 변형이 발생해 표층 구조가 같아진 것으로 설명한다.

这儿也卖面包吗?
(a) 여기도 빵 팔아요?
(b) 여기 빵도 팔아요?

위의 문장은 아마도 다음과 같은 두 개의 심층 구조에서 변형되었을 것이다.

(a) 像其他地方一样, 这儿也卖面包吗? 다른 곳처럼 여기도 빵 팔아요?
(b) 除了别的菜以外, 这儿也卖面包吗? 여기 다른 음식 외에 빵도 팔아요?

위의 두 심층 구조가 변형을 거쳐 하나의 표층 구조로 산출된 것으로 보아야 한다. 그렇다면 (a)에서는 '像其他地方一样'이 삭제되고, (b)에서는 '除了別的菜以外'가 삭제되어 这儿也卖面包吗?만 남은 것으로 풀이할 수 있다.

표준 이론에 의하면 문법은 통사 부문과 의미 부문, 음운 부문의 세 부분으로 구성되는데, 통사 부문은 기저부와 변형부로 나뉜다. 기저부에서 구절 구조 규칙과 어휘 삽입으로 생성된 구조가 심층 구조이고, 이 심층 구조가 의미 부문에서 의미 해석을 받고 변형부에서 변형 규칙의 적용을 받는다. 변형 규칙의 적용을 받은 통사 구조가 곧 표층 구조이고, 표층 구조는 음운 부문에 입력이 되어 음성으로 산출된다. 표층 구조가 "这儿也卖面包吗?"로 하나인 문장을 (a)의 의미로 사용할 경우 这儿也 뒤에서 휴지(pause)를 두어야 하고, (b)의 의미로 사용할 경우 这儿 뒤에서 띄어 읽어야 한다. 중의적인 문장이 많은 중국어에서는 이와 같이 띄어 읽기가 매우 중요한데, 이것은 변형 규칙이 문장이 음성으로 산출되기까지의 전 과정에 적용된다는 것을 의미한다. 변형생성문법은 지금까지도 학자들에 의해 계속해서 수정되고 있으며, 관련된 여러 가지 이론을 파생시키고 있다.

제6장 품사와 문법 범주

명사, 대명사, 동사와 같이 문법적 기능에 따라 분류된 단어의 부류를 품사(part of speech)라고 한다. 또한 문법적으로 구분되는 현상끼리 여러 부류로 묶은 것은 문법 범주(category)라고 한다. 행위가 발생한 시점을 나타내는 표현들은 시제(tense)라는 문법 범주로 묶을 수 있고, 단수와 복수가 언어에서 항상 구분되면 수(數)라는 문법 범주로 묶을 수 있다. 명사와 관련된 문법 범주로는 수(number), 성(gender), 격(case) 등이 있고, 동사와 관련된 문법 범주로는 시제, 상(aspect), 태(voice), 서법(mood) 등이 있다. 인칭(person)은 인칭 대명사 및 동사와 관련된 범주이다.

언어에서 성, 수, 격, 시제, 인칭 등이 어떻게 표현되는지 연구되기 시작한 것은 굴절어인 고대 그리스어에 대한 연구에서 비롯되었다. 문법 범주는 처음에는 이러한 사항을 표현하기 위해 어휘에 사용되는 굴절 접사를 지칭했다. 각 굴절 접사가 각 단어 부류의 속성을 특징지었으므로 범주라는 명칭이 사용되었다(성백인·김현권 1998:116). 언어에 따라 적용되는 문법 범주는 차이가 있을 수 있다. 이러한 범주는 형태론과 통사론의 영역에 걸쳐 있다. 각 문법 범주에 대해 살펴보기 전에 먼저 문법적 기능에 따라 분류되는 단어의 부류인 품사에 대해 살펴본다.

6.1. 품사 분류

품사 분류는 고대 그리스 철학자 플라톤과 아리스토텔레스까지 거슬러 올라가지만, 디오니시우스 트락스(Dionysius Thrax)가 가장 체계적으로 단어를 분류했다.[32] 그는 단어를 형태론적 기준과 의미적 기준에 따라 명사, 동사, 분사, 관사, 대명사, 전치사, 부사, 접속사의 8개 품사로 분류했는데, 현대의 분류와 거의 일치한다. 현대 언어학에서는 단어를 분포, 통사적 기능, 형태적 관계에 의거해 분류한다.

분포가 같고 문장 내에서의 기능이 같은 어휘는 동일한 부류에 속하는데, 분포가 같은지 알아보려면 같은 환경에서 단어를 대치(代置, substitution), 즉 교체시켜 보면 알 수 있다.

<u>거대한</u> 고양이가 골목을 <u>쏜살같이</u> 지나갔다.
예쁜 누렁이   느릿느릿 뛰어갔다
검은 호랑이   걸어갔다
      남자

고양이가 들어간 자리를 누렁이, 호랑이, 남자, 여자 등의 어휘로 교체해도 문장이 성립된다. 이 어휘들은 사물의 이름을 나타내므로, 이 어휘들을 명사(名詞)라는 한 부류로 묶을 수 있다. 고양이를 수식하는 '거대한'은 예쁜, 검은 등의 어휘로 교체해도 되며, 이 어휘들은 사물의 성질이나 상태를 묘사한 단어이므로, 형용사(形容詞)라는 품사로 묶을 수 있다. 또한 '지나갔다'는 뛰어갔다, 걸어갔다 등의 어휘로 교체해도 되고, 이 어휘

---

32 디오니시우스 트락스(기원전 170-90)는 아리스토텔레스(기원전 384-322)보다 2세기 후에 출생한 고대 그리스의 문법학자이다. 이 단락의 내용은 성백인·김현권 (1998:78-79)에서 인용.

들은 모두 사물의 움직임을 나타내는 어휘이므로, 동사(動詞)라는 품사로 묶을 수 있다. '쏜살같이'는 느릿느릿 등의 어휘로 교체될 수 있고, 두 어휘는 뒤에 나오는 동사를 수식하므로 부사(副詞)로 분류된다. 부사는 동사뿐 아니라 형용사와 다른 부사도 수식할 수 있다.

품사는 분포, 문장 내에서의 기능 외에, 형태적 관계에 의해 분류되기도 한다. 예를 들면 영어, 한국어에서 동사 부류는 시제에 따라 변한다. 영어 eat의 과거형은 ate로 형태가 변한다. 그러나 이러한 형태적 관계는 중국어에는 적용되지 않는다. 앞에서 살펴보았듯이 중국어에서는 단어의 형태가 변하지도 않고 굴절 어미가 붙지도 않기 때문이다. 따라서 중국어에서는 주로 단어들의 분포, 즉 어순과 단어의 통사적 기능 및 의미에 따라 품사가 분류되는데, 이 가운데서도 분포, 즉 어순이 결정적인 작용을 한다.

(a) 这本书很难。　　이 책은 (내용이) 어렵다.
(b) 妹妹在吃面包。　여동생은 빵을 먹고 있다.

첫 번째 문장 (a)의 주어는 这本书이고, 술어는 很难이다. 주어인 书는 지시 대명사인 这와 책을 세는 단위 명사인 本과 함께 구를 이룬다. 书는 사물의 이름을 가리키는 낱말이므로 명사에 속한다. 주어 자리에는 일반 명사뿐 아니라 我, 너你 같은 인칭 대명사가 주로 쓰인다. 술어인 '어렵다'는 사물의 상태나 성질을 묘사한 단어이므로 형용사에 속한다. 难 대신에 사용할 수 있는 '쉽다 容易', '재미있다 有意思' 등도 술어로 쓰일 수 있으며, 难과 기능이 같으므로 형용사에 속한다. 또한 술부에서 很은 뒤에 나오는 술어 难을 수식하므로 부사이다.

위의 문장 (b)에는 사물의 움직임을 나타내는 동사가 술어로 쓰였다. 이렇게 목적어를 수반하는 문장에서 술어는 동사이며, 형용사는 목적어를 수반할 수 없다. 吃 대신에 '사다 买', '팔다 卖', '만들다 做' 등도 술어로 쓰일 수 있으며, 이 어휘들은 吃와 기능이 같으므로 동사에 속한다.

중국어에서는 문장에서의 분포에 따라 품사가 정해지므로, 명사도 형용사처럼 쓰이기도 하고 형용사가 동사처럼 쓰이는 경우도 있다.

那种办法不太科学。　　그러한 방법은 그다지 과학적이지 않다.
你在忙什么?　　　　너 무얼 하느라 바쁘게 지내니?

과학은 명사이지만 첫 문장에서 형용사로 쓰였다. 忙은 '바쁘다'란 상태를 묘사하므로 형용사이지만 위의 문장에서는 '바쁘게 지내다'란 의미의 동사로 쓰였다. 따라서 이 문장에서 忙은 목적어를 수반하는 동사가 된다.

한국어 문법에서는 품사를 명사, 대명사, 수사, 조사, 동사, 형용사, 관형사, 부사, 감탄사의 아홉 가지로 분류한다. 중어학에서는 낱말을 실사(實詞)와 허사(虛詞)로 크게 분류한다. 실사에는 명사, 동사, 형용사, 대사(代詞), 수사(數詞), 양사(量詞) 등 실질적 의미를 가진 낱말이 포함되며, 허사에는 부사, 전치사(介詞), 접속사(連詞), 조사(助詞), 감탄사(嘆詞), 의성사(擬聲詞, 象聲詞)가 포함된다.

6.2. 중국어의 품사

문장에서의 분포 및 통사적 기능을 기준으로 중국어 어휘의 품사를 분류하면 다음과 같다.

1. 명사

사물의 이름을 나타내는 품사이다. 구체적인 사물을 나타낼 수도 있고 추상적인 개념을 가리킬 수도 있다. 수사나 지시 대명사의 수식을 받을 수 있고, 이 경우 지시 대명사 및 수사와 명사 사이에 사람이나 사물을 세는 단위 명사, 즉 중국어로 양사(量詞)가 삽입된다.

  两个人   두 사람
  这三个学生 이 세 학생

위에서 명사 人은 수사의 수식을 받고 있고, 学生은 수사와 지시 대명사의 수식을 받고 있다. 중국어에서도 명사는 문장에서 주어와 목적어로 쓰인다. 그런데 서술어가 명사인 문장도 있다.

  我今年十九岁。 나는 올해 19세이다.
  现在两点。 지금은 두 시이다.
  今天十月九号。 오늘은 10월 9일이다.

중국어로는 나이, 시간, 날짜 등을 말할 때 일반적으로 是를 사용하지 않는다. 따라서 위의 문장들은 동사 없이 명사가 술어를 이루고 있는 문장이라는 의미에서 명사 술어문이라고 한다. 그러나 부정문에서는 是를 사용해서 不是를 나이, 시간, 날짜 등을 지칭하는 명사 앞에 써야 한다. 그런 의미에서 명사 술어문은 동사에서 다룰 是자문(字文)에서 파생된 형태라고 할 수 있다.

2. 동사

사람이나 사물의 움직임이나 작용을 나타내는 품사이다. 문장에서 술어의 기능을 하는, 판단이나 존재를 나타내는 是와 在 등의 어휘도 동사에 포함된다. 동사는 일반적으로 자동사, 타동사, 완전 동사, 불완전 동사, 조동사 등으로 분류된다.[33] 그런데 중국어에서는 타동사의 범위가 넓다.

我吃面包。　　I eat bread.　　　　나는 빵을 먹는다.
我去学校。　　I go to school.　　　나는 학교에 간다.
我是学生。　　I am a student.　　　나는 학생이다.

한국어나 영어로는 위의 세 문장에서 첫 번째 줄의 문장만이 타동사가 쓰인 문장이다. 영어나 한국어에서는 'go'와 '가다'는 자동사이며, '학교에'는 술어를 수식하는 부사어가 된다. 마지막 문장에서 영어의 be 동사는 단독으로 쓰일 수 없으므로 불완전 자동사이다. 그러나 중국어 문법책에서는 去와 是 뒤에 오는 명사 学校, 学生을 목적어로 기술한다. 学校, 学生이 목적어라면 去와 是는 타동사가 된다. 따라서 문장에 쓰인 동사가 타동사인지 자동사인지를 정할 때도 중국어에서는 어순이 중요한 기준이 된다. 중국어 문법에서는 동사로 是가 쓰인 문장을 是자문이라고 한다.

중국어는 SVO, 즉 주어+술어+목적어 어순의 언어로 대부분의 동사 뒤에 목적어가 오지만, 목적어를 수반할 수 없는 동사도 있고 간접목적어와 직접목적어를 동시에 수반할 수 있는 동사도 있다.

下个月我打算去中国旅行。(○)　　다음 달에 나는 중국을 여행할 계획이다.
下个月我打算去旅行中国。(×)

他给我一本书。　　　그가 나에게 책을 한 권 준다.
我找她一百块钱。　　나는 그녀에게 100원을 거슬러 준다.

33　자동사는 목적어 없이 쓸 수 있는 동사이고 타동사는 목적어가 필요한 동사이며, 완전 동사는 보어가 필요 없는 동사이고 불완전 동사는 보어를 수반해야 하는 동사이다.

我问老师一个问题。　　나는 선생님께 한 가지 문제를 여쭤본다.
　　朋友送我一本书。　　　친구가 나에게 책 한 권을 선물한다.
　　我告诉你一个好消息。　내가 너한테 좋은 소식 하나 알려줄게.

우리말의 '여행하다'는 목적어를 수반할 수 있지만 중국어의 旅行은 뒤에 목적어를 수반할 수 없다. 또한 给(주다), 找(거스름돈을 거슬러 주다), 问(묻다), 送(선물하다), 告诉(알리다), 教(가르치다) 등의 동사는 간접목적어와 직접목적어를 동시에 수반할 수 있는 동사이다.

현재나 미래를 부정할 때는 부정 부사 不를 동사 앞에 붙여 쓰지만, 소유나 존재를 나타내는 동사 有는 "我沒有时间"에서 볼 수 있듯이 沒를 써서 부정하며, 沒(有)는 동사 앞에서 과거를 부정하는 데에도 쓰인다.

　　我不喝咖啡。　나 커피 안 마셔.
　　我沒喝咖啡。　나 커피 안 마셨어.

有의 주어로는 사람이나 동물뿐 아니라 장소를 나타내는 낱말도 올 수 있는데, 중국어 문법에서는 동사로 有가 쓰인 문장을 有자문(字文)이라고 한다.

　　学校后面有一家电影院。

위의 문장은 한국어로 "학교 뒤쪽에 영화관이 있다"로 옮겨지므로, 한국인 학습자들은 이러한 문장을 사용할 때 종종 学校后面 앞에 ~에, ~에서를 의미하는 在를 붙여 在学校后面이라고 한다. 이것은 한국어에서는 '영화관'이 주어이고 '학교 뒤쪽에'는 서술어인 '있다'를 수식하는 부사어이기 때문에, 한국인 학습자들이 중국어를 배울 때 흔히 범하는 오류이다. 그러나 위의 有자문에서는 学校后面이 주어이다. 따라서 주어 앞에 在를 붙여서는 안 된다.

  위의 문장에서는 동사 有 대신에 是를 사용해도 되는데, 有를 썼을 때는 학교 뒤쪽 가까이 어딘가에 영화관이 있다는 의미이고, 是를 쓰게 되면 "학교 뒤쪽이 바로 영화관이다"라는 뜻이 된다. 이처럼 어떤 장소나 어느 시점에 사람이나 사물이 존재하거나 출현함을 나타내는 문장을 중국어 문법에서는 존현문(存現文)이라고 한다. 是와 有 외에도 来, 去, 走 등 여러 동사를 써서 사람이나 사물이 나타나거나 사라지는 것을 나타낼 수 있다. 주어로는 장소를 가리키는 어휘 외에 시간을 나타내는 낱말도 쓰일 수 있다.

      昨天来了一位客人。 어제 손님 한 분이 오셨다.

  또한 중국어에서는 "吃饭后, 我们去咖啡厅喝咖啡吧!(밥 먹고 나서 우리 커피숍에 가서 커피 마시자)"에서 볼 수 있듯이 조동사가 아닌 일반 동사 또는 동사구가 두 개 이상 연이어 나올 수 있는데, 이러한 문장을 동사가 연이어져 나온다는 의미에서 연동문(連動文)이라고 한다. 그런데 연이어 나오는 두 개 이상의 동사 가운데 첫 번째 동사의 목적어가 두 번째 동사의 주어 역할을 하는 경우, 이러한 구조의 문장을 겸어문(兼語文)이라고 부른다. 이것은 첫 번째 동사의 목적어가 두 번째 동사의 주어 역할을 겸하기 때문에 붙여진 명칭이다.

    妈妈　不让　我　看　恐怖片。　　엄마는 내가 공포 영화를 못 보게 하신다.
     S_1　　　V_1　O_1 V_2　　O_2
                 S_2

  위의 문장에서는 我가 첫 번째 동사의 목적어이자 두 번째 동사의 주어가 되는 겸어(兼語)이다. 첫 번째 동사 자리에는 让처럼 사역의 의미를 지니는 叫, 请, 使 등이 올 수도 있고, 심리상태를 나타내는 喜欢, 爱, 讨厌 등의 동사가 올 수도 있다. 또한 选(선별하다), 骂(꾸짖다)와 같이 인정(하다), 비난(하다)의 의미를 가진 낱말도 겸어문의 첫 동사로 쓰일 수 있다. 또한 존재를 나타내는 有도 겸어를 수반할 수 있다.

명사와 대명사가 주로 주어와 목적어로 쓰이지만, 동사도 주어와 목적어가 될 수 있다.

(a) <u>喝咖啡</u>是我的饭后习惯。
주어
커피를 마시는 것은 내가 식후에 늘 하는 일이다.
(b) 我不喜欢<u>跳舞</u>。
목적어
나는 춤추는 것을 좋아하지 않는다.
(c) 妈妈喜欢<u>我努力学习</u>。
목적어
엄마는 내가 열심히 공부하는 것을 좋아하신다.
(d) 我奶奶<u>身体很好</u>。
술어
나의 할머니는 몸이 건강하시다.

문장 (a)와 (b)에서는 술어와 목적어로 구성된 동사구가 각각 주어와 목적어로 쓰였고, 문장 (c)에서는 주어와 술어로 된 절이 목적어로 쓰였다.³⁴ 문장 (d)에서는 주어와 술어로 된 절(身体很好)이 술어로 쓰였는데, 중국어 문법에서는 이러한 문장을 주술술어문이라고 한다.

---

34 두 개 이상의 단어가 모여서 절이나 문장의 일부를 구성하는 것이 구(句)이고, 절(節)은 주어와 술어를 갖추었으나 독립된 문장으로 쓰이지 않고 문장의 한 성분으로 쓰이는 단위이다.

동사는 또한 走走, 学习学习처럼 중첩해 쓸 수 있으며, 중첩해 쓰면 '한 번 ~해보다'의 뜻으로 쓰인다.

 我们出去走走吧。
 우리 나가서 좀 걷자.
 让我们进屋暖和暖和吧, 外面太冷了。
 들어가서 몸 좀 녹이자. 밖이 너무 춥다.
 我们一起出去高兴高兴吧。
 우리 같이 나가서 신나게 즐겨 보자.

暖和는 '따뜻하다'를 뜻하는 형용사로도 쓰이고, '녹이다', '데우다'를 의미하는 동사로도 쓰인다. 위의 문장에서는 '따뜻하게 하다', '녹이다'라는 뜻의 동사로 쓰였다. 高兴도 형용사로도 쓰이고, '즐거워하다'라는 뜻의 동사로도 쓰인다. 동사로 쓰이면 위와 같이 高兴高兴으로 중첩한다.
 일반적인 동사 외에도 동사 앞에 쓰여 그 뜻을 보충해 주는 조동사도 있는데, 이러한 조동사를 중국어 문법에서는 능원(能愿)동사라고 한다. 자주 쓰이는 조동사로는 要, 想, 得, 应该, 会, 能, 可以 등이 있다.

3. 형용사

사물의 성질이나 상태를 나타내는 품사이다. 영어와 달리 중국어에서 형용사는 동사 없이 단독으로 술어로 쓰일 수 있다. 물론 중국어 긍정문에서 형용사가 단독으로 술어로 쓰이면 다음의 문장 (a)에서 볼 수 있듯이 일반적으로 정도를 나타내는 부사 很의 수식을 받는다. 很의 수식 없이 형용사가 단독으로 술어로 쓰일 때는 문장 (b)에서 볼 수 있듯이 흔히 비교의 의미를 나타낸다.

(a) 这朵花很漂亮。　　　　　이 꽃 예쁘네.
(b) 这个教室大，那个教室小。　이 교실은 크고, 저 교실은 작다.
(c) 她打扮得漂漂亮亮的。　　　그녀는 아주 예쁘게 단장했다.

형용사는 동사처럼 술어로 쓰이지만, 동사와 달리 뒤에 목적어를 수반할 수 없다. 위의 문장 (c)에서 볼 수 있듯이 동사처럼 중첩할 수 있지만, 중첩하면 동사와는 달리 의미를 강조하게 된다. 또 2음절 형용사의 중첩은 漂漂亮亮처럼 AABB 형식으로 중첩하는데, 동사처럼 ABAB 형식으로 중첩하는 형용사도 있다. 雪白(눈처럼 희다)처럼 앞의 음절이 뒤의 음절을 수식하는 경우는 雪白雪白처럼 중첩한다. 중첩된 형용사는 이미 강조된 형태이므로, 앞에 很, 非常 등의 정도부사가 올 수 없다. 또한 중첩된 형용사가 술어로 쓰일 때는 위의 문장 (c)에서 볼 수 있듯이 흔히 뒤에 的를 동반한다. 그런데 모든 형용사를 중첩해 쓸 수 있는 것은 아니며, 2음절 형용사 가운데 중첩할 수 없는 형용사가 중첩이 가능한 형용사보다 많다. 예를 들면 漂亮은 중첩할 수 있지만 漂亮과 뜻이 비슷한 美丽는 중첩할 수 없다.

我妹妹高高兴兴地上学去了。(○)
내 여동생은 즐겁게 학교에 갔다.
我度过了一个愉愉快快的周末。(×)
我度过了一个非常愉快的周末。(○)
나는 아주 기분 좋은 주말을 보냈다.

高兴과 愉快도 뜻이 비슷하지만, 高兴은 高高兴兴으로 중첩할 수 있고, 또한 중첩한 형태 '高高兴兴地'는 부사로도 흔히 쓰인다. 그러나 愉快는 중첩할 수 없다.

4. 대사

다른 낱말을 대신하거나 지칭하는 품사이다. 대사는 대부분 명사로 대명사에는 인칭 대명사(我, 你, 他, 她), 지시 대명사(这, 那, 这儿, 那儿, 这会儿, 那会儿), 의문 대명사(谁, 什么, 哪儿) 등이 포함된다. 她는 서양 문법의 영향으로 20세기 초에 쓰이기 시작한 어휘이며, 그전에는 모두 他로 표기했다. 20세기 전반에 출판된 책에는 사람 이외의 사물, 주로 동물을 나타내는 牠와 신을 가리키는 祂가 쓰이기도 했으나 지금은 잘 쓰이지 않는다. 他와 她 외에 사물을 가리키는 它도 사용된다. 이러한 대명사들 외에, 다음에서 볼 수 있듯이 부사나 형용사로 쓰이는 대사도 있다.

(a) 你多大? 당신은 나이가 어떻게 되나요?
(b) 那本书怎么样? 그 책 어떠니?
(c) 这件事就这么办吧! 이 일은 이렇게 처리합시다!
(d) 那样的人很多啊! 그런 사람들 많아!

(a)에서 多는 '얼마나'라는 뜻으로 쓰였으며, 뒤에 나오는 大를 수식하므로 의문을 나타내는 부사이다. (b)에서 怎么样은 의문 형용사로 '어떠하다'의 의미로 쓰였다. (c)에서 지시 대사 这么는 '이렇게'라는 뜻의 부사로 쓰였고, (d)에서 那样은 '그러한'이라는 뜻의 형용사로 쓰였다.

5. 수사

기수와 서수로 나뉘며, 서수는 기수 앞에 第를 붙여 第一, 第二처럼 사용한다. 기수는 한국어와 대체로 같지만, 백 이상의 수를 표현할 때는 차이가 난다. 100은 우리말로 보통 '백'이라고 하지만 중국어로는 一을 붙여 '一百'이라고 해야 한다. 천과 만도 각각 '一千', '一万'이라고 해야 한다. 105는 우리말로는 '백오'라고 하지만 중국어로는 '一百零五'라고 해야 한다. 200은 二百, 两百라고 하고, 2천, 2만 등 천의 자리 이상은 대개 两을 사용한다. 11, 19는 十一, 十九라고 하지만, 세 자리 수 이상의 수를 읽을 때는 십의 자리 수에도 一을 붙인다.

2,043 两千零四十三
20,112 两万零一百一十二
200,005 二十万零五 (0의 개수와 상관 없이 零은 한 번만 쓴다.)

6. 양사

한국어에서 나무를 셀 때는 그루, 꽃을 셀 때는 송이와 같은 단위 명사를 사용한다. 북어 스무 마리는 한 쾌, 바늘 24개는 한 쌈이라고 하는데, '쾌'와 '쌈'도 단위를 나타낸다. 이처럼 각종 사물을 세는 단위를 나타내는 낱말을 중국어에서는 양사(量詞)라고 칭한다.

양사는 명사의 개수를 세는 명량사(名量詞)와 동작의 횟수를 세는 동량사(動量詞)로 나뉜다. 명량사는 三个学生처럼 수사와 함께 명사 앞에 놓인다. 지시 대명사와 같이 쓰일 경우, 这两个学生처럼 지시 대명사는 수사 앞에 오는데, 수사가 一인 경우는 这个学生과 같이 수사를 보통 생략한다.

동량사는 동사 뒤에 놓인다. 목적어가 일반명사일 경우 다음의 문장 (a)에서 볼 수 있듯이 목적어는 동량사 뒤에 오지만, 목적어가 대명사라면 (b)에서 볼 수 있듯이 목적어를 동량사 앞에 놓는다. 또한 목적어 앞에 지시 대명사가 붙는 경우 (c)에서 볼 수 있듯이 흔히 목적어를 문장 앞으로 빼다.

 (a) 昨天下了一场雨。 어제 비가 한 차례 쏟아졌다.
 (b) 我看过他一次。 나는 그를 한 번 본 적이 있다.
 (c) 这本书我看了一遍。 나는 이 책을 (처음부터 끝까지) 한 번 읽었다.

7. 부사

부사는 술어, 즉 형용사와 동사를 수식한다. 또한 다른 부사를 수식할 수도 있다. 중국어에서 부사의 순서를 바꾸면 의미가 달라지거나 문법적으로 틀린 문장이 되기도 한다.

 他们也都很好。(○) 그들도 다 잘 지냅니다.
 他们都也很好。(×)

 (a) 就我一个人知道。 나 혼자만 알고 있다.
 (b) 他早上六点就起床。 그는 아침 여섯 시면 일어난다.
 (c) 那个公交车本来就不好坐。 그 버스는 (잘 안 와서) 원래 타기 힘들어.

문장 (a)에서 就는 '오직', '단지'로 번역되며 범위를 나타낸다. (b)의 就는 '벌써'의 뜻으로 쓰였고, (c)의 就는 원래부터 그러하다는 어감을 나타낸다.

부사는 몇 개의 부류로 나눌 수 있다.

 ① 정도를 나타내는 부사
 很, 非常, 太, 挺, 最, 更 등이 있다. "他比我更高(그가 나보다 더 크다)"에서 更은 정도를 나타내는 부사이다.

② 시간을 나타내는 부사

刚, 刚刚, 在, 正在, 马上, 才, 就, 已经 등이 있다. "我在吃饭(나는 밥을 먹고 있다)"에서 在는 현재 진행을 나타내는 부사이다.

③ 범위를 나타내는 부사

都, 一共, 只, 也, 就, 仅仅 등이 있다. "我只去了一次(나는 한 번만 갔었어)"에서 只는 범위를 나타내는 부사이다.

④ 긍정, 부정의 의미를 나타내는 부사

一定, 肯定, 不, 沒(有) 등이 있다. "他昨晚没回家(그는 엊저녁에 귀가하지 않았다)"에서 沒(有)가 과거를 부정하는 부사로 쓰였다.

⑤ 어조를 나타내는 부사

可, 却, 也许, 难道, 大概, 偏偏, 简直, 到底, 差点儿 등이 있다. 이 가운데 差(一)点儿의 용법은 조금 까다롭다. 差点儿은 뒤에 沒와 함께 쓰이기도 하는데, 화자가 원하지 않는 부정적인 내용이 오면 差点儿이 쓰이든 差点儿沒가 쓰이든 의미는 같다. '하마터면 ~할 뻔했다'로 풀이된다. 그러나 差点儿 뒤에 화자가 바라던 일, 즉 긍정적인 내용이 오면 差点儿沒는 '하마터면 ~못할 뻔했다', 즉 가까스로 실현했다는 의미가 되고, 差点儿이 쓰이면 '잘하면 ~할 수 있었는데', 즉 간발의 차이로 실현하지 못한 것을 의미한다.

我差点儿(沒)迟到。	하마터면 지각할 뻔했다.
我差点儿赶上火车。	잘하면 기차를 탈 수 있었는데. (못 탔다)
我差点儿沒赶上火車。	하마터면 기차 못 탈 뻔했어. (탔다)

8. 전치사

중국어로는 전치사를 개사(介詞)라고 한다. 다른 다수의 SVO 어순의 언어처럼 중국어도 전치사+명사의 어순을 가진다. 그러나 전치사구는 한국어에서와 같이 부사어처럼 술어 앞에 놓이는데, 이것은 중국어가 다른 다수의 SVO 어순의 언어와는 다른 점이다. 전치사로는 给, 到, 跟, 比, 离, 从, 在, 把, 对, 对于 등이 있다. 조동사와 부정 부사는 전치사 앞에 놓인다.

① 比: 비교를 나타낸다.

 我比他高。   나는 그보다 키가 크다.
 他不比我高。   그는 나보다 키가 크지 않다.

② 跟: 동작의 대상을 나타낼 때 쓴다. '~와', '~에게'로 풀이된다.

 我已经跟她说好了。 내가 벌써 그녀에게 말했어.
 我不跟你吵架。 나 너랑 다투지 않을래.

③ 在: 在는 부사로 쓰이면 현재 진행형을 나타내지만, 전치사로 쓰이면 '~에서'를 의미하고 동사로 쓰이면 '~에 있다'를 의미한다.

 我不在图书馆学习, 在家学习。
 나는 도서관에서 공부하지 않고 집에서 공부한다.
 我一般在家不看书, 而是听听音乐, 休息休息。
 나는 대체로 집에서는 공부하지 않고 음악을 듣거나 쉰다.

④ 把: 목적어를 이끌어 술어 앞에 위치시킨다.

我还没把这本书看完.　　나는 이 책을 아직 다 보지 못했다.
你别把这件事告诉别人.　　너 이 일 다른 사람한테 말하지 마.

⑤ 给: 동사로 쓰이면 '주다'로 풀이되지만, 전치사로 쓰이면 '~에게'로 풀이된다.

你给我当翻译吧.　　네가 나에게 통역 좀 해 줘.
我给你打电话.　　내가 너에게 전화할게.

타이완에서는 위 문장에서 给你를 술어와 목적어 뒤로 놓아 "我打电话给你"라고 한다.

9. 조사

조사에는 동태조사, 구조조사, 어조를 나타내는 어기조사가 있다. 동태조사에는 过, 着, 了가 있고, 구조조사에는 的, 得, 地가 있으며, 어기조사에는 了, 呢, 吗, 吧 등이 있다.

(1) 동태조사 过, 着, 了

동태조사 过, 着, 了는 동사 바로 뒤에 쓰여 각각 경험, 지속, 완료의 의미를 나타낸다.

过는 경험을 나타내고, 着는 동작이나 상태의 지속을 나타낸다. 부정문은 동사 앞에 沒(有)를 붙이는데, 이때 过나 着는 그대로 둔다.

我沒去过巴西。　　나는 브라질에 가 본 적이 없다.
门沒开着。　　　　문이 열려 있지 않다.

了는 동작의 완료를 나타낸다. 목적어를 수반할 경우 목적어 앞에 수량사가 붙거나 다른 수식어가 붙는다. 부정문은 동사 앞에 沒(有)를 붙이고 了는 삭제한다.

我买了三个苹果。　　　나는 사과를 세 개 샀다.
我看了两个小时电影。　나는 두 시간 동안 영화를 봤다.
今天我沒吃早饭。　　　오늘 나는 아침밥을 먹지 않았다.

(2) 구조조사 地, 的, 得

구조조사 地는 형용사를 부사로 만들어 준다. 2음절 형용사를 부사로 쓸 때 地를 쓰지 않기도 하지만 다음의 문장 (a)처럼 부사로 쓰인 형용사 앞에 다른 부사가 붙거나 (b)처럼 중첩형이 부사가 될 때는 반드시 地를 붙인다. 的는 관형격 조사로 우리말 '~의'에 해당한다. 的 앞에는 인칭대명사를 포함한 명사뿐 아니라 형용사도 올 수 있고, 구뿐만 아니라 절이 올 수도 있다. 다음의 문장 (c)에는 的 앞에 동사구가 쓰였다.

(a) 他很高兴地说了一句话。　그는 신나서 한마디 했다.
(b) 她认认真真地做作业了。　그녀는 꼼꼼하게 숙제했다.
(c) 正在喝咖啡的人是我妹妹。커피를 마시고 있는 사람은 내 여동생이다.

(c)에서 的 뒤에 오는 人과 같은 중심어는 뜻을 파악하는 데 지장이 없으면 생략할 수 있다.

正在喝咖啡的是我妹妹。　　커피를 마시고 있는 사람은 내 여동생이다.
这本杂志是我的。　　　　　이 잡지는 내 것이다.

또한 的를 술어인 동사 뒤나 문장 끝에 써서, 어떤 동작을 한 사람이나 그 동작이 발생한 시간, 장소, 방법 등을 강조할 수 있는데, 이때 강조하려는 사항 앞에 是를 넣는다.

这道菜是我姐姐做的。　　이 음식은 나의 언니가 만든 거야.
我是坐火车来的。　　　　저는 기차를 타고 왔어요.
你是什么时候来韩国的?　한국에는 언제 오셨어요?

목적어가 있는 문장에서 목적어는 的 앞에 올 수도 있고, 的 뒤에 올 수도 있다. 따라서 위의 세 번째 문장은 "你是什么时候来的韩国?"라고 바꿀 수 있다. 이와 같은 '是…的' 구조 문장에서 是는 생략할 수 있다. 그러나 부정문에서는 是를 생략할 수 없다.

我是坐火车来的。(○)　　　我坐火车来的。(○)
我不是坐火车来的。(○)　我不坐火车来的。(×)

구조조사 得는 보어 앞에 놓여 정도보어 문장을 만든다. 정도보어는 동사 뒤에 쓰여 어떤 동작의 상태나 실현된 정도를 묘사하는데, 다음의 정도보어 문장에서는 难이 보어로 쓰였다. 부정문은 다음의 문장 (b)에서 볼 수 있듯이 보어 앞에 不를 붙이면 된다. 또한 这本书好不好?처럼 술어의 긍정형과 부정형을 병렬해서 이른바 정반 의문문을 만들 수 있는데, 정도보어가 쓰인 문장의 정반 의문문은 문장 (c)와 같이 보어의 긍정형과 부정형을 병렬한다.

(a) 这本书写得很难。　이 책은 내용이 어렵다.
(b) 这本书写得不难。　이 책은 어렵지 않다.
(c) 这本书写得难不难?　이 책 (내용) 어려워?

看完의 完과 같이 동사 뒤에 놓여 동사를 보충 설명하는 보어는 결과보어이고, 走来의 来, 走出去의 出去와 같이 동사 뒤에 쓰여 동작의 진행 방향을 제시하는 보어는 방향보어인데, 동사와 이 보어들 사이에 得를 넣어 가능보어를 만들 수 있다.

동사 뒤에 놓이는 결과보어로는 见, 完, 到, 懂, 着(zháo), 住 등의 동사와 清楚, 好, 晚, 惯 등의 형용사 어휘가 흔히 쓰인다. 동사와 결과보어 사이에 得나 不를 넣으면 동작이 실현 가능한지 그렇지 않은지를 의미하는 가능보어 구가 된다. 예를 들면 看得清楚는 '똑똑히 볼 수 있다'라는 뜻이 되고, 看不清楚는 '똑똑히 보이지 않는다'라는 의미가 된다. 想得到는 '예상할 수 있다'를 의미하고 想不到는 '생각지도 못했다'라는 뜻이 된다. 또한 管不了(liǎo)와 管不着는 모두 어떤 일에 '관여할 수 없다'이지만 管不着는 권리나 자격이 없어서 간섭할 수 없음을 의미한다.

这么脏衣服你洗得干净洗不干净?
이렇게 더러운 옷을 네가 깨끗이 빨 수 있니?
这么多饺子我一个人吃不完。
나 혼자 이렇게 많은 만두는 다 못 먹어.
这么多孩子我一个人管不了。
나 혼자서는 이렇게 많은 애들을 돌볼 수 없다.
别人的孩子我管不着。
남의 아이 일에 내가 끼어들 자격은 없다.

방향보어는 동작의 진행 방향을 나타내는 보어로, 来, 去, 上, 下, 进,

出, 回, 过, 起의 단순방향보어와 단순방향보어에 来와 去를 붙인 복합방향보어로 분류된다.[35] '뛰다'를 뜻하는 동사 跑에 복합방향보어 出来가 붙어 跑出来라는 동사구를 이루면 어떤 장소에서 '뛰어서 나오다'라는 뜻을 나타낸다. 走上去는 '걸어서 올라가다'라는 뜻을 나타낸다. 동사와 방향보어 사이에도 得나 不를 넣어 가능보어 구를 만들 수 있다. 방향보어가 들어간 가능보어의 뜻은 대부분 쉽게 파악이 된다. 吃不下去는 배가 부르거나 또는 음식이 입에 안 맞아서 '먹을 수 없다'는 의미로 쓰인다. 문이 잠겨 어떤 장소 안으로 들어갈 수 없다면 进不去를 쓸 수 있다.

그러나 방향보어가 들어간 일부 가능보어는 뜻을 파악하기 쉽지 않다. 흔히 사용되는 '볼 낯이 없다', '미안하다'를 의미하는 对不起도 가능보어로 된 동사구이다. 따라서 반의어인 对得起는 '볼 낯이 있다', 즉 '떳떳하다'를 의미한다. 看不起는 '업신여기다'를 의미하고 看得起는 '인정하다'의 의미로 쓰인다. 또한 起가 들어간 가능보어는 경제적인 여유와도 관련이 있다. 吃不起는 '너무 비싸서 못 먹는다'를 의미하고, 穿不起는 '너무 비싸서 못 사 입는다'를 뜻한다. 吃得起, 穿得起는 반대로 여유가 있어서 사서 먹을 수 있고 입을 수 있다는 의미가 된다. 또한 想不出来는 '어떤 아이디어 등을 생각해 낼 수 없다'를 의미하고 想不起来는 '기억나지 않는다'를 의미한다.

　　他瘦得我都认不出来了。
　　그가 너무 살이 빠져서 나는 못 알아봤어.
　　她的地址、电话号码我都想不起来。
　　그녀의 주소도 전화번호도 다 생각나지 않아.

35　복합방향보어로는 上来, 下来, 进来, 出来, 回来, 过来, 起来와 上去, 下去, 进去, 出去, 回去, 过去가 있다.

(3) 어기조사 吗, 吧, 呢, 了

문장의 끝에 쓰여 여러 가지 어조를 나타내는 어기(語氣) 조사에는 吗, 吧, 呢, 了 등이 있다. 吗가 평서문의 끝에 쓰이면 그 문장은 의문문이 된다. 吧는 명령, 제안, 추측의 어조를 나타낸다. 呢는 동작의 진행이나 지속을 나타내거나, 의문사가 들어있는 문장 끝에 쓰여 의문의 어조를 나타낸다.

他是大学生吗?　　그는 대학생이야?
他是大学生吧 ?　　그는 대학생이지?
妈妈正打电话呢。　엄마는 지금 통화 중이다.
他怎么沒來呢?　　 그는 왜 오지 않는 거지?

어기조사 了는 어떤 일이나 상황이 발생했음을 나타낸다. 앞에서 동작의 완료를 나타내는 동태조사가 목적어를 수반할 경우 목적어 앞에 수량사나 수식어가 쓰인다고 했는데, 그렇지 않고 단순한 형태의 목적어만 올 경우 문장이 완료되지 않은 느낌을 준다. 즉 "我下了课"라고 하면 문장이 완료되지 않은 느낌을 주는데, 이런 경우에 "我下了课了"와 같이 문장 끝에 상황의 발생을 나타내는 어기조사 了를 써서 이미 수업이 끝났음을 표현한다. 이 경우 첫 번째 동사 뒤의 동태조사는 생략하고 보통 "我下课了"로 말한다. 만일 "我下了课"라고 하면 뒤에 다른 동사구가 수반되어 첫 번째 동작이 끝난 뒤에 두 번째 동작이 뒤이어 일어남을 나타낸다. 다음의 두 문장을 비교해 보자.

我下了课就去看朋友。　나는 수업이 끝나면 친구를 보러 갈 것이다.
我下了课就去看朋友了。 나는 수업을 마치고 친구를 만나러 갔다.

위의 두 문장은 문미에 了가 있는지 없는지의 차이만 있다. 첫 번째 동사 下 뒤의 了는 동작의 완료를 나타내는 동태조사로, 첫 번째 동작을 완료하면, 즉 수업을 마치고 나면 두 번째 동작을 한다는 것을 나타낸다. 그런데 첫 문장의 끝에 상황의 발생을 나타내는 어기조사가 없으므로, 이 문장은 미래를 나타낸다. 두 번째 문장은 끝에 상황의 발생을 의미하는 어기조사가 쓰여 수업을 마치고 친구를 만났다는 뜻이 되어 전체 문장은 과거를 나타낸다.

了는 또한 상황의 변화 또는 새로운 상황의 출현을 의미하기도 하고, 부사 要와 함께 쓰이면 곧 어떤 상황이 닥쳐올 것임을 의미한다.

我吃饱了, 不吃了。　　나 배불리 먹었어, 더 이상 안 먹을래.
天气越来越冷了。　　　날씨가 점점 추워진다.
快(就)要下雨了。　　　곧 비가 내릴 거야.

了는 또한 수량사가 들어간 문장의 끝에 쓰여 시간의 경과나 지속의 어조를 나타낸다.

我看了两个小时电影。　　　나는 영화를 두 시간 봤다.
我看了两个小时电影了。　　나는 영화를 두 시간째 보고 있다.

위의 문장에서는 시간을 나타내는 两个小时가 술어와 목적어 사이에 놓였다. 그러나 看, 学 등의 동사와 달리, 동작이 일정 시간 계속 진행될 수 없는 일회성 동작을 나타내는 동사가 사용되면, 술어와 목적어 뒤에 시간을 나타내는 보어를 써야 한다.

他去中国八年了。　　　그가 중국에 간 지 8년이 되었다.
她大学毕业一年了。　　그녀가 대학을 졸업한 지 1년이 되었다.

한국인 학습자들은 '대학을 졸업하다'를 종종 '毕业大学'로 오역한다. 毕业를 한국어처럼 뒤에 목적어를 수반할 수 있는 동사로 오인하기 때문이다. 그러나 毕业는 毕(마치다)+业(학업)인 술어와 목적어 구조의 단어이다. 따라서 이미 동사 毕 뒤에 목적어인 业가 쓰였으므로 그 뒤에 또 다른 직접목적어인 大学가 올 수는 없다. 毕业처럼 한 단어처럼 쓰이다가 毕了业와 같이 분리될 수 있는 어휘를 중국어 문법에서는 '분리되었다 합쳤다 할 수 있는 단어'라는 의미에서 이합사(離合詞)라고 하는데, 술어와 목적어인 두 낱말이 결합된 어휘라고 보면 된다. 见面, 生气, 结婚, 离婚, 担心 등도 이합사이다.

10. 접속사

접속사는 절과 절을 이어주는 역할을 한다. 대등한 관계의 두 절을 이어주는 접속사로는 或者, 不是~而是, 宁可~也不 등 여러 가지가 있다. 주종관계의 두 절을 이어주는 접속사는 뜻에 따라 몇 가지로 묶을 수 있다. 因为, 所以, 由于 등은 인과관계를 나타내고, 如果, 要是 등은 가정의 관계를 나타낸다. 只有, 只要, 无论, 不管 등은 조건 관계를 나타내고 虽然, 尽管, 即使, 就算, 哪怕 등은 전환 관계를 나타내는데, 即使, 就算, 哪怕는 가상의 전환 관계를 나타낸다. 학습자들이 익히기 어려워하는 접속사 몇 가지를 아래에 제시한다.

    _____ 出了什么事, _____ 不能不吃饭呀!
    Ⓐ 尽管…也   Ⓑ 不管…也   Ⓒ 虽然…却   Ⓓ 既然…也

尽管을 사전에서 검색하면 '비록 ~라 하더라도'라고 뜻풀이가 되어 있어 많은 학생들이 위의 문제에 대한 답으로 尽管…也를 고른다. '비록 무슨 일이 생겼더라도 밥을 먹지 않을 수는 없다'로 풀이되어 의미상 어색하지 않기 때문이다. 그러나 조건절에 什么와 같은 의문사가 있으면 无论 또는 不管을 써서 그 어떤 상황에서든 상관없이 무조건적으로 뒷 절의 내용이 실현된다는 것을 나타내야 한다. 즉 일이 없을 때는 당연히 밥을 먹지만 일이 생겼다고 하더라도 밥을 안 먹을 수 없다는 의미가 아니라, 그 어떤 일이 발생했다 하더라도, 즉 무조건적인 모든 상황에서 밥을 안 먹을 수 없다는 의미이다. 다음의 두 문제도 풀어보자.

___ 他没有给我什么帮助, ___ 我还是很感激他。
Ⓐ 由於…因此 Ⓑ 哪怕…而且 Ⓒ 因为…所以 Ⓓ 尽管…但是

___ 是反对的意见, 我们 ___ 应该耐心地听完。
Ⓐ 只有…才 Ⓑ 哪怕…也 Ⓒ 如果…就 Ⓓ 尽管…也

尽管과 哪怕는 모두 전환 관계를 나타내지만,[36] 尽管은 사실을, 哪怕는 가상을 나타낸다. 따라서 첫 번째 문장은 尽管을, 두 번째 문장은 哪怕를 써야 한다. 첫 번째 문장은 "비록 그가 내게 별 도움을 주진 않았지만, 나는 그래도 그가 고맙다"는 의미로, 그가 내게 별 도움을 주지 않은 것은 사실이다. 두 번째 문장은 "설령 반대 의견이라 하더라도 우리는 끈기 있게 끝까지 경청해야 한다"로 풀이된다. 지금 누가 당장 반대를 한다는 의미가 아니라 '설령 반대 의견이 있더라도'라는 가정을 의미한다.

36　尽管, 哪怕, though, although 등에 간혹 양보절(concessive clause)이라는 표현을 쓰는데, 일본어에서 그대로 가져온 표현으로 우리말로는 정확한 표현은 아니다. 어떤 사실이나 상황 따위를 수긍할 때 쓰는 표현으로, 우리말로는 '비록 ~일지라도', '설령 ~라 하더라도'로 풀이되는 절을 가리킨다.

11. 감탄사

감탄사는 감탄이나 강렬한 감정을 나타내는 어휘이다. 啊(a), 哎(āi), 哟(yo), 哼(hēng), 嗯(ńg, ń), 喂(wèi) 등이 있다. 문장 앞에 쓰이거나 문장 끝에 쓰인다.

  嗯! 你怎么还没去? 엥! 너 왜 아직 안 갔니?
  今天怎么这么热啊! 오늘 왜 이렇게 더워!

12. 의성사(의성어)

의성어는 사람이나 사물이 내는 소리를 흉내 낸 말이다. 빗방울 또는 물방울이 떨어지는 소리를 한국어로는 '뚝뚝' 또는 '똑똑'이라고 하는데, 중국어로는 滴答(dīdā)라고 한다. 轰隆(hōnglōng) 또는 隆隆(lónglóng)은 한국어로 '쾅' 또는 '꽈르릉'으로 옮길 수 있는데, 천둥이 치거나 무언가 폭발하는 소리를 나타낸다. 呱嗒(guādā)는 무언가가 부딪쳐 나는 소리로 한국어로는 '달그락' 정도로 옮길 수 있고, 呜呜(wūwū)는 우는 소리로 한국어로는 '엉엉'이나 '흑흑' 정도에 해당한다. 哐当(guāngdāng)은 문이 쾅 닫히는 소리 등을 나타낼 때 쓰일 수 있는데, 한국어로는 '쾅', '꽈당', '와장창' 등의 의성어에 해당한다.

6.3. 문법 범주

명사와 관련된 문법 범주로는 수(number), 성(gender), 격(case)이 있고, 동사에 표현되는 문법 범주로는 시제(tense)와 상(aspect), 서법(mood),

태(voice)가 있다. 인칭(person)은 인칭 대명사 및 동사와 관련된 문법 범주이다.

1. 수

영어에서는 sheep과 같이 단수와 복수가 일치하는 소수의 어휘를 제외하고 거의 모든 어휘에서 단수와 복수가 구분된다. 그러나 우리말은 단수와 복수를 대체로 구분하지 않는다. "아이는 사탕을 먹었다"라고 하면 여러 개를 먹었는지 하나를 먹은 것인지 구분되지 않는다. 복수를 나타내는 접미사 '들'이 있지만 주로 사람을 지칭하는 데 쓰인다. 만일 "아이는 사탕들을 먹었다"처럼 사물이 복수임을 나타낼 때 쓰면 어색한 표현이 되는 경우가 있다. 따라서 복수를 나타내려면 우리말에서는 '많다'와 같은 복수를 나타내는 어휘를 명사와 함께 사용하거나, 권, 개(個), 켤레, 송이 등의 단위 명사와 함께 수사를 사용한다. 중국어 역시 복수를 나타내는 접미사 们이 있지만, 사물에는 잘 쓰이지 않으며, 수사나 양사 등을 사용해 복수를 나타낸다.

2. 성

명사의 성(性)은 유럽의 여러 언어에서 뚜렷하게 구분된다.[37] 독일어에서는 모든 명사 앞에 der, die, das 등의 관사를 붙여 남성, 여성, 중성의 성별을 나타낸다. 프랑스어에서는 명사의 성이 정관사 le, la 또는 명사를 수식하는 형용사의 형태에 드러난다.[38] 러시아어에서도 형용사의 어미에

---

[37] 서구의 언어에서는 대부분 성이 명사의 속성이지만, 셈어(Semitic language)에서는 동사로 성을 표시하기도 한다(성백인·김현권 1998:119).

의해 명사의 성이 구별된다. 예를 들면 '새로운'을 의미하는 형용사의 형태가 뒤에 오는 명사의 성이 남성이냐 여성이냐, 중성이냐에 따라 novyi, novaja, novoe로 각각 달라진다.[39] 즉 명사 자체의 형태로 성별이 구분되는 것이 아니라, 명사에 붙는 수식어에 의해 명사의 성이 드러난다.

이탈리아어에서는 예외도 있지만, 대체로 남성 명사는 o로 끝나고, 여성 명사는 a로 끝난다. 예를 들면 남성 명사인 '바람'은 vento, 여성 명사인 '달'은 lùna이다. o로 끝나는 남자 이름 마리오(Mario)의 여성형은 a로 끝나는 마리아(Maria)이다. 형용사의 변화도 명사와 비슷하다. 공연 등을 관람한 후 남성에게 사용하는, 칭찬과 격려를 표현하는 형용사 브라보(bravo)를 여성에게 사용하려면 브라바(brava)라고 해야 한다.[40] 러시아어에서는 예외도 있지만, 여성의 성씨와 이름에 여성형 어미 a가 붙는다. 예를 들면 남자의 성씨가 메드베데프라면 같은 성씨의 여성형은 모음 a를 붙인 메드베데바가 되고, 남자의 성씨가 모로조프이면 여자의 성씨는 a를 붙인 모로조바가 된다. 남자 이름이 알렉산드르라면 여성형은 a가 붙은 알렉산드라가 된다.

영어에서는 동물을 지칭하는 명사와 일부 명사의 형태에 성의 구별이 남아있다.

---

38   예를 들면 프랑스어로 남성 명사인 책은 le livre, 여성 명사인 책상은 la table이다. 좋은(아름다운) 책은 le beau livre이고, 아름다운 책상은 la belle table이다. 형용사 beau의 여성형 belle가 책상이 여성 명사임을 나타낸다. 명사 자체가 형태 변화를 하는 것이 아니라 관사와 형용사의 형태가 명사의 성을 나타낸다. 성백인·김현권(1998:118) 참조.
39   러시아어로는 novyi stul은 새 책상을 의미하고, novaja kniga는 새 책을 의미하며, novoe okno는 새 창문을 뜻하는데, 책상, 책, 창문이 각각 남성, 여성, 중성 명사로, 앞의 '새로운'을 의미하는 형용사의 형태가 뒤에 오는 명사의 성에 따라 달라진 것을 볼 수 있다. 성백인·김현권(1998:118) 참조.
40   갈채를 보내야 할 대상이 복수의 남자이거나 남녀가 섞여 있으면 브라비(bravi), 여성이 여러 명이면 브라베(brave)라고 한다.

lion	lioness	tiger	tigress
ox	cow	ram	ewe
rooster	hen	peacock	peahen
duke	duchess	count	countess

중국어에서 동물을 지칭할 때는 성을 나타내는 접두사 公, 母를 쓰기도 한다. 한국어도 중국어와 마찬가지로 동물의 성별을 구분할 때 '암·수'라는 접두사를 사용한다.

公鸡(gōngjī) 수탉　　母鸡(mǔjī) 암탉
公牛(gōngniú) 수소　　母牛(mǔniú) 암소
公羊(gōngyáng) 숫양　　母羊(mǔyáng) 암양

3. 격

격(格)은 명사의 문법 범주로, 명사의 곡용을 통해 표시된다. 독일어에서는 모든 명사 앞에 주격(nominative), 소유격(genitive), 여격(dative), 목적격(accusative)을 나타내는 관사가 붙는 등 격이 체계적으로 사용된다. 영어에서는 my, your, her, me, him, them 등 대명사와 소유격 명사에(-'s) 격의 흔적이 남아있고 대부분의 명사는 격 곡용을 하지 않는다.

한국어는 굴절 접사인 격 조사가 명사 뒤에 붙어 각 명사의 격을 나타낸다. 격 조사에는 주격, 서술격, 목적격, 관형격(소유격), 보격, 부사격, 호격 조사 등이 있다. 부사격 조사에는 여격(與格), 처소격(處所格), 도구격, 공동격 등의 조사가 포함된다.

주격 조사로는 '이, 가, 께서' 등이 있다.[41] 서술격 조사는 '이다', 목적격

---

[41] 주격 조사에 '은, 는'도 있다고 배운 독자들도 있을 것이다. '은, 는'은 "난 산은 좋은데

조사는 '을, 를', 관형격 조사는 '의'이고, 호격 조사는 다른 사람을 부를 때 이름 뒤에 붙이는 '아, 야' 등의 조사이다. 보격 조사는 명사가 보어 자격을 갖게 하는 조사로, "그는 대학생이 되었다", "그녀는 훌륭한 학자가 되었다"에서 대학생과 학자 뒤의 조사 '이, 가'가 보격 조사이다. 여격 조사로는 간접목적어에 붙는 조사인 '에게, 께, 한테'가 있고, 처소격 조사는 '~에', 도구격 조사는 '로써', 공동격 조사로는 '과', '와'가 있다.

고립어인 중국어는 곡용을 하지 않는다. 다만 문장 내에서 명사의 위치에 의해 격이 정해진다.

4. 인칭

말하는 사람은 일인칭, 듣는 사람은 이인칭, 대화에 참여하지 못한 사람은 삼인칭으로, 대체로 일인칭과 이인칭은 성의 구별이 없다. 영어와 중국어에서도 일인칭과 이인칭 대명사에는 성의 구별이 없고, 한국어에도 일인칭과 이인칭 대명사에 성의 구별이 없다. 다만 존칭 표현이 발달한 한국어에서는 상대를 높이기 위해 자신을 낮춘 표현인 '저'와, 대등한 관계에 있거나 아랫사람에게 쓰는 '나'를 구분한다. 그런데 일인칭에서 성별을 구분하는 언어도 있다. 타이 말(Thai)에서는 공손한 표현으로 쓰는 일인칭 대명사에서 성별을 구분한다.

폼: 일인칭 '저'(남자)
디찬: 일인칭 '저'(여자)[42]

바다는 싫어"라는 문장에서는 목적격 조사로 쓰였고, "그 사람이 의사는 아니야"에서는 보격 조사로 쓰였듯이 '은', '는'이 주격 조사로 많이 쓰이기는 하지만, 다른 격 조사로도 쓰이기 때문에 '은', '는'을 주격 조사의 범주에 넣지 않는다.

[42] 일인칭 '폼'과 '디찬'은 공손한 표현이고, 친한 사람끼리는 우리말 '나'처럼 '찬'을 사용

중국어의 삼인칭 대명사는 지금은 他, 她를 써서 남자와 여자를 구분하지만, 이는 최근의 일이며, 그전에는 他 하나로 표기했다. 이것은 영어의 he, she, it에서 볼 수 있듯이 삼인칭 대명사를 성에 따라 구분하고 또 사람이냐 사물이냐에 따라 구분하는 서양 문법의 영향을 받은 것이다. 오사운동 전후에 일부 문학작품에서는 伊로 여성을 지칭하기도 했으나, 1918년 당시 작가이자 저명한 시인이었던 리우 빤농(劉半農, 1891-1934)이 베이징대학에서 근무할 때 처음으로 姐의 이체자였던 她를 써서 삼인칭 여성을 지칭했다고 한다.[43] 현재 他, 她 외에 사물을 가리키는 它도 사용한다.

중국어의 인칭 대명사 가운데 한국어의 '우리'에 해당하는 어휘로 我们과 咱们이 있다. '咱们'은 듣는 사람을 포함할 때 쓰는 어휘지만, '我们'은 듣는 사람을 포함하지 않을 수도 있고 포함할 수도 있다. 만일 "我们去喝咖啡, 咱们一块儿去吧"라고 한다면, 이 문장에서 我们은 듣는 사람을 포함하지 않는다.

한국어의 '우리'도 듣는 사람을 포함할 수 있고 배제할 수도 있는데, '우리'의 낮춤말인 '저희'는 듣는 사람들을 배제한 표현이다. 화자(話者)가 자신이 속한 집단을 낮추어 말할 수는 있지만, 대화 상대인 듣는 사람들을 낮추어 말할 수는 없기 때문이다.

베트남어에서도 청자를 배제하거나 포함하는 어휘가 둘 다 사용된다. 'chúng ta'는 듣는 사람을 포함하고 'chúng tôi'는 듣는 사람을 포함하지 않는다. 중국어의 我们이 듣는 사람을 포함할 수도 있고 포함하지 않을

하는데, 주로 여성이 사용한다. 또한 문장 끝에 성별에 따라 남성은 '크랍', 여성은 '카'라는 어미를 붙여 정중하게 표현한다. 따라서 우리말 '안녕하세요'에 해당하는 인사말이 성별에 따라 '싸왓디 크랍' 또는 '싸왓디 카'가 된다. '크랍'은 빨리 읽으면 '캅'으로 들릴 정도로 발음된다.

43 중국 光明日报 2020년 7월 5일자 기사 "现代女性指称'她'自何处来" 참조.

수도 있는 것과 달리, 'chúng tôi'는 항상 듣는 사람을 포함하지 않는다.

인칭이 인칭 대명사뿐 아니라 동사와도 관련된 문법 범주라는 것은, 영어에서 주어가 삼인칭 단수일 때 현재 시제 동사에 굴절 접사 -s를 붙이는 것을 떠올리면 쉽게 알 수 있다. 즉 동사도 주어의 인칭과 관련되어 있다.

5. 시제

시제는 어떠한 동작이나 사실이 발생한 때를 가리키는 문법 범주이다. 한국어에는 과거를 나타내는 형태소 '었'과 '았'이 있다. 미래를 나타낼 때는 '겠'이 쓰이는데, '겠'은 추측을 나타낼 때도 쓰이고 "나는 내일 중국에 간다"처럼 '겠' 없이도 미래를 나타낼 수 있으므로, 엄밀히 말하면 한국어에는 미래 시제를 나타내는 형태소가 없다고 할 수 있다.

영어도 현재형 동사에 과거를 나타내는 형태소 'ed'를 붙여 과거 시제를 나타낸다. 미래를 나타낼 때는 조동사 will을 쓰는데, will은 여러 가지 의미로 쓰이는 다의어이므로 미래를 나타내는 기능은 will의 여러 가지 의미 가운데 하나이다. 따라서 한국어와 마찬가지로 과거와 현재 두 가지 시제 표현만이 있다고 할 수 있다.

라틴어와 프랑스어는 동사의 형태 자체를 변화시켜 현재, 과거, 미래를 표현한다(성백인·김현권 1998:126). 콤리(Comrie 1985:48-49)는 이론적으로 과거, 현재, 미래의 세 가지 시제가 존재하지만, 실제로는 많은 유럽어에서 과거 대 非과거(non-past)의 두 가지 시제 체계가 가장 기본적인 시제 구분이라고 밝혔다.[44] 많은 언어에서 미래는 현재 시제로 나타내기도

---

44 Comrie, 1985. *Tense*. Cambridge: Cambridge University Press. 박현중(2011:25)에서 재인용.

하고 조동사를 사용해 나타낸다.

    She loved flowers.   그녀는 꽃을 사랑했다.
    She loves flowers.   그녀는 꽃을 사랑한다.
    She will love flowers.   그녀는 꽃을 사랑할 것이다.

위의 문장에서 영어와 한국어 모두 시제를 나타내는 형태소가 쓰인 것을 알 수 있다. 영어에서 과거는 일반적으로 현재형 동사에 굴절 접사인 ed를 붙여 나타내고, 미래는 대개 조동사를 사용하여 표현한다. 한국어에서는 과거는 '었', '았'의 형태소로, 현재는 'ㄴ', '는', 미래는 'ㄹ', '겠' 등의 형태소를 어간에 붙여 나타낸다. 영어에서 타동사가 아닌 be 동사가 쓰인 문장을 살펴본다.

    At that time he was a college student.
    그는 그 당시 대학생이었다.
    He is a college student now.
    그는 지금 대학생이다.
    He will be a college student next year.
    그는 내년에 대학생이 될 것이다.

첫 문장에서는 be 동사의 과거형인 was가 사용되었다. 형태론에서 살펴보았듯이 was는 어휘적으로 조건화된 변이 형태로 불규칙하게 변한 과거형이다. 위의 세 문장을 중국어로 옮겨 보면 다음과 같다.

    当时他是大学生。
    现在他是大学生。
    明年他是大学生。

영어와 한국어가 현재형 동사에 형태소 'ed'와 '었'을 붙여 과거 시제를 나타내는 것과 달리 중국어에서는 시간을 나타내는 어휘를 써서 시제를 나타낸다. 위의 문장에는 판단을 나타내는 동사 是가 쓰였는데, 심리 동사 등 일반 동사가 쓰인 문장이나 형용사가 술어로 쓰인 문장도 마찬가지로 시간을 나타내는 어휘가 시제를 나타낸다.

以前我喜欢喝咖啡。　　예전에 나는 커피를 즐겨 마셨다.
小时候她很瘦。　　　그녀는 어릴 때 (몸이) 말랐었다.
他把房间收拾得很干净。　그는 방을 깨끗이 치웠다.

위의 두 문장에는 과거를 나타내는 시간 명사가 쓰였고, 마지막 문장에는 시간 명사는 없지만 干净이 방이 정돈된 상태를 설명하고 있으므로 의미상 과거를 나타낸다. 干净처럼 동작이 실현된 정도를 설명하는 정도보어는 이미 발생한 일이거나 습관적으로 실행되는 일을 표현할 때 쓴다. 한국인 학습자들은 위와 같이 정도보어가 쓰인 문장에도 종종 了를 붙인다. 한국어로는 위의 문장의 의미를 표현하기 위해 동사에 과거를 나타내는 형태소 '었'을 써야 하기 때문이다. 그러나 이것은 了에 대한 잘못된 인식에서 비롯된 것이다. 중국어의 了는 과거 시제를 나타내는 형태소가 아니다. 한국인 학습자들은 了가 과거 시제를 나타내는 형태소라고 생각하고, 정도보어가 사용된 문장이나 과거를 나타내는 어휘가 사용된 다음과 같은 문장에도 了를 쓴다.

我刚回家了。(×)
我刚回家。(○)

刚은 동작이 발생한 지 얼마 지나지 않았을 때, 즉 아주 가까운 과거를 가리키는 부사로 우리말로는 '막', '방금' 등으로 해석된다. 어떤 행동이나 상황이 이미 발생했을 때 쓰이는 어휘이므로 了를 붙일 필요가 없으나, 한국인 학습자들은 "나는 막 집에 도착하였다"처럼 과거를 나타내는 형태소 '었'을 염두에 두고 이와 같은 문장에도 了를 붙인다. 그러나 刚이 과거를 가리키는 어휘이므로, 시제를 나타내기 위해 문미에 了를 붙일 필요가 없다. 이러한 오류는 두 언어가 시제를 표현하는 방식이 다르다는 것을 제대로 인지하지 못한 데서 발생한다.

6. 상(相)

위에서 살펴본 바와 같이 중국어는 시제를 나타내는 문법 범주가 동사에 형식적으로 잘 표현되지 않는다. 이에 반해 중국어에서 상(相)은 동사에 잘 표현된다. 시제는 동작이나 행위가 실행된 시점을 가리키지만, 상은 동작이나 행위가 완료되었는지 그렇지 않은지 또는 지속되고 있는지 그렇지 않은지를 나타내는 문법 범주이다. 동작의 완료를 나타내는 완료상, 동작의 진행을 나타내는 진행상 등이 있다.

진행상은 영어로는 'be동사 + ~ing'의 형태로 나타나며, 중국어에서는 진행을 나타내는 부사 在 또는 在 앞에 正을 붙인 正在를 술어 앞에 사용한다. 한국어로는 '~하고 있다', '~하는 중이다'로 표현된다.

  他在吃饭。 그는 밥을 먹고 있다.

중국어에서 완료상을 나타내는 조사는 了이다. 了는 동작이나 행위의 완료를 나타내는 것이지 과거를 나타내는 형태소가 아니다. 따라서 了는 과거뿐 아니라 미래에도 쓰이는 형태소이다.

(a) 我下了课就去图书馆。　　나는 수업을 마치면 도서관에 간다.
(b) 我下了课就去图书馆了。　나는 수업을 마치고 도서관에 갔다.

위의 두 문장에서 첫 번째 동사 下 뒤의 了는 완료를 나타내는 동태조사이다. (b)에서 문장 끝에 쓰인 了는 어기 조사로 상황의 발생이나 변화 등을 나타내는데, (b)에서는 문미에 쓰여, 모든 상황이 종료된 것을 나타낸다. 따라서 (b)는 과거를 나타내고, 문장 끝에 了가 없는 (a)는 미래를 나타낸다.

한국어에서는 과거 시제와 상 표현, 특히 완료상이 주로 '었'이라는 형태소 하나로 표현되기 때문에 한국인 학습자는 영어의 완료상을 사용하는 것에 어려움을 느낀다. 영어의 현재 완료 문장은 동작의 결과, 계속, 경험, 완료를 의미한다.

(a) He has gone to China.
(b) He went to China.

위의 두 문장은 모두 한국어로 "그는 중국에 갔다"로 번역된다. 그러나 영어로 두 문장의 의미는 다르다. (a)는 "그가 중국에 가서 현재 중국에 있다"는, 즉 과거의 행위의 결과가 현재까지 이어짐을 나타내는 현재 완료 문장이다. (b)는 그가 중국에 간 것만을 밝히고, 그가 현재 어디에 있는지에 대한 정보를 주지 않는다. 즉 현재와의 연관성보다는 과거에 발생한 사실에 초점을 맞추어 기술했다. 한국어로는 행위의 결과가 현재까지 이어지는 (a)와 같은 문장을 "중국에 갔다"라고만 한다면 행위의 결과가 반영되지 않으므로 "그는 중국에 가 있다"로 옮기는 것이 행위의 결과를 반영한 번역이 된다. 중국어로는 (a)의 문장은 동사 去 뒤에 완료를 나타내는 동태 조사 了를 붙이고, 문장 끝에 상황의 발생 또는 변화를 나타내는 어기 조사 了를 붙여 "他去了中国了"로 옮기면 된다. 이 경우 동사 뒤의 了는 생략할 수 있으므로 "他去中国了"라고 하면 된다. 문장 (b)처럼 현재와의 연관성보다는 과거에 그가 중국에 갔다는 사실만을 기술하려면 "去年他去中国"와 같이 행위가 발생한 시점을 나타내는 시간 명사를 붙여 표현한다.

다음은 계속을 나타내는 영어의 현재 완료 문장이다.

(a) I have learned Chinese for three years.
나는 중국어를 배운 지 3년이 된다.
(b) I learned Chinese for three years.
나는 중국어를 3년 동안 배웠다.

(a)는 내가 지금까지 중국어를 3년째 배우고 있다는 뜻이다. 즉 중국어를 배우는 행위가 지금까지 계속되는 것을 나타낸다. (b)는 과거의 어느 시점에서 3년 동안 중국어를 배웠다는 의미이다. 위의 두 문장을 중국어로 옮기면 다음과 같다.

(a) 我学了三年汉语了。我学汉语学了三年了。
(b) 我学了三年汉语。我学汉语学了三年。

수량사가 들어간 문장에서 문장 끝에 쓰인 了는 시간의 경과나 지속의 어조를 나타내므로, 문미에 붙이는 조사 了 하나만으로, 행위의 결과와 지속을 의미하는 영어의 현재 완료 문장을 어려움 없이 번역할 수 있다.

경험을 나타낼 때도 영어로는 현재 완료 문장이 쓰인다. 한국어로는 어떤 때를 가리키는 의존명사 '적'을 써서 어떤 경험이 있으면 '~한 적이 있다'로, 없으면 '~한 적이 없다'로 표현한다. 중국어는 경험의 유무를 조사 过를 써서 나타낸다. 다음의 문장은 경험을 나타내는 현재 완료 문장이다.

She has never been to Europe.
그녀는 유럽에 가 본 적이 없다.
她沒去过欧洲。

앞에서 살펴보았듯이 중국어로 완료를 나타낼 때는 了를 붙여 표현한다. 한국어로는 부사 '다'를 써서 표현하고 형태소는 과거 시제를 나타내는 '었'을 사용한다. 다음의 영어 문장은 완료를 나타내는 문장이다.

I have finished reading this book.
나는 이 책을 다 읽었다.
我看完了这本书。这本书我看完了。

영어의 뜻을 정확히 옮기기 위해, 중국어 문장에서는 동사 뒤에 결과보어 完이 쓰였다. 중국어에서는 지시 대명사인 这, 那로 강조된 목적어는 흔히 문장 앞으로 옮겨 사용한다.

7. 서법(敍法)

서법은 국어사전에 "문장의 내용에 대한 화자의 심적 태도를 나타내는 동사의 어형 변화"로 뜻풀이가 되어 있는데, 쉽게 이해되지 않는 뜻풀이이다. 인도·유럽 어족에서는 서법이 직설법, 명령법, 가정법으로 분류된다는 부가 설명으로 보아서, 서법은 청자에게 화자의 태도를 표현하는 화법(話法) 정도로 풀이할 수 있을 것 같다. 예를 들면 간다(평서법), 갑니까(의문법), 가세요(명령법)와 같이 생각이나 표현하려는 것이 동사의 형태 변화를 통해 나타나기 때문에, 사전에 "화자의 심적 태도를 나타내는 동사의 어형 변화"라고 정의되어 있는 것 같다.

한국어에서는 학자에 따라 다소 다르게 분류하지만, 평서법, 의문법,

감탄법, 명령법, 청유법을 인정한다. 평서법은 내용을 객관적으로 진술하는 서법으로 설명법이라고도 한다. 의문법은 물음법, 감탄법은 느낌법이라고도 하며, 명령법은 무엇을 하라고 시키거나 요구하는 것이므로 시킴법이라고도 한다. 또한 청유법은 화자가 청자에게 같이 행동할 것을 요청하는 서법으로 '~읍시다', '~자', '~자꾸나' 등의 어미로 표현되는데, 권유법이라고도 한다.

중국어에서는 서법(句式)이 평서법(陳述式), 의문법(疑問式), 명령법(命令式), 감탄법(感嘆式)으로 분류된다. 이에 따라 중국어의 문장은 일반적으로 평서문(서술문), 의문문, 명령문, 감탄문으로 나뉜다.

평서문 他家来了一位客人。 그의 집에 손님이 한 분 오셨어.
의문문 这是谁的电脑? 이거 누구 컴퓨터야?
명령문 别吵了。 떠들지 마.
감탄문 这儿的风景多美啊! 여기 풍경 정말 아름다워!

8. 태(態)

태는 일반적으로 능동태(active voice)와 수동태(passive voice)로 구분된다.[45] 능동태는 주어가 행위의 주체가 되었을 때의 술어의 형식이고, 수동태는 주어가 행위의 대상이 되었을 때의 술어의 형식을 가리킨다. 수동태는 피동태(被動態)라고도 한다. '먹다', '보다'처럼 능동사가 술어로 쓰인 문장이 능동태의 문장이고, '먹히다', '보이다'와 같이 피동사가 쓰인 문장은 수동태를 갖는다. 능동문에서는 주어가 행위의 주체가 되어 목적어에 영향을 미치고, 피동문에서는 주어가 행위의 대상이 되어 그 행위의

---

[45] 그리스어에는 중동태(middle voice)도 있다. 중동태는 동사에 의해 표현되는 동작이나 상태가 주어의 이해(利害)와 관련될 때 사용된다. 성백인·김현권(1998:130) 참조.

영향을 받는 것을 나타낸다. 다음에서 (a)는 능동문, (b)는 피동문이다.

(a) The police arrested him.　　경찰이 그를 체포했다.
(b) He was arrested by the police.　그는 경찰에 의해 체포되었다.

중국어에는 행위의 주체를 생략하고 주어+술어 형식으로 표현하는 피동문이 있고, 전치사 被, 叫, 让 뒤에 행위의 주체를 표기하는 피동문이 있다. 또한 행위자를 생략하고 被와 给를 사용하는 피동 표현도 있다.

(a) 饭做好了。　　　　　밥이 다 되었다.
(b) 饭被妈妈做好了。　　밥이 어머니에 의해 다 지어졌다.
(c) 饭被做好了。　　　　밥이 다 지어졌다.
(d) 饭叫妈妈给做好了。　밥이 어머니에 의해 다 지어졌다.

문장 (a)에서 밥은 저절로 지어질 수 없으므로 누군가 밥을 지은 것인데, 행위의 주체를 생략한 이러한 피동문을 '의미상의 피동문'이라고 한다. (b)에서는 전치사 被 뒤에 행위의 주체를 표기했다. 이때 被는 叫, 让으로 대체될 수 있다. 문장 (c)에서 볼 수 있듯이 被 뒤의 행위의 주체는 생략할 수 있는데, 이때 给로 被를 대체할 수 있고 叫, 让은 사용할 수 없다. 즉, 被와 给는 직접 동사와 결합할 수 있다. 그러나 叫, 让은 이러한 기능이 없다. 또한 (d)에서 볼 수 있듯이 被, 叫, 让을 행위의 주체 앞에 표기할 때는 동사 앞에 给를 넣을 수 있다. 또한 "这个秘密给人发现了(이 비밀은 탄로 났다)"에서와 같이 행위자가 불특정한 사람인 경우, 행위자 앞에 给가 쓰이기도 한다.

6.4. 단문과 복문

둘 이상의 단어가 모여 절이나 문장의 일부로 쓰이면 구(句)가 되고, 주어와 술어를 갖추었지만 독립해 쓰이지 않고 다른 문장의 성분으로 쓰이면 절(節)이 된다. 또한 주어와 술어를 갖추고 독립적으로 쓰이면 문장이 된다. 하나의 주어와 술어로 된 문장은 단문(單文), 두 개 이상의 절로 구성된 문장은 복문(複文)이다.『국어국문학자료사전』에 복문에 대해 상세하게 기술되어 있다.[46]

"복문은 문장 안에 다른 문장이 종속되어 있거나 포함된 문장이다. 하나의 주어와 술어로 된 단문은 ① 서로 대등한 단문끼리 연결되는 방식, ② 하나의 문장이 다른 문장에 대해 종속적으로 연결되는 방식, ③ 하나의 문장이 다른 문장을 문장성분으로 포함하고 있는 방식, ④ 이 세 가지가 다 나타나는 방식 등" 네 가지 방식을 통해 확대된 문장이 된다. 예문을 들어본다.

(a) 나는 한국인이고, 그는 미국인이다.
(b) 바람은 불지만, 날씨가 춥지는 않다.
(c) 나는 철수가 무척 똑똑하다고 생각한다.
(d) 나는 그들이 한국인이라고 생각했는데, 철수는 미국인이고 영희는 영국인이었다.

(a)의 문장을 중문(重文), (b), (c)의 문장을 복문, (d)의 문장을 혼성문(混成文)이라고 한다. "중문을 대등복문(對等複文)이라고 하여 복문에 포함시키는 경우도 있다. 즉, (a), (b), (c)의 문장을 모두 복문이라고 하는 경우

---

46 『국어국문학자료사전』(1998) 이웅백, 김원경, 김선풍.

가 있으나, 대개는 (b)와 (c)의 방식만을 복문이라 부르며, 이 둘을 구분해 부를 때는 (b)의 문장을 연합복문(連合複文), (c)의 문장을 포유복문(包有複文)이라고 한다. 연합복문에서 종속적으로 연결되는 문장을 종속절, 그렇지 않은 문장을 주절(主節)이라고 하는데, 일반적으로 선행절이 종속절이 되고 후행절이 주절이 된다."

그러나 중국어 문법책에서는 대체로 (a)의 문장, 즉 중문을 연합복문, (b)의 문장을 편정(偏正) 복문이라고 한다. 중국어로 정문(正文)은 본문, 즉 주문장(主文章)이고, 본문을 수식하거나 제한하는 절은 편문(偏文)이라고 한다. 편문은 한쪽으로 편향된 단편적인 문장이라는 의미로 한국어의 종속절에 해당한다. 연합복문과 편정복문에 해당되는 중국어 문장을 예로 들어본다. (a), (b)가 연합복문, (c), (d)가 편정복문이다.

(a) 我喜欢喝咖啡, 他喜欢喝茶。
　　 나는 커피를 즐겨 마시고, 그는 차를 즐겨 마신다.
(b) 那个人不但聪明, 而且很善良。
　　 그는 총명할 뿐 아니라 선량하기도 하다.
(c) 不管你怎么说, 我都不相信。
　　 네가 무슨 말을 하든 나는 다 안 믿어.
(d) 除非生病, 否则她决不会缺课的。
　　 병이 난 것이 아니라면, 그녀는 절대 결석하지 않아.

"我认为那个人很聪明(나는 그 사람이 똑똑하다고 생각한다)"과 같은 문장은 포유복문에 해당된다. 이 문장 안에 다른 문장이 문장성분으로 포함되어 있기 때문이다.

중국어 문법에서는 앞에서 살펴본 是가 술어로 쓰인 是자문, 有가 술어로 쓰인 有자문, 연동문, 존현문, 겸어문과 함께 전치사 把와 被가 들어간 把자문, 被자문을 특수한 동사 술어문으로 묶어 설명하기도 한다.

제7장 의미론

의미는 '말이나 글의 뜻'을 의미한다. 물론 어떤 행동이나 현상도 의미를 지닌다. 그러나 의미론(semantics)에서는 말이나 글의 뜻이 연구 대상이다. 의미론은 중국어로 어의학(語義學)이라고 한다. 의미론은 어휘론과 문장 의미론으로 분류되는데, 어휘론은 단어의 뜻이, 문장 의미론은 문장의 뜻이 연구 대상이다. 음성학, 음운론, 형태론, 통사론이 모두 언어의 형태를 연구 대상으로 한다면 의미론은 단어와 문장의 의미를 연구 대상으로 한다는 점이 다르다.

7.1. 의미 연구 방법

의미를 연구하는 방법으로는 분석적(analytical) 방법과 조작적(operational) 방법이 있다(성백인·김현권 1998:134). 분석적 방법은 음소를 변별 자질로 분석하듯이, 의미를 변별적 의미 자질로 분석해 연구하는 방법이고, 조작적 방법은 "의미는 일정한 문맥과 환경에서 사용될 때 비로소 정의할 수 있으므로" 실제로 사용된 말이나 글을 통해 드러나는 의미의 작용을 연구하는 방법이다.

의미론을 연구하는 일부 학자들은 음운론의 연구 방법을 의미 연구에도 도입하여, 어휘를 의미 자질로 분석하는 시도를 했다. 예를 들면 '아들'이라는 어휘를 [사람], [남성], [혈족], [세대], [자녀] … 등으로 기술한다면, '딸'이라는 어휘는 [사람], [여성], [혈족], [세대], [자녀] … 등의 여러 의미 자질로 기술할 수 있다. 그러나 음운론에서는 음소의 수가 적고 제한되어 있어 이러한 분석으로 음소를 가려낼 수 있지만, 의미론에서 다루는 어휘의 수는 거의 무한하다. 또한 어휘를 나타내는 자질의 수도 매우 많아서 어휘에 따라 적용할 수 있는 자질의 수를 한정하기 어렵다. 아들과 딸, 엄마와 아빠처럼 하나의 의미 자질로 대립하는 어휘 쌍에는 음소를 가려낼 때처럼 양분법을 적용할 수 있지만, 양분법을 적용할 수 없는 단어가 훨씬 많고 그 수도 무한하다. 그러므로 이러한 연구 방법은 실제로 사용된 어휘나 문장을 연구 대상으로 의미를 분석하는 조작적 연구 방법으로 보완되어야 한다.

7.2. 단어의 의미

어휘론에서 살펴보아야 할 개념으로는 다의, 동형, 동의, 반의, 상위, 하위 등이 있다. 다의나 동형이 각 단어의 의미와 관련된 개념인 반면, 동의와 반의, 상위와 하위의 개념은 다른 단어와의 관계에서 비롯된 개념이다. 단어의 의미 간의 관계는 크게 계열적 관계와 통합적 관계로 나뉘는데, 동의, 반의, 상위, 하위는 계열적 관계와 관련된 개념이다. 통합적 관계는 각 단어와 함께 사용되는 다른 단어들의 결합 관계를 가리킨다.

1. 다의, 동형

다의(多義)는 하나의 단어가 여러 가지 의미를 갖는 것을 말하고, 동형(同形)은 뜻이 달라서 별개의 단어인데 형태나 표기가 같은 것을 의미한다.

(1) 다의

하나의 단어가 서로 연관된 여러 가지 의미를 갖는 것을 다의(polysemy)라 하고, 여러 개의 의미를 가진 이러한 단어를 다의어(polysemic word)라고 한다.

> Could you please close the door?   문 좀 닫아 주시겠어요?
> I'll close my eyes and rest a while.   눈 감고 잠시 쉬어야겠다.
> Close your book.   책을 덮어라.
> The meeting will close at 5 o'clock.   회의는 다섯 시에 끝난다.
> The hospital closed in 2020.   그 병원은 2020년에 폐업했다.

위의 여러 문장에서 close는 한국어로는 서로 다른 동사로 번역되는 약간씩 다른 뜻을 가진 어휘임을 알 수 있다. 그러나 그 의미들은 서로 관계가 있다. open 역시 close와 마찬가지로 다의어이다. 대체로 자주 쓰이는 일상 용어에 다의어가 많다. 영어의 take, order, 한국어의 '가다' 등도 다의어이다. '가다'는 흔히 인용하는 다의어인데, '가다'를 국어사전에서 검색하면 단어의 뜻만 수십 가지가 나열되어 있다.

> 산에 간다. (이동하다)
> 학교에 갈 나이가 되었다. (취학하다)
> 손이 많이 가는 일이다. (수고하다)
> 시계가 잘 간다. (작동하다)

말 안 해도 짐작이 간다. (납득하다)
억울하게 간 넋을 추모했다. (사람이 죽다)

위에 인용한 의미는 극히 일부이다. 의미가 조금씩 다르지만 모두 '가다'라는 단어에 뜻풀이와 함께 수록된 예문이다. 중국어도 자주 쓰는 어휘에 다의어가 많다. 단어 叫(jiào)를 사전에서 검색하면 叫에는 다음과 같은 여러 가지 의미가 있는 것을 알 수 있다. 지역 방언에서만 사용되는 의미는 제외했다.

大声喊叫。	큰소리로 외치다.
鸟在树上叫。	새가 나무 위에서 지저귄다.
火车叫。	기차가 기적을 울린다.
外边有人叫你。	밖에서 누가 너를 찾는다.
叫菜了吗?	음식 주문했어?
这叫什么?	이것은 이름이 뭐죠?
叫他拿来!	그더러 가져오라고 해!
饭叫妈妈做好了。	밥은 엄마가 지으셨다.

叫他拿来!에서 叫는 '~에게 …하도록 시킨다'라는 사역의 의미를 갖는다. 마지막 문장은 피동문으로 叫는 被와 같은 전치사로 쓰였다. 전치사로 쓰인 마지막 문장을 제외하고 동사로 쓰인 叫의 의미는 서로 조금씩 다르면서도 연관되어 있다.

(2) 동형

의미는 다르지만 형태나 표기가 같은 것을 동형(同形)이라고 한다. '말'은 대표적인 동형어이다. 방언을 제외하고 사전에 실린 말의 의미를 옮겨 보면 다음과 같다.

말¹[말ː] 사람의 생각을 표현하고 전달하는 데 쓰는 음성 기호. 언어
말²[말ː] 톱질을 하거나 먹줄을 그을 때 밑에 받치는 나무.
말³ 곡식, 액체, 가루 따위의 분량을 되는 데 쓰는 그릇. 부피의 단위.
말⁴ 동물 말과의 포유류.
말⁵ 십이지에서 '오'를 상징적으로 나타내는 말.
말⁶ 윷놀이 따위를 할 때 말판에서 정해진 규칙에 따라 옮기는 패.
말⁷ 물속에 나는 은화식물⁴⁷을 통틀어 이르는 말. 가랫과의 여러해살이 수초 (水草).
말⁸ 버선.
말⁹ 末 어떤 기간의 끝이나 말기.
말¹⁰ 동사 '말다'의 활용형.

   다의어가 갖는 여러 의미가 조금씩 서로 연관된 것과는 달리, 동형어의 여러 의미는 연관이 없는 완전히 다른 의미임을 알 수 있다. 사전을 검색하면 한국어 '김'에도 여섯 가지 의미가 수록되어 있다. 김[김ː]은 물을 끓이면 나오는 기체를 가리키고, 논밭에 난 잡풀을 지칭하기도 한다. 또한 김은 먹는 김을 가리키기도 하고, '~하는 김에'로 쓰이면 계기나 기회를 의미한다. 김은 또한 한국에 가장 많은 성씨이기도 하고, 경상북도 방언에서는 개암나무 열매인 개암을 가리키기도 한다. 한국어의 밤, 눈, 배, 차 등도 동형어이다. 한국어의 밤은 어두운 밤을 의미하고 밤[밤ː]은 먹는 밤을 의미한다. 눈은 보는 눈을 의미하고, 눈[눈ː]은 하늘에서 내리는 눈을 의미한다. 또한 초목의 싹도 눈이라고 한다. 배에는 먹는 배, 타고 가는 배, 우리 몸의 배도 있고, 수나 양을 두 번 합한 것을 가리키는 배[배ː]도 있다. 차에도 여러 가지 의미가 있다. 마시는 차, 타고 다니는 차가 있고, 또한 1차, 2차에서는 차례나 차수를 가리킨다.

---

47   은화(隱花)식물은 꽃을 피우지 않는 식물을 통틀어 일컫는 말이다.

(3) 다의와 동형의 차이

일반적으로 다의어는 한 단어로 여기고, 동형어는 서로 다른 별개의 단어로 취급한다. 사전에서도 다의어는 한 단어에 여러 가지 뜻풀이가 되어 있고, 동형어는 별개의 단어로 따로 수록되어 있다.

눈을 감다.
머리를 감다.
시계의 태엽을 감다.

위의 세 문장에서 동사인 '감다'는 뜻이 전혀 다르다. 따라서 사전에도 세 개의 서로 다른 단어로 수록되어 있다. 다의와 동형은 흔히 파생 관계와 통합 관계를 근거로 분류한다. 견과류 열매인 밤은 밤나무, 밤꽃, 밤송이 등의 합성어를 만들어 내는데, 어두운 밤은 밤길, 밤낮, 밤비, 여름밤 등의 합성어를 파생시킨다. 또한, 우리가 의사를 표현하는 데 쓰는 말은 우리말, 말끝, 군말 등의 합성어를 파생시키고, 동물 말은 말잔등, 말갈기 등의 합성어를 파생시킨다. 두 단어가 파생시키는 어휘가 완전히 다르므로 두 단어는 동형어로 분류된다. 통합 관계는 다른 단어와의 결합 관계를 지칭하는데, 동형어의 경우 결합하는 단어도 다르고 사용되는 문맥도 다르다.

커다란 밤을 주워서 쪄 먹었다.
칠흑 같이 어두운 밤에는 외출하지 마라.

동형은 흔히 동음이의(同音異義)와 같은 말로 취급되는데, 동형과 동음이의가 반드시 일치하는 것은 아니다. 동음이의에는 형태나 표기가 같음을 의미하는 동형이라는 뜻이 들어가 있지 않으므로, sun[sʌn]과 son[sʌn] 같은 철자가 다른 단어도 동음이의어에 속한다. 그러나 동형어는 철자가 같아야 하므로 sun과 son은 엄밀히 말하면 동형어라고 할 수 없다. 영어의 동형어로는 ear, coach, tear, minute 등을 들 수 있다. 사전에 따라 조금씩 다르기는 하지만, ear, coach를 다음과 같이 동형어가 아닌 다의어로 취급해 ear, coach 밑에 여러 가지 뜻을 기술하기도 한다.[48]

ear[iər] 1) 귀, 2) 청각, 3) 곡식의 이삭
coach[koutʃ] 1) 코치, 2) 과외교사, 3) 대형 버스, 4) 4륜 마차, 5) 지도하다

coach에는 위에 제시한 뜻 외에도 몇 가지 뜻이 더 있다. 두 단어가 다른 언어와 맺는 결합 관계, 즉 통합 관계를 고려해도 ear와 coach는 서로 다른 문맥에서 사용되는 동형어임을 알 수 있다.

She whispered something in his ear.
그녀가 그의 귀에 무언가를 소곤거렸다.
Bread is made from the ears of numerous grains.
빵은 수많은 곡식의 이삭으로 만들어진다.

They went to Seoul on a coach tour.
그들은 버스를 타고 서울을 여행했다.
He once coached baseball.
그는 한때 야구 코치를 했다.

반면 tear, minute는 발음이 서로 달라서인지 모든 사전에서 별개의 단어로 나뉘어 수록되어 있다.

---

[48] 네이버 영어사전에 입력된 사전 가운데 『옥스퍼드영어사전』이 ear를 다의어처럼 한 단어로 수록하고 그 밑에 귀, 이삭 등의 뜻을 달아놓았다. 다른 사전은 ear를 동형어로 취급해 별개의 두 단어로 수록했다. 그러나 coach는 네이버에 입력된 모든 사전에서 다의어처럼 한 단어에 코치, 버스 등의 여러 가지 뜻을 수록했다.

tear[tɛər] 찢다, 찢어진 곳
tear[tiər] 눈물

minute[mínit] 분, 순간
minute[mainjúːt] 미세한

영어사전에는 'homograph'를 한국어로 동형이의어로 옮기고, 발음은 같을 수도 있고 다를 수도 있다고 설명하고 있다(『옥스퍼드영어사전』, 『슈프림영어사전』). 또한 '절하다'를 의미하는 bow[bau]와 '활'을 의미하는 bow[bou] 등을 예로 들어 놓았다. 즉 동형어에는 ear, coach와 같은 동형의 동음이의어도 속하고 bow, tear, minute 같은 동형의 이음이의어도 속한다는 뜻이다.

(4) 중국어의 동형어와 동음이의어

중국어의 문자인 한자(漢字)는 표음문자가 아닌 표의문자로, 중국어의 동형어는 동형동음어(同形同音語)와 동형이음어(同形異音語)로 나눌 수 있다. 동형동음어로는 花, 打, 仪表 등을 들 수 있다.

花(huā) 1) 꽃, 2) 소비하다
打(dǎ) 1) 때리다, 하다, 2) ~로부터, 3) 다스(dozen)
仪表(yíbiǎo) 1) 풍채, 2) 계량기

위에 제시한 打의 뜻은 극히 일부이다. 땔나무를 하다(打柴, dǎ chái), 물을 긷다(打水, dǎ shuǐ), 재채기를 하다(打喷嚏, dǎ pēnti) 등 여러 가지 동작에도 동사 打를 쓴다.

단음절 동형이음어에는 뜻에 따라 두 가지 이상의 독음을 가진 글자가 포함된다. 중국어로는 이러한 글자들을 破音字(pòyīnzi)라고 한다. 다음에 제시한 동형이음어에서 龟의 정자(正字)는 龜이고 乐의 정자는 樂이다. 한국 한자음도 함께 실었다.

龟(균 jūn) 갈라지다, 균열(龜裂)되다
龟(귀 guī) 거북
龟(구 qiū) 나라 이름에 쓰이는 글자[49]

乐(락 lè) 즐겁다
乐(악 yuè) 음악
乐(요 yào) 좋아하다

2음절 동형이음어도 있다. 예를 들면 东西가 dōngxī로 발음되면 동쪽과 서쪽을 의미하고, dōngxi로 발음되면 물건 등을 지칭한다. 大学生을 dàxuéshēng으로 읽으면 대학생을 의미하지만 dà xuésheng으로 읽으면 만학도를 가리킨다. 또한 告诉가 gàosù로 발음되면 '고소하다'를 의미하고 gàosu로 발음되면 '알리다'를 의미한다.

동음이의에 해당하는 동음이형어(同音異形語)도 있다. 동음의 한자가 많아서 동음이형어는 동형어보다 흔하다. 在와 再(zài), 形势와 形式(xíngshì), 必须와 必需(bìxū), 年青과 年轻(niánqīng) 등을 예로 들 수 있다.

(a) 作业明天必须完成。 숙제는 내일 반드시 끝마쳐야 한다.
(b) 维生素是人体必需的营养成分。 비타민은 인체에 필수적인 영양소이다.

---

49 龟兹(qiūcí)는 지금의 신장 위구르 자치구 쿠처(库车)현(縣) 일대에 있었던 옛날 서역(西域)의 나라 이름이다. 출처: 흑룡강 중한사전.

사전을 검색하면 必須와 必需의 의미가 각각 '반드시 (~해야 한다)'와 '반드시 필요하다'로 비슷하게 보이지만, 문장 (a)에서 볼 수 있듯이 必須는 부사로서 뒤에 동사를 수반해야 한다. 반면 必需는 동사이다. 또한 '年轻'은 나이와 상관없이 젊은 것을 의미하고, '年青'은 주로 청소년기를 의미한다. 形式는 형식, 형태를 의미하고 形势는 형편, 상황을 뜻하거나 군사적인 표현으로 쓰이는 지형, 지세(地勢)를 의미한다.[50]

2. 계열적 관계

계열적 관계는 한 단어의 의미와 다른 단어의 의미 간의 관계를 가리킨다. 동의와 반의, 상위와 하위가 계열적 관계와 관련된 개념이다.

(1) 동의와 반의
① 동의(synonymy)
동의는 한국어 어휘 옷과 의복의 관계처럼 두 단어의 뜻이 같아서 교체해 쓸 수 있는 것을 의미한다. 다음의 단어 쌍은 같은 뜻을 지닌 동의어 쌍이다.

珍惜(zhēnxī), 爱惜(àixī)	소중히 여기다
认罪(rènzuì), 伏罪(fúzuì)	죄를 인정하다
收集(shōují), 搜集(sōují)	모으다
奉养(fèngyǎng), 供养(gōngyǎng)	부양하다
发火(fāhuǒ), 生气(shēngqì)	화내다
保证(bǎozhèng), 保障(bǎozhàng)	책임지다

---

50 年轻과 年青, 形式와 形势는 현대 표준 중국어로는 동음이의어이지만, 고대 중국어에서는 轻(輕)과 青, 式과 势(勢)는 동음자가 아니었다.

동의어는 뜻이 비슷하므로 때에 따라 서로 교체되어 사용될 수 있다.

保证我国国家安全 (○)　保障我国国家安全 (○)
우리나라의 안전을 책임지다.

그러나 의미가 같아서 교체가 가능한 동의어라 하더라도 모든 문맥에서 교체될 수 있는 것은 아니다. 保障이 제도 등으로 어떤 상태나 권리 등을 지키는 것을 의미한다면, 保证에는 조직이나 개인이 무언가를 책임지고 약속한다는 의미가 있다.

保证八点回家 (○)　保障八点回家 (×)　8시에는 꼭 집에 오겠다.

'할 수 있다'를 의미하는 조동사 会나 能도 뜻이 비슷하므로, 때에 따라 교체되어 사용될 수 있다.[51]

我会游泳。(○)　　我能游泳。(○)　　나는 수영할 수 있어.

그러나 会와 能의 의미가 완전히 일치하지는 않는다. 会는 학습을 통해 무언가를 할 수 있다는 의미로, 할 수 있으나 숙달되지 못한 경우도 포함한다. 그러나 能은 능력이 일정한 수준에 도달했음을 의미한다.

我会游八百米。(×)　我能游八百米。(○) 나는 800m를 수영할 수 있어.

위와 같이 단어의 의미가 조금씩 차이 나기 때문에, 동의어라 하더라도

---

[51] 会와 能에는 각각 여러 가지 의미가 있는데, 여기서는 '할 수 있다'의 뜻만을 다룬 것이다.

문맥에 따라 교체가 가능할 수도 있고, 그렇지 않을 수도 있다. 단어 A와 단어 B가 동의어라면 두 단어의 의미 관계는 다음 〈그림 7-1〉과 같다. 동의어 관계에 있는 대부분의 단어 쌍은 의미가 완전히 일치하지는 않으며, 일치하는 의미 영역인 C의 비중이 단어 쌍에 따라 더 클 수도 있고 더 작을 수도 있다.

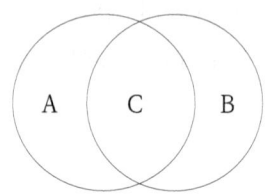

〈그림 7-1〉 동의어의 의미 관계

② 반의(antonymy)

반의는 두 단어의 뜻이 서로 반대되는 것을 의미한다. 하나의 개념에는 대개 하나의 단어가 대응되므로 어느 언어에서든 동의어는 많지 않지만, 반의어는 동의어보다 쉽게 찾을 수 있다. 그런데 반의어는 여러 가지 의미 자질 가운데 오로지 한 가지 자질이 상반된다. 앞에서 살펴보았듯이 '아들'이라는 어휘를 의미 자질로 기술한다면 [사람], [남성], [혈족], [세대], [자녀] … 등으로 기술되고, '딸'이라는 어휘는 [사람], [여성], [혈족], [세대], [자녀] … 등으로 기술되는데, 두 어휘는 동일한 의미 자질을 공유하지만 한 가지 의미 속성, 즉 성별이 상반된다.

반의는 상보적(complementary) 반의, 상호적(reciprocal) 반의, 계층적 반의의 세 가지 부류로 나뉜다.

상보적 반의는 반의 관계에 있는 두 의미 가운데 한 의미가 적용되면 다른 의미는 적용될 수 없는 반의이다. 남자이면서 동시에 여자일 수 없으므로 남자와 여자는 상보적 반의어이다. 삶과 죽음, 가짜와 진짜, 합격과

불합격, 유와 무 등도 상보적 반의어 쌍이다.

상호적 반의는 두 단어의 의미가 서로 반대 방향, 반대 위치에서 기술된 반의로, 이러한 유형의 반의어를 방향 반의어라고도 한다. 위와 아래, 왼쪽과 오른쪽, 앞과 뒤, '주다'와 '받다', '사다'와 '팔다', '가다'와 '오다' 등이 상호적 반의어이다.

계층적 반의 관계에 있는 반의어는 등급 반의어라고도 한다. 중국어 어휘로는 大(dà)와 小(xiǎo), 多(duō)와 少(shǎo), 高(gāo)와 低(dī), 强(qiáng)과 弱(ruò), 喜欢(xǐhuan)과 讨厌(tǎoyàn), 安全(ānquán)과 危险(wēixiǎn)을 계층적 반의 관계에 있는 단어 쌍으로 들 수 있다. 계층적 반의의 특징은 기준이 절대적이 아니라는 점이다. '크다'와 '작다', '많다'와 '적다', '높다'와 '낮다', '강하다'와 '약하다', '사랑하다'와 '미워하다', '안전하다'와 '위험하다'는 모두 상대적인 개념으로 반의 사이에는 여러 등급이 존재한다.

예를 들면 冷(lěng)에는 '춥다' 또는 '차다'라는 의미가 있는데, 이 가운데 '차다'라는 의미를 살펴보면 '차다'에도 여러 등급이 있을 수 있다. '손이 시리도록 얼음처럼 차다', '매우 차다', '차다', '조금 차다', '시원하다' 등의 등급이 있을 수 있다. 반대되는 의미 역시 '데일 만큼 뜨겁다', '뜨겁다', '뜨끈하다', '따뜻하다', '미지근하다' 등의 여러 등급이 있을 수 있다. 이러한 등급은 절대적인 것이 아니고 상대적인 것이므로 등급 반의어는 비교나 정도를 나타내는 부사의 수식을 받을 수 있다.

冷의 반의어는 热(rè)이다. 그렇다면 热보다 더 '뜨거움'을 의미하는 烫(tàng)의 반의어는 무엇인가? 중국어 사이트(百度)에 烫의 반의어를 검색하니 凉(liáng), 冷, 冻(dòng), 冰(bīng) 등의 여러 어휘가 의견으로 제시되어 있다. 이것은 반의의 기준이 상대적임을 의미한다. 烫에는 '데우다'의 뜻이 있고, 冷에는 '식히다'의 뜻이 있어서, 이 의미에서 보면 烫의 반의어는 冷이 될 수 있다. 또한 烫에는 데일 만큼 '뜨겁다'라는 의미도 있는데, 이 의미에서 보면 烫의 반의어는 '차디차다', '얼음처럼 차갑다'를 뜻하는 단어이어야 하므로, 凉, 冷, 冻, 冰 가운데 주로 명사로 쓰이지만 형용사로도 쓸 수 있는 冰을 사용할 수 있다. 烫과 冰 같은 등급 반의어는 부사의 수식을 받을 수 있으므로 정도를 나타내는 부사를 붙여 非常烫, 非常冰이라고 강조할 수 있다.

(2) 상위와 하위

동의와 반의처럼 상위와 하위도 다른 단어와의 관계에서 비롯된 개념이다. 한 단어의 뜻이 다른 단어의 뜻에 포함될 때 포함하는 단어는 상위어가 되고 포함되는 단어는 하위어가 된다. 예를 들면 옷과 스웨터에서 옷은 상위어, 스웨터는 하위어가 된다. 중국어로는 衣服(yīfu)가 상위어, 毛衣(máoyī)는 하위어이다.

3. 통합적 관계

계열적 관계는 한 단어의 의미와 다른 단어의 의미 간의 관계를 지칭하는 반면, 통합적 관계는 어떤 의미를 나타내기 위해 그 의미를 가진 단어를 사용할 때, 그 단어와 함께 사용되는 단어들의 결합 관계를 지칭한다. 이 단어들의 결합 관계를 영어로는 collocation이라고 하고, 중국어로는 搭配(dāpèi)라고 한다. 한국어로는 병치로 풀이하기도 하고, 연어(連語)라고 옮긴 사전도 있는데, '낱말의 배치'를 의미한다.

예를 들면 한국어로는 '탁구를 치다', '피아노를 치다'라고 하는데, 중국어로는 打乒乓球(dǎ pīngpāngqiú), 弹钢琴(tán gāngqín)으로 한국어 '치다'를 각각 다른 동사로 나타낸다. 반면 중국어로는 洗手(xǐ shǒu), 洗头发(xǐ tóufa)라고 하지만, 한국어로는 '손을 씻다', '머리를 감다'와 같이 중국어 洗를 각각 다른 동사를 사용해 표현한다. 한국어에서는 '알다'의 반의어로 '모르다'가 있지만, 영어나 중국어는 '알다'에 해당하는 know, 知道(zhīdào, zhīdao)만 있을 뿐 '모르다'는 없다. '모르다'를 표현하려면 부정 부사인 not, 不(bù)를 사용해 표현한다. 베트남어에도 '알다'를 뜻하는 biết만 있고 '모르다'는 없다. 따라서 부정 부사로 쓰이는 không을 biết 앞에 사용해 '모르다'(không biết)를 표현한다.

이러한 결합 관계는 때로는 문장의 구조에도 영향을 미친다. 중국어로 '화를 내다'는 生气(shēngqì), 发火(fāhuǒ)를 사용하는데, '나에게 화내지 마'라고 할 때는 '别生我的气了', '别跟我发火了'로, 둘 중에 어떤 단어를 사용하느냐에 따라 문장의 구조가 달라진다. '别生我的气了'에서는 술어와 목적어 구조인 生气 사이에 我가 삽입된 반면, '别跟我发火了'에서는 술어 앞에 전치사구인 跟我를 넣었다.

7.3. 문장의 의미

누군가와 대화하다 보면 우리가 의도한 대로 그 뜻이 전달되지 않는 경우가 종종 발생한다. 이것은 하나의 문장이 두 가지 의미로 해석될 수도 있기 때문이다. 또한 어떤 사물이나 현상을 직접 설명하지 않고 다른 사물이나 현상에 빗대어 말할 수 있는데, 이때 듣는 사람이 화자의 의도를 제대로 파악하지 못한다면 의사소통에 문제가 생길 수 있다.

이렇게 본래 말하려는 것을 다른 사물이나 현상에 비유해서 말하는 방법 중에 직유(simile)와 은유(metaphor)가 있다. '사자처럼 용맹하다'와 같이 다른 사물과 직접 비교해 말하는 것이 직유이고, 직유법이 들어간 문장은 이해하기 어렵지 않다. 은유는 '내 마음은 호수요'와 같이 어떤 현상이나 상황을 암시적으로 나타내는 수사법으로, 때에 따라서는 화자의 의도를 파악하기 어려울 수 있다. 만일 누군가가 배탈이 나서 배가 너무

아픈 것을 '내 뱃속에서 전쟁이 일어나고 있어'라고 말한다면 듣는 사람은 화자의 말이 무슨 의미인지 쉽게 파악하지 못할 수 있다. 이것은 문장을 만들 때 화자가 지켜야 하는 의미 규칙(semantic rule)을 지키지 않았기 때문이다. 그런데 우리는 언어생활을 하면서 의미 규칙을 지키지 않은 은유와 관용어 표현을 의도적으로 사용하기도 한다. 다음에서 문장의 의미 파악을 어렵게 하는 중의성과 관용어 표현 몇 가지를 살펴본다.

1. 중의성

하나의 문장이 두 가지 의미로 해석되면 그 문장은 중의적인 문장이다. 하나의 문장이 두 가지 의미로 해석되는 현상을 중의성(重義性 ambiguity)이라고 한다. 이 같은 문장의 중의성은 문장에 쓰인 단어가 동형어인 경우에 발생하기도 하고, 문장의 구조 분석이 달라져서 발생하기도 한다.

그는 차에 관심이 많다.

위의 문장에서 차는 마시는 차(茶)일 수도 있고, 타고 다니는 교통수단을 의미할 수도 있다. 위 문장의 중의성은 차가 동형어인 데서 비롯된 것이다.

我给你这笔生意钱。

위의 문장도 중의적이다. 生意钱(shēngyiqián)이 '장사 밑천' 또는 '장사로 번 돈'으로 풀이될 수 있기 때문이다. 즉, 사업을 하기 위해 자금으로 투자한 돈과 사업으로 번 돈은 의미가 다르다. 이것은 生意钱이라는 어휘가 중의적이어서 비롯된 어휘적 중의성에 해당하는 예문이다. 다음의 문장을 살펴보자.

　　나는 도서관에서 일하지 않는다.

　이 문장은 중의적이다. "도서관에서 일하지 않고 다른 곳에서 근무한다"와 "도서관에서 일하지 않고 공부한다"도 될 수 있다. 그러나 중국어는 중의적이지 않다. 전자라면 부정 부사 不를 도서관 앞에 위치시켜 我不在图书馆工作로, 후자라면 我在图书馆不工作로 하면 된다. 즉 위 문장의 중의성은 동형어를 사용한 데서 비롯된 중의성이 아닌, 부정하는 뜻을 나타내는 보조동사 '않다'가 '도서관에서'를 수식하는 것으로 볼 것인지 아니면 '일하다'를 수식하는 것으로 볼 것인지에 따라서 발생한 중의성이다. 이런 유형의 중의성은 어휘적 중의성이 아닌, 구조적 또는 문법적 중의성이다. 다음의 예문을 보자.

　　这儿也卖饺子吗?

　위의 문장은 중의적인 문장으로 "여기서도 만두 팔아요?"와 "여기 만두도 팔아요?"의 두 가지 의미로 풀이될 수 있다. 이 문장이 중의적인 이유는 也가 주어를 수식할 수도 있고, 술어를 수식할 수도 있기 때문이다. 대화에서는 이와 같은 중의성을 휴지(pause)를 두어 해결할 수 있다.

　　这儿也, 卖饺子吗?　　여기서도 만두를 팔아요?
　　这儿, 也卖饺子吗?　　여기 만두도 팔아요?

　첫 번째 문장에서 也는 주어로 쓰인 这儿(zhèr)을 수식하고, 두 번째 문장에서 也는 술어인 卖饺子(mài jiǎozi)를 수식한다. 이와 같은 문장이 구조적 중의성을 가진 중국어 문장이다.

2. 관용어

앞에서 예로 들었던 문장 '내 뱃속에서 전쟁이 일어나고 있어'에서 전쟁은 나라끼리의 싸움인데, 뱃속에서 전쟁이 났다는 말은 의미 규칙을 위반한 표현이다. 그러나 이 말을 은유로 받아들이면 듣는 사람은 화자의 의도를 파악할 수 있다.

문장의 의미 해석을 어렵게 하는 원인으로는 중의성, 그리고 은유와 같은 수사법의 사용뿐 아니라 관용어(idiom)의 활용도 들 수 있다. 물론 관용어의 수는 제한되어 있고, 중의적인 문장만큼 빈번히 쓰이지는 않는다. 역사적인 사실에서 유래해 관용어로 쓰이는 '戴绿头巾(dài lǜtóujīn)' 또는 '戴绿帽子(dài lǜmàozi)'와 'a baker's dozen', '이판사판'의 표현을 소개한다.

戴绿头巾, 戴绿帽子는 '녹색 두건이나 모자를 쓰다'로 번역된다. 녹색은 고대부터 신분이 비천한 사람들이 사용했다고 한다. 명대(明代)에는 전통극의 배우나 악기 연주자들이 녹색 두건과 옷을 착용하도록 규정했는데, 일설에서는 기생집의 주인에게 녹색 두건을 쓰게 했다고 한다. 여기에서 '녹색 모자를 쓰다'라는 말이 '배우자가 부정한 행위를 한다'는 의미로 쓰이게 되었다. 만일 "那个人戴绿帽了"라고 하면 그 사람이 아닌, 그 사람의 배우자가 부정한 행위를 했다는 의미이다.

dozen은 숫자 12이지만, a baker's dozen은 13이다. 13세기 영국에서는 제빵업자(baker)가 빵의 무게를 속여 파는 것을 엄격하게 처벌했다. 제빵업자는 빵이 정량보다 무게가 덜 나갈까 염려되어 소비자에게 덤으로 하나씩 더 주었고, 여기에서 제빵업자의 dozen은 13이 되었다고 한다.

우리말의 '이판사판(理判事判)'은 '막다른 데 이르러 어찌할 수 없게

된 지경'을 의미하는 말이다. 원래 불교 용어로 '이판'은 이판승의 줄임말이고 '사판'은 사판승의 줄임말이다. 이판승은 속세를 떠나 도를 닦는 데만 전념하는 승려를 가리키고, 사판승은 절의 재정과 행정 업무 같은 세속적인 업무를 맡은 승려를 말한다. 조선시대에 승려가 되는 것은 인생에서 궁지에 몰린 사람이 어쩔 수 없이 하는 선택이어서 이판승이든 사판승이든 승려가 된다는 것은 끝장이라는 뜻으로 사용되기 시작했다.

관용어의 특징은 단어의 교체가 불가능하다는 것이다. 위에 제시된 관용어에서 녹색을 다른 색으로 바꾸거나 제빵업자를 다른 직업을 가진 사람으로 바꾸어 쓸 수 없다. 이판과 사판의 순서를 바꾸어 사판이판이라고 쓸 수도 없다. 관용어는 의미 규칙이 적용되지 않아 의미를 파악할 수 없으므로, 개별적으로 익혀야 한다.

7.4. 화용론

화용론(pragmatics)은 의미론의 한 분야로, 발화된 문장이 어떤 맥락에서 사용되었는지를 연구하는 학문이다. 중국어로는 어용학(語用學)이라고 한다. 의미론이 단어와 문장의 표준적 의미를 연구한다면 화용론은 발화된 문장이 어떤 상황에서 쓰였는지를 파악해 문장에 다른 의미가 있는지를 연구하는 학문이다. 발화된 문장은 일정한 상황에서 문자 그대로가 아닌 다른 의미로 해석될 수 있다. 장난감 가게를 지나가며 장난감이 갖고 싶은 아이는 "저 장난감이 있으면 재미있게 가지고 놀 수 있을 텐데…"라며 말끝을 흐린다. 그러나 동행하던 부모에게는 그 말이 "저 장난감 사주세요"라는 말로 들린다. 아이가 사용한 문장은 소망을 나타내는 가정법의 문장이지만, 부모에게는 장난감을 사달라고 요구하는 말로 해석될 수 있다. 화용론은 이와 같이 화자(話者), 청자(聽者), 시간, 장소를 포함한 맥락 속에서 사용되는 언어의 의미를 체계적으로 연구하는 학문이다.

1. 언어 행위

언어 행위(speech act)는 화행(話行)으로도 번역된다. 언어 행위 이론, 즉 화행 이론은 1960년대 영국의 언어학자들이 창시한 언어학 이론이다. 화행 이론은 어떤 문장이 발화된 환경이나 문맥을 고려하지 않고 문장을 분석했던 이전의 연구 경향이 가진 문제점을 인식한 데에서 비롯되었다. 영국의 심리철학자 존 오스틴(John Austin)은 발화란 화자와 청자 사이의 소통이라는 점을 강조했다.

오스틴(1962)은 언어 행위를 발화 행위(locutionary act), 발화 수반 행위(illocutionary act), 발화 효과 행위(perlocutionary act)의 세 가지 행위로 나누었다. 발화 행위는 언표적 행위(言表的行爲)라고도 하고, 발화 수반 행위는 언표 내적 행위(言表內的行爲)라고도 하며, 발화 효과 행위는 언향적 행위(言響的行爲)라고도 한다. 언표란 말로 표현한다는 뜻이고, 언표 행위란 말로 표현하는 행위라는 뜻이며, 따라서 언표 내적 행위는 말에는 직접적으로 표현되지 않았지만, 그 내면에 들어 있는 의도를 의미한다. 언향(言響)은 한자의 뜻 그대로 '말의 메아리'를 뜻하므로, 발화에 대한 청자의 반응을 뜻한다.

언표 내적 행위, 즉 발화 수반 행위는 발화 시에 수행되는 행위로, 약속, 명령, 요구, 칭찬, 감사, 협박, 설명 등이 있으며, 언어 행위의 핵심이다. 즉 "배고파 죽겠어요"라는 발화 행위에는 밥을 달라는 요청 행위 또는 함께 밥을 먹으러 가자는 제안 행위 같은 언표 내적 행위가 수반된다. 발화 효과 행위, 즉 언향적 행위는 위에 설명한 대로 발화 행위가 듣는 사람에게 미치는 영향이라고 할 수 있다. 배고프다는 소리를 들은 사람은 먹을 것을 주어야겠다고 생각하고 밥을 줄 수 있다. 아니면 청자도 식욕을 느끼고 같이 밥을 먹으러 가자고 제안할 수 있다. 청자의 이와 같은 반응은 모두 발화 효과 행위이다.

오스틴의 뒤를 이어 존 설(John Searle 1979:12-29)은 언표 내적 행위의 유형으로 단언(assertives), 지시(directives), 언약(commissives), 표현(expressives), 선언(declarations)을 제시했다. 단언은 어떤 명제나 발화가 참이라고 단정적으로 말하는 행위이고, 지시는 화자가 청자에게 무엇을 하게 하는 행위이며, 언약은 약속이나 협박, 거절, 맹세와 같이 화자가 미래에 어떻게 하겠다고 약속하는 행위이다. 표현은 감사함, 미안함 등 화자의 감정을 나타내는 행위이고, 선언은 발화가 세상에 어떤 변화를 불러오는 행위이다. 각 유형에 맞는 예문을 제시해 본다.

단언	外面不热。	밖은 덥지 않다.
지시	来两杯咖啡。	커피 두 잔 주세요.
언약	我一定去。	나 꼭 갈게.
표현	感谢各位的支持。	여러분의 성원에 감사드립니다.
선언	法官宣判他有罪。	판사는 그에게 유죄를 선고했다.

2. 발화 지시사(deixis)

화용론에서 흔히 쓰이는 용어 가운데 deixis가 있다. deixis는 그리스어에서 유래한 용어인데(G. Yule 2001:12), 국립국어원의 『표준국어대사전』에는 deixis에 해당하는 어휘가 아직 기재되어 있지 않다. 『네이버국어사전』에는 deixis가 '데익시스'라고 되어 있고,[52] 규범 표기는 미확정이라는 설명이 붙어 있다. 중국어 사이트 바이두(百度)에서 검색한 deixis는 '指示

---

52 deixis는 영어사전에 데익시스와 다익시스[déiksis, dáiksis] 두 가지 발음으로 음 표기가 되어 있다.

功能'과 '直示'로 번역되어 있다. 일각에서 deixis를 직시(直示)로 번역해 쓰고 있는데, 중국어에서 차용한 것으로 보인다. 사전적 의미는 '발화 상황을 고려해야만 의미 파악이 되는 지시 표현'으로, 인칭 대명사나 这, 那와 같은 지시 대명사, 시간, 장소 등을 나타내는 표현을 가리킨다. '나', '너', '그녀'와 같은 인칭 대명사나 '그때', '여기', '저기' 같은 특정 시간이나 장소를 나타내는 지시어는 문맥을 모르면 가리키는 대상을 정확하게 파악할 수 없다. 성백인·김현권(1998:124)은 deixis를 '발화 지시사'로 번역했는데, 발화 지시사가 직시나 지시보다는 deixis의 기능이 보다 구체적으로 반영된 어휘라는 느낌을 준다. '발화 지시사'의 예를 들어본다.

  인칭 我, 你, 他, 她, 它, 我们, 你们, 人家, 大家
  장소 这儿, 那儿, 外面, 前边, 右边, 中间, 下边
  시간 现在, 这会儿(이때), 那会儿(그때), 上周, 明天

3. 직접 화행과 간접 화행

언어 행위는 직접 화행과 간접 화행으로 나눌 수 있다. 직접 화행은 문장과 발화 수반 행위 사이에 직접적인 관계나 대응이 존재하는 언어 행위이고, 간접 화행은 문장과 발화 수반 행위 사이에 직접적인 관계나 대응이 존재하지 않는 언어 행위이다. 일반적으로 평서문은 사건이나 상황을 객관적으로 진술하는 문장이고, 의문문은 해답을 원하는 사항에 대해 질문을 하는 문장이며, 명령문은 상대에게 무언가를 해달라고 요청하는 문장이다.

  (a) 外面很冷。 밖이 춥네. (평서문)
  (b) 你不冷吗? 너 안 추워? (의문문)

(c) 请关门。　　문 좀 닫아 주세요. (명령문)

누군가에게 무엇인가를 해달라는 의도로 말할 때는 일반적으로 명령문인 (c)의 형식을 이용한다. 그러나 밖이 추우니까 문을 닫으라는 의도에서 평서문과 의문문의 문장 형식을 사용할 수도 있다. 만일 문을 닫으라는 의도로 (a)와 (b)의 문장을 사용했다면 이것은 간접 화행에 해당한다. 따라서 같은 문장을 사용해도 상황에 따라 직접 화행이 될 수도 있고 간접 화행이 될 수도 있다. 일반적으로 직접 화행에서는 화자가 청자에게 직접적으로 무엇을 하라고 요구하는 표현이 문장에 포함된다. 간접 화행은 화자가 청자에게 직접적으로 요구하는 표현이 문장에 들어가지 않지만, 화자와 청자 모두 발화 수반 행위가 무엇인지 분명히 알 수 있는 표현 방식이다.

간접 화행이 듣는 사람에게 화자의 공손함을 느끼게 해주므로, 직접 화행보다 전달력이 강하다. 영어에서는 흔히 명령문 대신 Could you ~?, Would you ~? 등의 의문문 형식을 써서 간접적으로 명령이나 요구의 언표 내적 행위를 수행한다.

4. 전제

위에서 살펴본 중의적인 문장 '这儿也卖饺子吗?'도 화용론의 각도에서 고찰될 수 있다. 음식점이 즐비한 곳에서 만두를 먹으러 들어간 가게에 손님이 많아 앉을 자리도 없다. 그래서 다른 가게를 찾아 들어가 식당 주인에게 这儿也卖饺子吗?라고 묻는다면 이때 也는 앞의 这儿을 수식한다. 이 문장은 손님이 이미 다른 음식점을 거쳐 왔거나 아니면 최소한 만두를 파는 다른 음식점이 있다는 전제(presupposition)하에 발화된 문장이다. 만일 손님이 생선요리를 파는 음식점에서 누군가 만두를 먹는 것을 보고 这儿也卖饺子吗?라고 물었다면 也는 뒤의 술어 卖饺子를 수식하는데, 이때는 그 음식점에서 만두 말고 다른 음식을 팔고 있다는 것을 전제로 한다. 즉, 전제는 직접 표현하지는 않지만 간접적으로 표현된 사실을 가리킨다. "여기 만두도 파느냐"는 질문에 식당 주인은 손님이 만두를 주문할 수도 있다고 추측할 수 있다. 우리는 이렇게 전제된 사실을 바탕으로 추리하며 대화한다.

중국어에서 동사 뒤에 쓰여 동사의 뜻을 보충해 주는 여러 가지 보어 가운데 방향 보어와 결과 보어가 전제와 관련이 있다. 예를 들면 두 사람의 대화 중에 한 사람이 "这本书你看完了吗?"라고 묻는다면, 이 문장에는 질문을 받은 사람이 이 책을 읽는 중이었다는 전제가 들어있다. "外面突然下起雨来了", "밖에 갑자기 비가 오기 시작했다"라는 이 문장은 조금 전까지 비가 오지 않았다는 사실을 전제로 한다. "你进去吧"라는 말은 화자와 청자 모두 어떤 장소 밖에 있다는 사실이 전제되어 있고, "你上来吧"라는 말은 화자가 청자보다 높은 위치의 장소에 있다는 사실이 전제되어 있다.

보어 외에 동사 以为도 단어 자체에 전제가 들어있다. "我认为他是美国人"은 "내 생각에 그는 미국인 같아"라는 의미로 그가 미국인인지 아닌지는 정확히 모른다. 그러나 以为를 넣어 "我以为他是美国人呢"라고 말한다면 그가 미국인이라고 생각했는데, 미국인이 아니었다는 전제가 포함된다.

5. 함의

전제 외에 함의(含意, entailment)도 화용론에서 알아두어야 할 개념이다. 함의의 사전적 의미는 '말이나 글 속에 들어있는 뜻'을 가리킨다. 또한 명제 간에 존재하는 관계로, '명제 P가 참이면 반드시 명제 Q도 참이 되는 경우에 P가 Q에 대하여 가지는 관계'이다.

(a) 金先生和王先生是朋友。　　김선생과 왕선생은 친구 사이다.
(b) 金先生认识王先生。　　　　김선생과 왕선생은 아는 사이다.

위의 두 문장에서 (a)의 내용이 참이면 (b)의 내용도 참이 되는데, 이때 (a)가 (b)를 함의한다고 한다. 바꾸어 말하면 함의하는 문장은 반드시 참이어야 한다. 그러나 (b)의 내용이 참이라고 해서 (a)의 내용도 참인 것은 아니다.

중국어에서 함의와 관련이 있는 표현으로 太…(了)를 들 수 있다. 한국어의 '너무'에 해당하는 중국어 단어가 '太'일 것이다. 한국어의 '너무'는 처음에는 '정도가 지나치다'를 뜻하는 부정적인 어휘로 쓰였으나 지금은 '너무 예쁘다'처럼 긍정적인 의미의 단어와도 같이 쓰인다. 太 역시 부정적인 의미의 단어뿐 아니라 긍정적인 의미의 단어와도 같이 쓰인다. "太好了", "太干净了", "太漂亮了", "太忙了", "太累了"와 같은 표현은 조금도 어색하지 않다. 그러나 이러한 표현에서 문장 끝의 了가 없다면 "太忙", "太累"는 어색하지 않지만 "太好", "太干净", "太漂亮"은 어색한 표현이 된다.

太…了의 구조에서 어기 조사 了는 화자의 감탄이나 강조의 어조를 나타낸다. 또한 어떤 상태가 예상이나 기대 이상임을 나타내기도 한다. "太好了"에서 了는 감탄의 어조를 나타내고, "太累了"에서 了는 피곤한 상태에 대한 화자의 강한 인식을 표현한다. 즉 了는 太와 결합하여 정도의 강함을 더욱 강조한다. 그러나 了 없이 太만 있으면 '정도가 지나치다'라는 부정적인 어감을 나타낸다. 따라서 누군가 "这儿太安静"이라고 말했다면, 이곳이 너무 조용해서 마음에 들지 않는다는 함의가 들어있는 표현이 된다. 따라서 了의 유무에 따라 문장의 전체적인 어감이 완전히 달라진다.

6. 협력과 함축, 공손

그라이스(Paul Grice, 1975:45-46)는 의사소통에는 서로가 상대를 속이지 않고 서로에게 필요한 정보를 제공하는 협력(cooperation)의 원리가 적용된다고 밝혔다. 이러한 원리에 따라 불필요한 정보가 아닌, 각 단계의 대화 목적에 맞게, 대화에 필요한 만큼의 적절한 정보를 제공해야 한다는 몇 가지 전제를 제시했다. 이것이 그라이스의 대화 격률(格率 Gricean maxims)로 알려진 네 가지 대전제이다.

① 양(quantity): 필요한 만큼만 정보를 제공하라.
② 질(quality): 거짓이라고 믿는 것, 적절한 증거가 없는 것은 말하지 말라.
③ 관련성(relation): 대화의 주제와 관련된 정보를 제공하라.
④ 방법(manner): 모호한 표현을 피하고 간단명료하며 조리 있게 말하라.

자연스러운 대화가 이루어지려면 화자와 듣는 사람이 협력의 원리와 네 가지 격률을 준수한다고 가정해야 한다. 한 젊은 직장인이 출근 시간이 지났는데도 회사에 출근하지 않자, 그의 동료가 그에게 전화를 걸었다.

(a) 你怎么还沒上班呢? 왜 아직도 출근을 안 했나요?
(b) 今天幼儿园关门了。 오늘 어린이집이 문을 안 열었어요.

문장 (b)는 관련성의 격률을 지키지 않은 것처럼 보인다. 그러나 협력의 원리에 따라 문장 (b)에는 질문과 관련된 정보가 함축(implication)되어 있다고 가정한다. 따라서 전화를 건 사람은 그의 동료에게 돌보아야 할 어린아이가 있으며, 아이를 돌봐 줄 사람이 없어서 출근하지 못하고 있다는 함축된 의미를 문장 (b)에서 추론(inference)해 낼 것이다. 이처럼 대화에서는 함축을 통해 의미를 전달하고, 추론을 통해 의미를 파악한다.

그라이스의 대화 격률은 언어가 다른 모든 문화권에 동일하게 적용된다고 보기 어렵다. 키난(Keenan 1976)은 그라이스가 제시한 양(量)의 대화 격률이 언어와 문화의 차이에 따라 달라질 수 있음을 밝힌 바 있다.[53]

한국이나 중국 같은 겸양이 미덕인 문화권에서는 그라이스가 제시한 격률보다 제프리 리치(Geoffrey Leech 1983:132)가 제시한 다음의 공손 원리(Politeness Principle)가 오히려 의사소통에 더 효과적일 수 있다.

① 요령의 격률(Tact Maxim): 다른 사람의 손해는 최소화하고 이익은 최대화하라.[54]
② 관용의 격률(Generosity Maxim): 자신의 이익은 최소화하고 손해는 최대화하라.
③ 칭찬의 격률(Approbation Maxim): 다른 사람에 대한 비난은 최소화하고 칭찬은 최대화하라.
④ 겸양의 격률(Modesty Maxim): 자신에 대한 칭찬은 최소화하고 비난은 최대화하라.
⑤ 동의의 격률(Agreement Maxim): 자신과 다른 사람의 의견 차이는 최소화하고 동의는 최대화하라.
⑥ 공감의 격률(Sympathy Maxim): 자신과 다른 사람 사이의 반감은 최소화하고 공감은 최대화하라.

앞에서 밝혔듯이 영어에서는 흔히 명령문 대신 Could you ~?, Would you ~? 등의 의문문 형식을 써서 상대방에게 무언가를 요구하는데, 이와 같은 의문문 형식은 상대에게 손해를 덜 주려는, 즉 부담을 덜 주는

---

53 Keenan, E. O. (1976) 'The universality of conversational implicature', *Language in Society* 5: 67-80. 조의연·조숙희(2018:156)에서 재인용.
54 "Minimize cost to other. Maximize benefit to other"에서 손해(cost)를 부담으로 번역하기도 한다. 그러나 이익(benefit)에 대한 반의어로 쓰였으므로, 원글대로 손해로 번역했다.

표현을 사용한 것이므로 요령의 격률을 따른 것이다. 또한 상대방과의 대화에서 의견 차이가 있을 때 "您说得对, 不过我们也可以考虑其他方面(옳은 말씀입니다. 다만 우리가 다른 면도 고려해 볼 수 있을 것 같습니다)"라고 하여 상대방의 의견에 동의를 표한 후 조심스럽게 다른 의견을 제시한다면 이것은 의견 차이를 최소화하려 한 것이므로 동의의 격률을 따른 것이다.

 대화에서 자신을 낮추고 상대를 높이며 배려하는 위의 여섯 가지 격률은 처음 만난 사람들 사이에서 또는 공식적인 상황에서 자주 사용된다. 그라이스와 리치의 대화 격률이나 기타 화행 이론들을 각 언어와 여러 문화권에 적용했을 때 어떤 차이를 보이는지도 화용론의 한 연구 주제가 될 수 있다.

제8장 역사 언어학과 비교 언어학

역사 언어학은 한 언어의 역사를 연구하는 학문이고, 비교 언어학은 가까운 관계에 있는 여러 언어를 비교하여 그 언어들의 조상이 되는 언어를 재구성하는 학문이다.

8.1. 역사비교언어학의 정의

역사 언어학은 어떤 언어가 음운, 문법, 단어의 의미 등에서 과거로부터 어떠한 변화를 거쳐 현재의 단계에 이르렀는지 통시적으로 연구하는 언어학의 한 분야이다. 그런데 어떤 언어든지 그 기원을 알 수 없으므로, 문헌이 존재하는 어느 한 시기의 언어를 먼저 연구하고 그 바탕 위에서 문헌 이전 시대의 언어를 재구성하는 과정을 거쳐야 한다. 어느 한 시기의 언어를 연구하는 것은 공시 언어학이라고 한다. 즉 역사 언어학은 공시 언어학과 분리해서 생각할 수 없고 공시 언어학으로 이룬 연구 성과가 바탕이 되어야 한다.

비교 언어학은 가까운 관계에 있는 여러 언어의 음운, 문법, 어휘 등을 서로 비교하여 각 언어의 역사적인 변화 과정을 밝히고, 나아가 그 언어들의 기원이 되는 언어, 즉 조어(祖語)를 재구성하는 언어학의 한 분야이다. 역사 언어학의 연구에서는 비교 언어학적 분석 방법이 필수이므로 특정 언어의 변화 과정을 가까운 언어와 비교해 분석하는 연구를 흔히 역사비교언어학이라고 한다. 역사비교언어학은 19세기에 등장했다.

중국어의 역사를 연구할 때는 오류 없이 분석이 가능한 현대 중국어의 음운체계를 먼저 파악하고, 그 바탕 위에서 음운자료가 있는 가까운 과거의 음운체계를 파악한 후, 다시 그 가까운 과거의 음운체계에 근거해 자료가 불충분한 더 이른 시기의 음운체계를 재구성해 나간다. 중국어의 변화 과정을 파악하는 데 필요한 음운자료는 시대에 따라 다르지만 그래도 풍부한 편이다. 청대(淸代)의 음운자료 가운데에는 영국인이 저술한 중국어 회화책도 있다. 이러한 책의 장점은 당시의 말소리를 로마자 표기법으로 기록했다는 점이다. 따라서 현대 중국어의 음운체계와 비교하여 당시 중국어의 음운체계를 쉽게 파악할 수 있다. 그러나 대부분의 중국어 음운자료에는 한자로 다른 한자의 음이 표기되어 있어 자세한 분석이 필요하다.

역사 언어학에서는 중국어의 음운자료를 출간된 시대별로 분석한 후, 시대순으로 비교해서 변화의 흐름을 파악한다. 당대(唐代) 이후의 음운자료는 시대별로 음운체계를 재구성할 수 있을 만큼 자료가 풍부하다. 따라서 당대에 출간된 자료를 분석해 당대의 음운체계를 재구성하고, 송대(宋代)에 출간된 자료를 분석해 송대의 음운체계를 재구성하며, 이후 원·명대(元明代)에 출간된 자료를 분석해 원·명대의 음운체계를 재구성한다. 재구성된 음운체계를 시대순으로 비교하면 부족한 부분을 보완할 수 있고 변화 과정을 파악할 수 있다. 더 이른 시기의 음운자료도 존재하지만, 음운체계를 재구성하기에는 불충분하다. 따라서 상고 중국어라 불리는 한대(漢代) 이전의 음운체계는 재구성한 당대(唐代)의 음운체계를 바탕으로, 상고 중국어 시기의 음운자료를 참고해 재구성한다. 또한, 중국 한자음은 중국 내에서도 지역에 따라 큰 차이를 보인다. 중국 내에서 사용되는 방언을 크게 7대 방언으로 나누는데, 지역에 따라 한자음이 다르게 변화했기 때문이다. 방언 역시 고대 중국어의 음운체계를 재구성하는 데 빠뜨릴 수 없는 음운자료이다.

한자는 중국에서만 사용된 것이 아니라 한국, 일본, 베트남 등에도 그 음과 함께 도입되었기 때문에, 고대 중국어의 음운체계를 재구성할 때 역사 음운학적 연구 방법 외에도 중국 한자음을 이웃 국가의 한자음과 비교하는 연구 방법이 활용될 수 있다. 즉, 중국 한자음을 한국 한자음, 베트남 한자음, 일본 한자음과 비교함으로써 고대 중국어의 음운체계를 재구성할 때 생기는 의문점을 해결할 수 있다. 한국 한자음은 대체로 수(隋)·당대의 한자음을 반영하지만, 베트남 한자음은 당대 한자음을 반영하는 어휘 층 외에도 한대 한자음을 반영하는 어휘 층이 상당한 비중을 차지한다. 따라서 이웃 국가의 한자음도 고대 중국어의 음운체계를 재구성하는 데 빠뜨릴 수 없는 음운자료이다. 지금까지 밝혀진 고대 중국어의 음운체계에 관한 지식은 이와 같은 역사 비교 언어학적 연구를 통해 얻은 것이다. 중국어의 역사적인 변화 과정을 음운, 문법, 어휘별로 살펴본다.

8.2. 음성 변화

어느 한 음성은 특별히 외적인 요인이 개입하지 않는 한 같은 지역, 같은 음성 조건에서는 언제나 동일하게 규칙적으로 변화한다. 그러나 중국 역사에 자주 발생한 이민족의 침입과 같은 외부 요인이 개입하거나 지리적으로 너무 떨어져 있어 음성 환경이 달라진 경우에는 음성이 다르게 변화할 수 있다.

중국어 음운의 역사는 2세기 이전인 한대(漢代)까지의 상고 중국어,

당대(唐代 618~907) 및 당대를 전후한 중고 중국어, 원대(元代) 이후의 근대 중국어, 19세기 이후의 현대 중국어로 크게 분류된다. 한대와 당대 사이에는 위진남북조(魏晉南北朝) 시기를 거쳐 수(隋)나라에 이르기까지 혼란기가 있었고, 송대에는 수시로 여진족이 세운 금(金)나라의 침입을 받았으며, 결국 금을 무너뜨린 몽골인이 송마저 무너뜨리고 원나라를 세우게 되었다. 그런데 후인들이 재구성한 상고 중국어의 음운체계는 당대의 음운체계와 너무나 다르고, 원대의 음운자료가 반영하는 중국어도 직전 시기인 송대의 음운자료에 반영된 중국어와 극적으로 달라져 있다. 그러므로 중국어에서 급격한 음운 변화는 왕조 및 지배계층의 변화와 직결되어 있다고 할 수 있으며, 중국어의 음운 변화에는 언어 외적인 요인이 언어 내적인 요인보다 크게 작용한 것으로 보인다.

그러나 화자(話者)의 발음 습관이나 발음 기관의 불균형 같은 언어 내적인 요인도 언어체계의 균형을 불안정하게 하는 원인이 될 수 있다. 중국어의 성모 가운데 권설음 [tʂ], [tʂʰ], [ʂ]가 없는 방언이 많고, 운모 중에서는 촬구호 운모 [y]가 없는 방언이 많다. 이것은 다른 성모나 운모에 비해 발음하기 어려운 음을 피하는 화자들의 발음 습관이나 조음 기관의 불균형도 음운 변화의 한 요인임을 보여 준다.

음성 변화는 무조건 변화, 조건 변화, 산발적 변화의 세 가지 유형으로 분류된다. 다음에서 중국어에 발생한 음운 변화를 중심으로, 어떤 변화가 무조건 변화이고 어떤 변화가 조건 변화이며 어떤 변화가 산발적 변화인지 알아본다.

1. 무조건 변화

무조건 변화는 일정 시기에 어떤 음성이 모든 환경에서 예외 없이 다른 음성으로 변하는 것을 이른다. 상당히 드물게 발생하는 음성 변화이다.

중국어의 성조 변화에서 이와 같은 무조건 변화의 예를 찾아볼 수 있다. 7~8세기 중국어, 즉 중고 중국어에는 평성(平聲), 상성(上聲), 거성(去聲), 입성(入聲)의 네 가지 성조가 존재했다. 이 사실은 당시로부터 전해 내려온 음운자료를 통해 알 수 있다. 네 가지 성조는 성모가 무성음인가 유성음인가에 따라 음조(陰調)와 양조(陽調) 두 개의 조류(調類)로 나뉘었다. 즉 평성은 음평(陰平)과 양평(陽平)으로, 상성은 음상(陰上)과 양상(陽上)으로, 거성은 음거(陰去)와 양거(陽去)로, 입성은 음입(陰入)과 양입성(陽入聲)으로 사실상 구분되었다. 그런데 중고 중국어에 존재하던 거성의 음양 두 조류가 13세기경 근대 중국어 시기로 넘어오면서 베이징어가 속한 관화(官話) 방언 지역에서 하나로 병합되었는데, 이러한 변화는 예외 없이 발생했으므로 무조건 변화라고 할 수 있다. 당시의 거성은 현대 표준 중국어의 제4성이다.

2. 조건 변화

어떤 음성이 일정한 조건을 충족시키면 다른 음성으로 바뀌는 것을 말한다. 무조건 변화와는 달리 비교적 흔한 변화 유형이다. 위에서 거성의 음양 두 조류가 무조건 합쳐진 것과는 달리, 다른 성조에서는 일정한 조건에서 성조 유형이 바뀌는 음운 변화가 발생했다. 중고 중국어에서는 평성의 음양 두 조류는 변별 자질이 아닌 잉여 자질로, 성모가 무성음인가 유성음인가에 따라 음역이 달랐을 뿐이었다. 그러나 전탁(全濁)[55] 성모, 즉 유성의 파열, 파찰, 마찰음 성모가 원대에 이르러 모두 무성음이 되는

---

55 중국어 음운학에서는 무성음은 청음(淸音), 유성음은 탁음(濁音)이라고 한다. 전청(全淸)은 무성의 무기음을, 차청(次淸)은 무성의 유기음을 가리키며, 전탁(全濁)은 유성의 파열음, 파찰음, 마찰음을 가리키고 차탁(次濁)은 비음과 유음을 가리킨다.

음운 변화가 발생하자, 평성의 음양 두 조류가 변별 자질이 되었다. 따라서 성모의 유·무성이라는 음운 조건에 따라 무성음 성모 글자들은 현대 표준 중국어의 제1성이 되고, 유성음 성모 글자들은 제2성이 되었다. 예를 들면 현재 제1성으로 읽히는 東(dōng)은 옛날에도 무성음 성모 글자였고, 현재 제2성으로 읽히는 同(tóng)은 옛날에는 유성음 성모 글자였다. 한어병음 자모 d는 국제 음성 문자(IPA)로 [t]이고 t는 [tʰ]로, 둘 다 무성음 성모이다.[56] 이와 같은 음운 변화를 중국어 음운학에서는 평성이 음조(제1성)와 양조(제2성)로 나뉘어졌다는 의미에서 '평분음양(平分陰陽)'이라고 한다. 뒤에서 살펴보겠지만 오로지 평성 성조만 음조와 양조로 나뉜 것은 현대 중국어에서 관화(官話) 방언이 가진 특징이기도 하다. 평분음양에서는 성모의 유·무성이 음운 변화의 조건이었다.

상성의 글자 가운데에는 유성의 파열음, 파찰음, 마찰음 성모를 가진, 이른바 전탁 성모 글자들이 거성으로 변한 음운 변화가 발생했는데, 이 변화를 '전탁 성모의 상성 글자들이 거성으로 변했다'는 의미에서 '탁상변거(濁上變去)'라고 한다. 예를 들면 動(dòng)은 현재 제4성, 즉 거성으로 읽히지만, 중고 중국어에서는 유성음 성모를 가진 상성의 글자였다. 탁상변거에서는 비음과 유음 성모를 제외한 유성음 성모가 음운 변화의 조건이었다.

3. 산발적 변화

산발적 변화는 음성 변화가 규칙적으로, 같은 조건에 있는 모든 음성에 적용되는 것이 아니라 몇몇 음성에만 산발적으로 일어나는 것을 가리키는

---

56 한어병음자모의 d와 국제 음성 문자의 [d]는 음가가 다르다. 한어병음자모의 d는 무성음 [t]이지만, 국제 음성 문자의 [d]는 유성음이다.

데, 우리가 음운론 영역에서 다룬 동화작용과 이화작용을 예로 들 수 있다.

동화(assimilation)는 가까이 있는 다른 성질을 가진 음성들끼리 서로 영향을 미침으로써 서로 비슷한 음으로 바뀌는 현상을 가리킨다. 앞에서 밝혔듯이 베트남어에서는 원순 모음 [u], [o], [ɔ] 뒤에 연구개음 말음 [ŋ]이 오면 원순 모음의 영향으로 [ŋ]이 순음인 [m]으로 발음된다. 따라서 유명한 메콩강(sông Mêkông)이 쏨메꼼(솜메꼼)으로 발음된다.[57] 또한 원순 모음 뒤에 연구개음 말음 [k]가 오면, [k]는 순음인 [p]로 발음되는데, 모두 동화작용에 의한 것이다.

이화(dissimilation)는 성질이 같거나 비슷한 음성들이 서로 영향을 미쳐 성질이 다른 음성으로 바뀌는 현상을 가리킨다. 중고 중국어에서 -m 운미를 가졌던 心(심), 凡(범), 品(품), 感(감), 檢(검) 등의 글자들이 모두 운미가 -n으로 변해서, 현재 표준 중국어에 비음 운미는 -n과 -ŋ뿐이다. 그런데 모든 -m 운미 글자가 -n 운미로 한꺼번에 변한 것은 아니다. 品, 凡, 範(범), 貶(폄), 犯(범)과 같이 성모가 순음인 글자들이 1324년에 간행된 운서(韻書)인 『중원음운(中原音韻)』에 운미가 -n인 글자들과 함께 같은 운(韻)에 수록되어 있고, 다른 성모를 가진 -m 운미 글자들은 여전히 -m 운미 운에 수록되어 있다. 운서는 운이 같은 글자끼리 모아놓은 책으로, 시(詩)를 지을 때 참고 자료로 사용된 책이다. 어떤 글자들의 운이 같다는 것은 그 글자들의 주요모음과 운미가 같다는 의미이다. 따라서 순음 성모를 가진 -m 운미 한자의 운미가 먼저 -n으로 변한 것을 알 수 있다. 이것은 성모와 운미가 모두 순음이어서 이화작용이 발생한 예이다.

이 밖에도 한 단어 안에서 두 음성이 서로 위치를 바꾸는 음성 전위

---

[57] sông Mêkông에서 sông이 '강'을 의미한다. 베트남어는 피수식어+수식어의 어순을 가진다. 베트남 문자 s는 남부 방언에서는 권설음 [ʂ]로 읽히고, 북부 방언에서는 [s]로 읽힌다. 또한 메콩강처럼 고유 명사를 제외하고, k는 ô, o와 결합하지 않는다.

(metathesis)도 산발적 변화에 해당하고, 어중음이나 어두음이 첨가되는 산발적 변화도 있으며, 어중음이나 어말음이 소실되는 변화도 산발적 변화에 해당한다. 중국어에서도 어말음이 소실된 변화를 쉽게 찾아볼 수 있다.

(a) 法(법) 合(합) 吸(흡) 答(답) 揷(삽) 臘(랍) 雜(잡) 接(접) 習(습) 乏(핍)
(b) 物(물) 沒(몰) 渴(갈) 必(필) 割(할) 忽(홀) 訥(눌) 節(절) 骨(골) 脫(탈)
(c) 國(국) 各(각) 石(석) 北(북) 學(학) 的(적) 碧(벽) 綠(록) 黑(흑) 樂(락)

위의 한자들은 고대 중국어에서 어말 자음 -p, -t, -k를 가지고 있던 글자들이다. 한국 한자음으로도 (a)의 글자들에는 어말음 -p가 있고 (c)의 글자들에는 어말음 -k가 있다. 다만 한국 한자음에서는 고대 중국어의 어말음 -t가 예외 없이 -l로 변하였다. 따라서 (b)의 物, 沒, 渴이 '묻', '몯', '갇'이 아닌 '물', '몰', '갈'로 실현되었다. 그런데 이 글자들을 현대 표준 중국어로 읽어 보면 어말음이 모두 소실되었음을 알 수 있다. 중고 중국어의 어말음 -p, -t, -k는 표준 중국어에서는 소실되었으나, 일부 중국어 방언에는 아직 보존되어 있다.

고대 중국어에 있었던 네 가지 성조 가운데 입성은 어말 자음 -p, -t, -k를 가진 글자들의 성조를 가리킨다. 즉 평성, 상성, 거성은 어말 자음의 유무와 무관한 성조이고, 입성은 어말음이 -p, -t, -k인 글자들의 성조를 가리키므로, 사실상 어말음이 -p, -t, -k인 글자 군(群)을 지칭한다. 중고 중국어 이후 관화 방언에서 입성의 글자들이 어말음을 잃고 성모가 유성음인지 무성음인지, 유성음일 경우 유음(流音)인지 아니면 다른 장애음인지 등에 따라서 평성, 상성 또는 거성의 성조를 갖게 되었는데, 이를 입성이 세 성조로 나뉘어 들어갔다는 의미에서 '입파삼성(入派三聲)'이라고 한다.

중국어의 7대 방언 가운데 주로 남부 방언이 입성 운미를 보존하고 있다. 커지아(客家) 방언, 위에(粵) 방언에는 -p, -t, -k가 모두 보존되어 있다. 민(閩) 방언 가운데 민난(閩南) 방언에는 -p, -t, -k가 모두 남아있기는 하지만, 일부는 성문 파열음 -ʔ로 변하여 입성 운미가 소실되는 과정에 있음을 보여 준다. 중국어 방언에 대해서는 뒤에서 더 살펴볼 것이다.

유추(analogy)에 의해서도 음성 변화가 발생하는데, 개별 글자의 음 변화에서 유추에 의한 음성 변화를 찾아볼 수 있다. 姥姥(lǎolao)는 '외할머니'를 뜻하는 단어이다. 그런데 姥의 한국 한자음은 '모'로, 사전을 검색하면 '할미 모'로 뜻과 음이 적혀 있다. 송나라 때 간행된 운서인 『광운(廣韻)』에 姥의 음이 막보절(莫補切)로 표기되어 있다. 국제 음성 문자와 같은 발음기호가 없었던 시절에 중국인들은 표음 대상이 되는 글자와 성모가 같은 글자 및 운모가 같은 글자를 나란히 배열해 ○○절로 표음 대상이 되는 글자의 음을 표기했다. 이 ○○절을 반절(反切)이라고 한다.[58] 즉, 莫이 姥의 성모를 나타내고, 補는 姥의 운모를 나타낸다. 현재는 성부인 老(lǎo)의 음으로 읽히는데, 姥의 반절이 莫補절 하나뿐인 것으로 보아서, 원래 성모가 'ㅁ'이었음을 알 수 있다. 따라서 lǎo는 성부의 음으로 유추해 사용되기 시작한 음이다. 또한 크고 작은 섬을 가리키는 도서(島嶼)의 嶼도 현재 표준 중국어에서 yǔ[y]로 읽히는데, 한국 한자음에서는 ㅅ 초성으로 실현되었다. 『광운』에도 서려절(徐呂切)로 음 표기가 되어 있고 다른 음은 기재되어 있지 않은 것으로 보아 yǔ[y]는 嶼의 성부인 與(yǔ)의 음에서 유추해 사용되기 시작한 음인 것을 알 수 있다.

---

[58] 반절에 대해서는 제9장의 9.5 중국의 문자 개혁과 간체자 1. 한자와 발음기호 편을 참조하라.

4. 음운 분열과 음운 합류

음운 분열(split)은 하나의 음운이 두 개의 음운으로 분리되어 대립하는 현상이고, 음운 합류(merger)는 대립하던 두 개의 음운이 대립을 상실하고 새로운 음운이 되는 현상을 가리킨다. 중국어 음운의 변천 과정을 살펴보면 음운 분열과 음운 합류의 예를 쉽게 찾을 수 있다.

(1) 음운 분열

상고 중국어에는 순치음은 없었고 양순음만 있었다. 그런데 중고 중국어 이후 양순음 [p]가 [p]와 [f]로, [m]가 [m]와 [v]로 갈라진 음운 분열이 발생했다.

베트남은 기원전 111년 한나라에 의해 무너진 후, 기원후 938년이 되어서야 독립 국가가 되었다. 베트남 한자음은 대체로 8~9세기 당대의 한자음을 반영하는데, 천 년이 넘는 기간 동안 중국의 영향을 받았기 때문에 일부 한자음은 한대 한자음을 반영한다. 중고 중국어, 즉 당대의 한자음은 흔히 Sino-Vietmanese로 번역하고, 한대 한자음은 Old Sino-Vietnamese로 옮긴다. 한대 중국어를 반영한 베트남 한자음(OSV) 층에서는 중국어에서 현재 순치음으로 읽히는 글자들이 양순음으로 보존되어 있다. 그러나 8~9세기의 중국어를 반영한 베트남 한자음(SV) 층에서는 중국어에서 순치음으로 읽히는 글자들이 순치음으로 보존되어 있다.

다음에서 (a)는 중국어에서 양순음으로 읽히는 글자들, (b)는 순치음으로 읽히는 글자들의 당대 베트남 한자음인데, 당대 한자음(SV)에서도 다음과 같이 (a)는 양순음으로, (b)는 순치음으로 읽힌다. 베트남 문자 b는 유성 양순 내파음 [ɓ]이고, ph는 순치음 [f]이다. 괄호 안은 한어병음자모로 표기한 중국 한자음이다.

(a)

碧(bì) bích	邊(biān) biên	變(biàn) biến	餅(bǐng) bính
寶(bǎo) bảo	本(běn) bản	碑(bēi) bi	閉(bì) bế
布(bù) bố	豹(bào) báo	皮(pí) bì	筆(bǐ) bút

(b)

縛(fù) phộc	發(fā) phát	佛(fó) phật	飛(fēi) phi
煩(fán) phiền	帆(fān) phàm	父(fù) phụ	斧(fǔ) phủ
婦(fù) phụ	符(fú) phù	房(fáng) phòng	放(fàng) phóng

(b)의 글자들은 현재 중국어에서 순치음 성모로 읽히지만, 상고 중국어에서 이 글자들은 모두 양순음으로 읽혔고, 2세기 이전의 중국어를 반영한 한대 베트남 한자음(OSV) 층에서 (b)의 글자들은 다음과 같이 양순음 성모를 보존하고 있다. 다음에서 괄호 안은 한국 한자음이다. 한국어에는 순치음이 없기 때문에 현재 중국어에서 순치음으로 읽히는 글자들이 모두 양순음으로 보존되어 있다.

縛(박) buộc	發(발) buột	佛(불) bụt	飛(비) bay
煩(번) buồn	帆(범) buồm	父(부) bố	斧(부) búa
婦(부) bụa	符(부) bùa	房(방) buồng	放(방) buông

이처럼 베트남 한자음은 중국어의 양순음 성모 글자 일부가 순치음 성모 글자로 갈라져 나간 음운 분열 현상을 뚜렷이 보여 준다.

또한 중국어에서 양순음 성모 m-로 읽혔다가 순치음 v-를 거쳐 현재 영성모로 읽히는 글자들이 베트남 한자음(SV)에는 순치음 v-로 보존되어 있다.

晚(만) vãn　　萬(만) vạn　　望(망) vọng　　巫(무) vu
務(무) vụ　　舞(무) vũ　　霧(무) vụ　　文(문) văn
問(문) văn　　物(물) vật　　未(미) vị　　味(미) vị

위의 글자들은 현재 중국어에서 영성모로 읽히지만, 한국 한자음과 2세기 이전의 베트남 한자음(OSV)에서는 양순음 m- 성모로 읽힌다. 중국어에서는 당대 이후 순치음으로 변했다가 17세기 전에 영성모가 되었는데,[59] 베트남 한자음(SV)에는 영성모가 되기 이전의 순치음 성모가 보존된 것이다.[60]

위에서 양순음 [p]가 [p]와 [f]로, 양순음 [m]가 [m]와 [v]로 갈라진 것이 음운 분열의 예이고, 중국어에서 [v]가 소실되어 영성모가 된 것은 어두음이 소실된 사례로, 산발적 변화에 해당한다.

(2) 음운 합류

앞에서 밝힌 대로 음운 합류는 대립하던 두 개의 음운이 대립을 상실하고 아예 새로운 음운이 되는 현상이다. 중국어에 발생한 전형적인 음운 합류 사례를 살펴본다.

(a) 見(견) 京(경) 景(경) 境(경) 欺(기) 虛(허) 喜(희) 興(흥)
(b) 箭(전) 精(정) 井(정) 淨(정) 妻(처) 胥(서) 洗(세) 性(성)

한국어로 분명히 다른 위의 두 부류의 글자들은 현대 표준 중국어로 읽으면 같은 성모로 읽힌다. 京과 精은 모두 jīng[tɕiŋ]으로 읽히고, 欺와

59　이렇게 추정하는 것은 1606년 간행된 베이징 지역의 구어음을 반영한 중국어 음운자료 『등운도경(等韻圖經)』에 무(無)가 영성모가 된 것이 반영되어 있기 때문이다.
60　현재 중국어에서 m- 성모로 읽히는 每(měi), 命(mìng), 帽(mào), 木(mù), 猫(māo), 墓(mù)와 같은 글자들은 당연히 베트남 한자음에서도 m- 초성으로 읽힌다.

妻는 모두 qī[tɕʰi]로 읽히며, 虛와 胥는 모두 xū[ɕy]로 읽힌다. 이것은 두 부류의 글자들의 성모가 17세기경에 [i], [y] 개음 앞에서 구개음이 되는 음운 변화를 겪었기 때문이다.[61] 음운 변화가 발생하기 전에 (a) 글자들의 성모는 한어병음자모로 g, k, h였고 (b) 글자들의 성모는 z, c, s였으나, 음운 변화가 발생하면서 모두 구개음 j, q, x가 된 것이다.[62] IPA로 표기하면 g, k, h는 [k], [kʰ], [x]이고, z, c, s는 [ts], [tsʰ], [s]이며, j, q, x는 [tɕ], [tɕʰ], [ɕ]이다.

이러한 변화는 음성 변화 가운데 조건 변화에 해당하는데, 음운 변화의 조건은 성모의 뒤에 나오는 구개음 모음 [i], [y]이다. 이 변화로 인해 모음 [i], [y] 앞에서 대립하던 g[k]와 z[ts]가 대립을 상실하고 새로운 음인 j[tɕ]가 되었고, k[kʰ]와 c[tsʰ]는 새로운 음인 q[tɕʰ]가 되었으며, h[x]와 s[s]는 새로운 음인 x[ɕ]가 되었다. 모음 [i], [y]가 이와 같은 음운 합류의 조건이므로 새로 생겨난 성모 j[tɕ], q[tɕʰ], x[ɕ]는 현재 모음 [i], [y]를 가진 운모와만 결합하고, g[k], k[kʰ], h[x]와 z[ts], c[tsʰ], s[s]는 [i], [y]를 제외한 그 밖의 모음과 결합한다.

---

[61] 위의 음운 변화가 반영된 책인 『원음정고(圓音正考)』의 간행 시기가 1743년으로 추정되는데(김태경 2003:147), 음운 변화가 발생한 시기와 그 변화가 서적에 반영되는 시기는 어느 정도 차이가 있으므로 17세기경에는 이러한 변화가 완성되었을 것이다.

[62] 중국어 음운학에서는 (a)의 글자들을 단음(團音), (b)의 글자들을 첨음(尖音)이라고 하며, 두 부류 글자들의 성모가 같아져서 구분이 되지 않는 것을 '첨음과 단음이 구분되지 않는다'라는 의미에서 '첨단불분(尖團不分)'이라고 한다. 첨음과 단음이라고 부르게 된 것은 (a) 글자들의 만주 문자의 자형이 둥글고, (b) 글자들의 만주 문자의 자형은 모났기 때문이라고 추정된다(馮蒸 1997:299).

8.3. 문법 변화

문법의 변화는 주로 어휘와 통사(문장)의 변화로 나눌 수 있다. 앞에서 유추에 의해 개별 글자에 음성 변화가 발생한 사례를 살펴보았는데, 유추는 어휘의 형태 변화에 가장 중요하면서도 기본적인 원인으로, 심리적 연상(association) 작용에 의해 일어난다(성백인 김현권 1998:176). 한국어를 막 배우기 시작한 유아가 주격 조사를 유추하여 잘못 사용하는 것을 종종 볼 수 있다.

  내가, 네가, 아기가 (○) → 곰이가, 사람이가, 사슴이가 (×)

위와 같이 문법적 기능이나 의미가 같은 형태를 유추하여 규칙적으로 적용한 것이 사회적으로 받아들여지면 유추에 의한 변화가 발생한다. 2천 년이 넘는 기간 동안 유추에 의해 발생했을 중국어 문법의 변화에 대해 살펴본다.

중국어는 격 곡용을 하지 않고 격에 따라 조사를 활용하는 언어도 아닌 고립어이기 때문에, 중국어에서의 문법 변화는 주로 통사 변화이며, 어순의 변화이다. 고대 중국어의 어순은 공자의 가르침을 회화 형식으로 기록한 『논어(論語)』만 보더라도 현대 중국어와 같은 SVO 어순으로, 2천 년이 넘는 기간에도 기본 어순에 큰 변화는 없었다.

  「팔일八佾」君子无所爭。
  「옹야雍也」知者乐水, 仁者乐山。(知는 智의 의미로 쓰였다.)

첫 번째 문장은 "군자는 다투는 바가 없다", 즉 "군자는 다투지 않는다"의 뜻으로, 이 문장의 어순은 현대 중국어의 어순과 일치한다. 두 번째 문장에서 乐(樂, yào)는 동사로 쓰였으며, '좋아하다'라는 의미이다. 즉 "지혜로운 사람은 물을 좋아하고 인자한 사람은 산을 좋아한다"는 의미이다. 이 문장 역시 현대 중국어의 SVO 어순과 일치한다. 그러나 목적어가 의문 대명사일 때는 술어와 목적어의 어순이 달랐다.

「헌문憲問」夫子何为?

위의 문장은 "선생님은 (요즘) 무엇을 하십니까?", 즉 "어떻게 지내십니까?"라는 뜻으로, 의문 대명사 何가 술어인 동사 为(爲)의 목적어로 쓰여 SOV 어순을 보인다. 이처럼 의문사가 목적어로 쓰인 문장은 『논어』에서 SVO가 아닌, SOV 어순으로 쓰였다.

다음은 전치사의 목적어로 의문사 何가 쓰인 문장이다.

「헌문憲問」何以报德? 以直报怨, 以德报德。

"무엇으로써 은덕에 보답할 것인가?" "공정함으로 원한을 갚고, 은덕으로 은덕에 보답한다"에서 전치사 以의 목적어가 의문사 何이므로 以何가 아닌 何以의 어순으로 쓰였음을 알 수 있다. 현대 중국어라면 "你以何为生?"처럼 以何가 되었을 것이다. 以直, 以德는 현대 중국어의 어순과 같다. 그러나 以의 목적어가 일반 명사인데도 목적어가 전치사의 앞에 쓰인 다음과 같은 사례도 있다.

「위령공衛靈公」君子乂以为质, 礼以行之, 孙[63]以出之, 信以成之, 君子哉!

---

63 孙(孫)은 谦逊(qiānxùn 겸손하다)의 逊을 의미한다.

군자는 의를 바탕으로 삼고 예로써 그것(義)을 행하고, 겸손한 언행으로 그 것을 나타내며, 믿음으로써 그것을 완성하니, 이러한 사람이 군자이다.

노먼(1996:189-190)은 지금까지 2천 년이 넘는 기간 동안 중국어의 어순에 발생한 변화를 단 두 가지로 요약했다. 첫째, 한대 전에는 未之食(그것을 먹지 않았다)와 같이 대명사가 부정 부사와 동사 사이에 위치했으나, 한대에 이르러서는 莫知我弗(아무도 나를 몰라봤다)와 같이 동사 뒤에 대명사가 오는 문장이 보이기 시작하다가 남북조 시기에는 이러한 문장이 더 많아졌다고 언급했다. 춘추전국시대의 중국어를 반영한 『논어』에서는 당연히 대명사가 부정 부사와 동사 사이에 위치한다.

「공야장公冶長」 未之能行, 唯恐有聞。
「위령공衛靈公」 君子病无能焉, 不病人之不己知也。

未는 '아직 ~하지 않다' 또는 '~이 아니다'를 의미한다. 첫 번째 문장 "그것을 실행하기 전에 (또 어떤 가르침을) 들을까 두려울 뿐이다."에서 未之能行은 현재의 어순이라면 未能行之가 되어야 한다. 두 번째 문장 "군자는 자신의 무능을 걱정할 뿐 다른 사람이 자기를 알아주지 않음을 걱정하지 않는다."에서도 不己知의 어순으로, 대명사 己가 부정 부사 不와 동사 知 사이에 놓인 것을 볼 수 있다. 현재의 어순이라면 不知己가 되어야 한다. 위의 문장에서 病은 '걱정하다'라는 뜻의 동사로 쓰였다.

둘째, 전치사구가 고대 문장에서는 술어 뒤에 위치했으나, 현재는 장소(於)나 도구(以)를 나타내는 전치사구가 동사 앞에 놓인다.

「위정爲政」 为政以德。 덕으로 정치를 한다.

위의 문장은 현재의 어순으로는 '以德为政'이라고 해야 한다.[64] 앞에서 살펴본 「위령공」에 나오는 문장 "君子义以为质, 礼以行之"에서는 전치사구 义以, 礼以가 동사구 为质, 行之 앞에 위치했으나, 义以, 礼以와 같이 전치사의 목적어가 전치사 앞에 위치한 것이 현재의 어순과 다르다. 현재의 어순이라면 以德처럼 以义, 以礼라고 해야 한다.

현대 중국어에서 상용하는 전치사로는 在, 从, 由, 给, 对, 为, 比, 把 등 여러 가지가 있다(중국어의 품사 참조). 사실 중국어의 어순은 2천 년이 지난 지금과 비교했을 때도 크게 변하지 않았다. 목적어가 의문 대명사이면 SOV 어순인 것을 제외하면 지금처럼 SVO 어순이다. 전치사구가 동사 뒤에 놓인 문장이 지금보다 많다는 것과, 부정문에서 대명사가 목적어일 경우 '未之食'와 같이 목적어가 동사 앞에 오는 것만 대체로 현재의 어순과 다를 뿐이다. 그런데도 고대 문장의 독해가 어려운 것은 글자 하나하나가 형태소이자 어휘이고, 각 어휘의 관계를 파악할 수 있게 도와주는 형태소가 거의 사용되지 않은 전형적인 고립어 문장이기 때문일 것이다. 또한 "君子病无能焉(군자는 자신의 무능을 걱정한다)"에서 病이 '근심하다'를 뜻하는 동사로 쓰였듯이, 한자의 뜻이 현재 사용되고 있는 의미와 조금씩 차이가 나기 때문이기도 하다.

8.4. 어휘 변화

사회가 변화함에 따라 존재하던 어휘가 없어질 수 있고, 어휘의 의미가 변할 수도 있으며, 새로운 어휘가 만들어질 수도 있다. 한자는 해서체가

---

[64] 베트남어는 중국어처럼 SVO 어순인데, 전치사구는 술어 뒤에 위치한다. 이것은 현대 중국어와 다르고 고대 중국어와는 같다.

확립된 이후, 정책적으로 제정해 사용한 간체자를 제외하고 문자의 형태가 바뀌는 사례는 거의 없었다. 다만 같은 의미를 나타내기 위해 옛날에 사용되던 한자와 지금 쓰이는 한자가 다른 경우가 있고, 새로운 의미를 나타내기 위해 적지 않은 형성자가 만들어지기도 했다. 또한 고대에는 단음절어가 압도적으로 많았으나 현대 중국어에는 2음절어가 많다.

1. 인칭 대명사의 변화

어휘 가운데 가장 기본적인 인칭 대명사를 예로 들어, 고대에는 어떤 글자들이 사용되었는지 간략하게 살펴본다. 고문헌에서 사용되던 인칭 대명사는 지금과 상당히 다르다. 현대 표준 중국어에서 일인칭은 我를 사용하지만, 『논어』에는 吾, 我, 予가 같이 쓰였다.

「선진先進」吾以女为死矣! 나는 네가 죽은 줄 알았어!
「학이學而」吾日三省吾身。 나는 매일 세 차례(여러 차례) 스스로에 대해 반성한다.
「술이述而」我欲仁, 斯仁至矣! 내가 인을 행하려 하면, 곧 인이 다가온다.
「술이述而」三人行, 必有我師。 세 사람이 길을 가면, 그 안에 반드시 내 스승이 있다.
「자한子罕」有鄙夫问于我。 어느 비천한 사람이 나에게 물었다.
「자한子罕」予有乱臣十人。 나에게는 천하를 다스릴 수 있는 신하가 10명 있다.
「선진先進」天丧予! 天丧予! 하늘이 나를 멸하는구나! 하늘이 나를 멸하는구나!

吾는 대부분 주어로 쓰였고, 뒤의 낱말을 수식해 주는 관형격 또는 소유격으로 쓰였다. 我는 주격, 목적격뿐 아니라 관형격 또는 소유격으로도 쓰였다. 子도 위의 예문에서 볼 수 있듯이 주격, 목적격으로 쓰인 예를 찾을 수 있었다.

이인칭 대명사로는 女(汝), 尔(爾)가 주로 쓰였다. 두 글자 모두 주격, 목적격에 모두 사용되었다. 女는 원래 여성을 가리키는 글자이지만, 이인칭을 가리키는 한자가 없어서 이인칭 대명사로 차용되었다. 그러나 여성을 가리키는 女와 혼동되기 쉬워, 후대에 女 대신에 汝가 사용되기 시작하면서 후인들이 고문헌의 女를 汝로 바꿔 기재했다(최영애 2011:126-127).

「팔일八佾」女弗能救[65]与? 너는 (이 일을) 그만두게 할 수 없느냐?
「선진先進」吾以女为死矣! 나는 네가 죽은 줄 알았어!
「자한子罕」豈不尔思? 어찌 그대를 그리워하지 않으리오?

앞에서 살펴본 바와 같이 부정문에서 대명사가 목적어일 경우 목적어가 동사 앞에 위치하므로, 豈不尔思의 어순이 되었다.

삼인칭 대명사로는 其와 之가 주로 쓰였는데, 뒤에 오는 낱말을 수식할 때는 주로 其가 사용되고, 之는 주로 목적격 대명사로 사용되었다.

「팔일八佾」尔爱其羊, 我爱其礼。
너는 그 양을 사랑하고 나는 그 예법을 사랑한다.
「공야장公冶長」未之能行, 唯恐有闻。
그것을 실행하기 전에 (또 다른 가르침을) 들을까 두려울 뿐이다.

---

65 救는 '막다', '못하게 하다', '금지하다'의 뜻으로 쓰였다. 앞부분에 계씨(季氏)가 태산(泰山)으로 제사를 지내러 간다(季氏旅於泰山)는 구절이 나온다. '女弗能救与'는 공자가 제자에게 계씨가 제사 지내러 가지 못하도록 말릴 수 없었느냐고 묻는 구절이다. 태산에서는 국왕(天子)만이 제사를 지낼 수 있었으므로 계씨의 제사는 도리에 어긋나는 일이었다.

관화(官話) 방언에서 보편적인 삼인칭 대명사로는 他가 쓰였으나, 삼인칭을 남성, 여성, 사물로 구분하는 서양 문법의 영향을 받으면서 남성은 他, 여성은 她, 사물은 它를 주로 사용하게 되었다. 한때 牠도 它와 마찬가지로 사람 이외의 사물, 특히 동물을 지칭하는 어휘로 사용되기도 했다.[66]

2. 신조어의 형성

문명이 발달하면서 새로운 글자뿐 아니라 2음절 이상의 새로운 낱말도 많이 증가했다. 중국어에서는 합성에 의한 단어의 형성 및 차용(借用)의 방법을 통해 신어(新語) 또는 신조어(新造語)를 형성하는 경우가 대부분이다. 社会(사회), 经济(경제), 科学(과학), 哲学(철학), 政治(정치), 文化(문화) 등 서구의 새로운 문명과 관련된 중국어 어휘는 모두 일본어에서 차용되었다.

합성에 의해 어휘를 만드는 것은 이미 형태론에서 살펴보았다. 여기서는 새로 도입된 외래어를 중국어 어휘로 옮기는 네 가지 방법에 대해서 알아본다.

첫째, 외래어의 음을 최대한 한자로 비슷하게 옮기는 음역이다. 咖啡(kāfēi 커피), 卡布奇诺(kǎbùqínuò 카푸치노), 巧克力(qiǎokèlì 초콜릿) 등이 해당된다. 墨西哥(Mòxīgē 멕시코), 新加坡(Xīnjiāpō 싱가포르), 秘鲁(Bìlǔ 페루)[67] 등 나라 이름이나 지명도 대부분 음역으로 옮겼다.

둘째, 외래어의 뜻을 한자로 옮기는 의역이다. 电影(diànyǐng 영화),

---

66 巴金의 『秋』 제4권에 "牠们的美丽的羽毛带走了众人的眼光(그것들의 아름다운 깃털은 뭇사람의 시선을 사로잡았다)"라는 구절이 나온다. 출처: 『漢語大詞典』(羅竹風主編), 제6권, 244쪽.
67 秘는 秘密(mìmì), 秘书(mìshū) 등에서는 mì로 읽는데, 성씨나 지명인 페루를 의미할 때는 bì로 읽는다.

电话(diànhuà 전화), 手机(shǒujī 휴대폰), 电脑(diànnǎo 컴퓨터), 口红(kǒuhóng 립스틱) 등이 해당된다. 외래어를 의역하기 전에 음역의 단계를 거치기도 한다. 전화는 처음에 德律风(délǜfēng)으로 옮겼는데, telephone을 음역한 것이다.

셋째, 음역과 의역을 혼용하는 방법이다. 奶昔(nǎixī 밀크셰이크), 苹果派(píngguǒpài 애플파이)는 의역과 음역의 순서로 조합된 어휘이고, 因特网(yīntèwǎng 인터넷), 保龄球(bǎolíngqiú 볼링)는 음역과 의역의 순서로 조합된 어휘이다.

넷째, 음역으로 볼 수도 있고 의역으로 볼 수도 있는, 외래어의 발음과 의미를 모두 고려해 만드는 방법이다. 香波(xiāngbō 샴푸), 维他命(wéitāmìng 비타민),[68] 可口可乐(kěkǒukělè 코카콜라), 百事可乐(bǎishìkělè 펩시콜라) 등이 해당된다.

중국어로 양사(量詞)라고 하는 사물을 세는 단위 명사도 사회가 발전함에 따라 하나씩 생겨났다. 『논어』에는 양사가 전혀 쓰이지 않았다.

「술이述而」 三人行, 必有我师。
세 사람이 길을 가면, 그 안에 반드시 나의 스승이 있다.
「계씨季氏」 益者三友, 損者三友。
이로운 벗이 셋, 해로운 벗이 셋.

---

68 표준어는 维生素(wéishēngsù)이다.

8.5. 비교 언어학

하나의 언어는 시간이 흐름에 따라 지역적으로 조금씩 차이를 보이며 방언을 형성한다. 그런데 각 방언이 시간이 지나면서 차이가 벌어져서 의사소통이 불가능할 정도가 되면 서로 다른 언어가 된다. 이때 분리되기 전 근원이 된 언어가 이른바 조어(祖語)이다. 조어에서 갈라져 나온 언어들은 같은 계통의 언어란 의미에서 동계어(同系語)라고 하며, 한 언어에서 갈라져 나온 동계어들은 하나의 어족을 구성한다. 앞에서 밝힌 대로 비교 언어학은 동계어들의 음운, 문법, 어휘 등을 서로 비교하여 각 언어의 역사적인 변화 과정을 밝히고, 근원이 된 조어를 재구성하는 언어학의 한 분야이다.

중국어는 중국·티베트 어족에 속하는데, 중국·티베트 어족은 중국어파(Sinitic languages)와 티베트·버마어파로 크게 분류된다. 중국어파는 상고 한어(漢語), 즉 상고 중국어에서 유래한 여러 언어를 가리킨다. 한어는 중국에서 가장 큰 민족인 한족(漢族)의 언어로, 중국인들이 자신들의 언어를 일컫는 말이다. 중국어파는 "중국어의 방언을 각각의 언어로 보고 어군(語群)으로 지칭한 용어였다. 최근에는 바이어(白語)를 비롯한 일부 소수민족 언어가 상고 한어에서 갈라져 나왔다는 가설이 제기되었다."[69] 중국어파를 구성하는 중국 각 지역의 방언이 있어, 이 방언들이 상고 중국어의 옛 형태를 재구성하는 데 큰 도움이 되고 있다.

상고 한어에서 갈라져 나온 각 지역의 중국어 방언이 현재 서로 어떠한 차이를 보이는지 살펴보고, 상고 중국어의 음운체계를 재구성하는 방법을

---

69 『위키백과』에 의하면, 최근 중국 윈난성(雲南省)에 사는 소수 민족인 바이족(白族)의 언어 바이(白)어가 중국의 여러 방언과는 별개로 상고 중국어에서 갈라져 나왔다는 가설이 제시됨에 따라, 중국어파는 이 언어들을 포함하는 언어학적 용어로 쓰이고 있다고 한다.

어두 자음군의 예를 들어 간략하게 알아보려 한다.

1. 중국어 방언

중국어는 서로 다른 방언을 사용하는 사람들끼리 의사소통이 어려워 통역이 필요할 정도로 각 방언 간에 차이가 크지만, 중국의 여러 지역의 언어는 외국어가 아닌 방언으로 분류된다. 역사적으로 통일과 분열을 반복하기는 했어도 현재 중국은 통일된 국가를 유지하고 있고, 무엇보다도 각 지역의 중국인들이 한자(漢字)라는 같은 문자를 사용하고 있기 때문이다. 중국어는 크게 관화(官話) 방언, 우(吳) 방언, 깐(贛) 방언, 시앙(湘) 방언, 위에(粤) 방언, 커지아(客家) 방언, 민(閩) 방언의 7대 방언으로 분류된다.[70]

지리적으로 분류하면, 관화 방언이 가장 북쪽에 위치해서 북방 방언으로 분류되고, 우 방언, 깐 방언, 시앙 방언은 중부 방언으로 분류되며, 민, 커지아, 위에 방언은 남방 방언에 속한다(〈그림 8-1〉 중국의 방언 지도 참조).

---

[70] 여기에 후이조우(徽州) 방언을 넣어 8대 방언으로 분류하기도 한다. 〈그림 8-1〉 중국의 방언 지도에서 남방 관화 방언 바로 밑의 부채꼴 모양의 지역이 후이조우 방언 지역이다. 지도는 노먼(1996:273)에 실린 중국어 방언 지도를 참고해 그린 것이다.

〈그림 8-1〉 중국의 방언 지도

관화 방언은 광대한 지역에 걸쳐 사용되며, 북방 관화 방언, 서북 관화 방언, 서남 관화 방언, 남방 관화 방언의 네 개 하위 방언으로 분류된다. 베이징(北京)어가 속한 북방 관화 방언은 전체적으로 현대 표준 중국어인 보통화(普通話)에 가깝다. 서북 관화 방언은 신장(新疆) 위구르 지역과 당나라의 수도였던 시안(西安, 당시 이름은 長安) 등지에서 사용되는 언어이다. 중국 역대 표준음인 이른바 아언(雅言)[71]을 기초로 형성된 방언이다.

---

71 표준어를 아언(雅言)으로 지칭한 것은 『논어』의 「술이述而」 편에도 나온다. "子所雅言, 诗书执礼, 皆雅言也(공자께서 아언, 즉 주(周)나라 왕실의 언어를 쓰실 때가

서남 관화 방언은 사용하는 인구만 해도 2억 7천만 명이 넘어서 가장 많은 인구가 구사하는 방언으로, 윈난성(雲南省)이 이 방언 지역에 속한다. 난징(南京)어가 속한 남방 관화 방언은 주로 창장(長江) 이북 지역과 화이허(淮河) 이남 지역에서 사용되어 지앙화이(江淮) 관화 방언으로 불리며, 과거에는 시아지앙(下江) 관화라고도 불렸다.[72] 관화는 가장 넓은 지역에서 가장 많은 인구가 사용하는 언어임에도 방언끼리의 동질성이 가장 크다.

우 방언은 지앙쑤성(江蘇省), 저지앙성(浙江省)에서 사용된다. 우 방언의 명칭은 중국의 삼국시대인 위(魏), 촉(蜀), 오(吳) 시대 때 이 지역을 차지했던 오나라의 이름에서 가져온 것이다. 깐 방언은 지앙시성(江西省), 시앙 방언은 후난성(湖南省), 민 방언은 푸지앤성(福建省)에서 주로 사용되는데, 이 방언들의 명칭은 이 지역에 흐르는 강 이름에서 유래했다. 민 방언도 두세 개의 하위 방언으로 분류된다. 민베이(閩北) 방언과 민난(閩南) 방언으로 나누기도 하고, 민베이, 민난, 민똥(閩東)의 세 하위 방언으로 나누기도 한다. 위에 방언의 위에(粤)는 꾸앙똥성(廣東省)과 꾸앙시성(廣西省)을 가리키는데, 꾸앙똥성의 다른 이름으로도 쓰인다.[73] 커지아(客家)는 중국어 어휘 '客戶'와 같은 뜻으로 '다른 곳에서 이주해 와서 사는 사람'을 가리킨다. 즉 서진(西晉) 말기와 북송(北宋) 말기에 전란을 피해 황허(黃河) 유역에서 남쪽으로 여러 차례 이주해 살게 된 사람들이 구사하는 방언이 커지아 방언이다. 이주가 있을 때마다 여러 곳으로 흩어

있었는데, 詩를 읊고 書를 읽고 예를 집행할 때는 항상 아언을 사용하셨다)."
72   본서의 중국어 명칭 표기법은 엄익상(2002) 표기법을 따랐다. 그러나 창장(長江), 베이징(北京), 신장(新疆) 같이 공식적으로 사용되는 명칭은 공식 명칭을 인용했다. 또한 北의 표기도 '뻬이'가 아닌 '베이'로 옮겼다.
73   최영애(2011:58-59)에 의하면, 월(粤)은 춘추시대에 존재했던 월(越)나라와 관련이 있다. 월나라가 전국시대에 초(楚)나라에 패망하자 월나라 사람들이 남쪽인 꾸앙똥성 등에 흩어져 작은 나라들을 이루고 살았는데, 이 작은 나라들을 백월(百越) 또는 백월(百粤)이라 지칭했으며, 위에(粤) 방언이라는 명칭은 여기서 나왔다.

졌기 때문에 꾸앙똥, 꾸앙시, 푸지앤, 지앙시 등 중국 남부의 여러 지역과 타이완(臺灣)에도 커지아어를 말하는 사람들이 있다.

노먼(1996:270-271)은 음운, 문법, 어휘에 근거한 10가지 자질을 기준으로 방언을 분류했는데, 그가 분류한 방언은 지역에 따라 분류된 위의 7대 방언과도 상당히 일치한다. 다음은 노먼이 제시한 분류 기준이다.

① 제 3인칭 대명사가 他이거나 또는 이것과 어원이 같다.
② 종속 어조사가 的이거나 또는 이것과 어원이 같다.
③ 일상적으로 사용되는 부정사가 不이거나 또는 이것과 어원이 같다.
④ '母鸡(암탉)'라는 어휘에서 볼 수 있듯이 성(性) 표시 접두사가 쓰인다.
⑤ 오로지 평성 성조에만 음역 변별이 있다.
⑥ 연구개 자음이 모음 [i] 앞에서 구개음화된다.
⑦ 站 또는 이것과 어원이 같은 어휘가 '서다'의 의미로 쓰인다.
⑧ 走 또는 이것과 어원이 같은 어휘가 '걷다'의 의미로 쓰인다.
⑨ '儿子' 또는 이것과 어원이 같은 어휘가 '아들'이라는 의미로 쓰인다.
⑩ '房子' 또는 이것과 어원이 같은 어휘가 '집'이라는 의미로 쓰인다.

노먼이 베이징(北京), 시안(西安), 쿤밍(昆明), 쑤조우(蘇州), 원조우(溫州), 창사(長沙), 수앙펑(雙峰), 난창(南昌), 메이시앤(梅縣), 꾸앙조우(廣州), 푸조우(福州), 지앤오우(建甌) 방언에 10가지 기준을 적용한 결과, 관화 방언에 속하는 베이징, 시안, 쿤밍 방언은 이 10가지 기준을 모두 충족시켰고, 메이시앤, 꾸앙조우, 푸조우, 지앤오우 방언은 이 10가지 기준을 모두 충족시키지 못했다. 그런데 메이시앤 방언과 꾸앙조우 방언은 각각 커지아 방언과 위에 방언에 속하며, 푸조우 방언은 민똥 방언, 지앤오우 방언은 민베이 방언에 속한다. 즉 10가지 기준을 모두 충족하지 못한 방언은 남방 방언이다. 중부 방언에 속하는 나머지 방언은 일부 기준은 충족시키고 일부 기준은 그렇지 못한 것을 고려하면, 노먼이 제시한 위의

10가지 기준은 중국의 방언을 구분하는 간편하면서도 합리적인 척도라고 할 수 있다.

노먼이 제시한 10가지 기준 가운데 ⑤, ⑥은 음운론적 자질이며, 나머지 여덟 개 기준은 어휘와 관련되어 있다. 다음에서 여덟 개의 어휘가 각 방언에서 어떻게 다른지 살펴본다. 베이징, 시안, 청뚜(成都), 양조우(揚州) 방언은 각각 북방 관화, 서북 관화, 서남 관화, 남방 관화 방언에 속하고, 쑤조우와 원조우 방언은 우 방언에 속하며, 창사어는 시앙 방언, 난창어는 깐 방언에 속한다. 각 어휘는 『한어방언사회(漢語方言詞滙)』에서 인용했는데,[74] *가 붙은 글자는 해당 한자가 명확하지 않을 때 방언에서 흔히 사용하는 동음자(同音字)로 대체했음을 나타낸다. 또한 그와 같은 동음자도 없는 어휘의 경우에는 □로 표기되어 있다.

〈표 8-1〉

	그(他)	~의(的)	아니다	암탉	서다	걷다	아들	집
베이징	他	的	不	母鸡	站	走	儿子	房子
시안	他	的	不	母鸡	站/立	走	儿	房
청뚜	他	的	不	鸡母	站/立	走	儿(子)	房子
양조우	他	的	不	母鸡	站	走	儿子	房子
쑤조우	俚/唔㑚	格	勿	雌鸡	立	走/跑	儿子	房子
원조우	佢	嘅	否	草鸡[75]	㝉	走/行	儿	屋宕
창사	他	的	不	鸡婆	站/企	走	崽/伢子	屋
난창	佢	个	不	鸡婆	企/站	走	崽	房子/屋
메이시앤	佢	个	唔	鸡嬷	企	行	儎□	屋□
꾸앙조우	佢	嘅	唔	鸡䖆	企	行	仔	屋
푸조우	伊	其*	怀	鸡母	企	行	囝	厝
지앤오우	佢	个	怀	鸡嬷	□	行	囝	厝

---

74 北京大學 中國語言文學系 语言学教研室 1995. 『漢語方言詞滙』(第二版), 北京: 語文出版社.

청뚜 방언에서 암탉은 鸡母, 鸡婆인데, 다른 관화 방언과는 달리 암탉에 접두사가 아닌 접미사가 붙은 것이 기준에 맞지 않는 유일한 예이다. 나머지는 모두 노먼이 지적한 대로 관화 방언에서는 8개 어휘 모두 기준을 충족했고, 남부 방언에서는 8개 어휘가 모두 기준에 맞지 않았으며, 중부 방언에서는 기준에 맞는 어휘도 있고 그렇지 않은 어휘도 섞여 있음을 볼 수 있다.

10가지 기준 가운데 오로지 평성 성조에만 음역 변별이 있는 것과 연구개 자음이 모음 [i] 앞에서 구개음이 된 것은 앞에서 중국어 음운에 발생한 음운 변화를 언급할 때 이미 살펴보았다. 중고 중국어에서 평, 상, 거, 입성의 네 가지 성조는 성모가 무성음인가 유성음인가에 따라 음조와 양조 두 개의 조류로 나뉘어, 실제로는 음평, 양평, 음상, 양상, 음거, 양거, 음입, 양입성의 8개 조류로 구분되었다. 베이징 방언에서는 평성만 음조(제1성)와 양조(제2성)로 나뉘고, 상성(제3성)과 거성(제4성)은 하나의 조류로 통합되었고,[76] 입성은 음평, 양평, 상성, 거성으로 나뉘어 들어갔다. 위에 방언을 제외한 대부분의 방언에서 상성의 음양 두 조류는 하나로 병합되었다.

중부 방언에서는 상성의 음양 두 조류는 통합되었으나 거성은 음거성과 양거성으로 나뉘고, 입성도 우(쑤조우) 방언과 깐(난창) 방언에서는 음양 두 조류로 나뉜다. 따라서 평성에만 음역 변별이 있는 것은 관화 방언만의 특징이다.[77] 성조가 가장 많은 방언은 위에 방언으로, 꾸앙조우 방언에서는 상성이 여전히 음양 두 조류로 나뉠 뿐 아니라, 입성 가운데 음입성이

---

75 원조우 방언에서는 草鸡 외에 접미사가 붙은 (草)鸡娘, 鸡母娘도 쓰인다.
76 7.2 음성 변화 2. 조건 변화에서 살펴보았듯이 상성 글자 가운데 유성의 파열, 파찰, 마찰음은 거성에 합류했다.
77 예외도 있다. 서북 관화 방언에 속하는 산시성(山西省) 타이위앤(太原)어는 평성의 음양 두 조류도 하나로 합쳐졌다. 대신 입성이 음양 두 조류로 여전히 나뉘어 있다(노먼 1996:286).

두 종류로 나뉘어 모두 9개의 성조가 있다.

남부 방언에서는 연구개 자음이 모음 [i] 앞에서 구개음이 되지 않았기 때문에 남부 방언은 성모의 수가 다른 방언에 비해 적다. 현대 표준 중국어에는 영성모를 제외하고 21개의 성모가 있지만, 커지아(메이시앤) 방언과 위에(꾸앙조우) 방언에는 17개, 민똥(푸조우) 방언에는 14개, 민난(厦門, 시아먼) 방언에는 13개의 성모가 있다. 북부 방언처럼 중부 방언에서도 연구개 자음이 모음 [i] 앞에서 구개음이 되었으므로, 중부 방언은 남부 방언보다 성모의 수가 많다. 성모가 가장 많은 방언은 우(쑤조우) 방언으로 영성모를 제외하고 모두 27개의 성모가 있고, 시앙(창사) 방언은 19개, 깐(난창) 방언은 18개의 성모가 있다.[78]

2. 재구

역사비교언어학은 연구 대상이 되는 언어를 동계어와 비교하거나 역사적인 접촉이 있었던 언어와 비교 분석함으로써, 그 언어의 역사적인 변화과정을 기술하고 조어를 재구성하는 학문이다. 역사비교언어학은 처음에는 음운 변화에 초점을 맞추었으나, 나중에는 어휘, 문법, 통사 분석에까지 확대되었다. 과거 어느 한 시기의 언어를 재구성하는 것을 재구(reconstruction)라고 하고 재구된 형태는 가설적인 형태이므로, *를 붙여 표기한다.

현대 중국어에는 어두 자음군이 존재하지 않는다. 그러나 성부(聲符)가 같은 한자들의 초성이 다음과 같이 현재 ㄱ과 ㄹ, ㅍ과 ㄹ, ㅂ과 ㄹ, ㅁ과 ㄹ로 갈라지는 것을 보고 학자들은 상고 중국어에 *kr-, *pr-, *br-, *mr-,

---

[78] 성모의 수는 李珍華·周長楫이 쓴 『漢字古今音表』(1999)를 참조했으며, 모두 영성모를 제외한 숫자이다.

kl-, *pl-, *bl-, *ml- 등의 어두 자음군을 재구한다.

京(경) 涼(량) 各(각) 路(로) 果(과) 裸(라) 兼(겸) 廉(렴) 檢(검) 斂(렴)
風(풍) 嵐(람) 筆(필) 律(률) 剝(박) 錄(록) 品(품) 臨(림) 龐(방) 龍(룡)
麥(맥) 來(래) 文(문) 吝(린) 命(명) 令(령) 埋(매) 理(리) 卯(묘) 聊(료)

상고 중국어에 어두 자음군 *kl-나 *kr-가 있었다고 보면, 성부가 같은 두 글자, 예를 들면 各과 路의 성모가 현재 k-와 l- 두 가지 음으로 읽히는 것을 쉽게 설명할 수 있다.

앞에서 현대 표준 중국어에서 영성모로 변한 글자들, 晚(wǎn), 望(wàng), 巫(wū), 務(wù), 文(wén), 物(wù), 未(wèi) 등의 글자들이 한국 한자음과 한대 베트남 한자음에서 m- 초성을 갖는 것을 언급했었다. 또한 표준 중국어에서는 소실된 -p, -t, -k 종성도 한국 한자음과 베트남 한자음에 모두 보존되어 있다. 중국어 방언 가운데에는 앞에서 밝힌 대로 커지아 방언과 위에 방언에 -p, -t, -k 운미가 모두 보존되어 있다. 따라서 중국어 방언뿐 아니라 한국 한자음과 베트남 한자음 등을 통해 고대 중국어 자료에 입성으로 분류된 글자들의 운미를 -p, -t, -k로 재구할 수 있었다. 한국어와 베트남어는 중국어와 동일한 어족에 속하지 않지만, 두 나라는 오래 전부터 한자를 도입해 사용해 왔기 때문에 중국어의 음운체계를 재구성하는 데 이처럼 결정적인 단서를 제공한다. 중국어는 이러한 이웃 나라의 한자음뿐 아니라 각 지역의 방언 자료도 있어서, 상고 중국어의 음운체계에 대한 연구가 상당히 축적된 편이다.

3. 언어의 분류

어족은 공통의 조어를 갖는 언어 집합으로 언어를 발생론적으로 분류한 결과물이다. 그러나 공통된 조어에서 파생된 언어들이 아니어도 서로 영향을 주고받음으로써 구조적으로 비슷할 수 있다. 이러한 구조적 유사성을 기준으로 언어를 분류할 수 있는데, 이것은 언어를 유형론적으로 분류한 것이다.

(1) 발생론적 분류(genetic classification)

학자마다 어족을 분류한 것이 조금씩 다른데, 사전에는 세계의 어족이 인도·유럽 어족(Indo-European languages), 셈·함 어족(Semito-Hamitic languages), 우랄·알타이 어족(Ural-Altaic languages), 중국·티베트 어족(Sino-Tibetan languages), 오스트로네시아 어족(Austronesian languages)의 5대 어족으로 분류되어 있다.[79] 이 분류는 절대적인 것이 아니다. 인도·유럽 어족과 중국·티베트 어족 다음으로 사용 인구가 많은 니제르·콩고 어족(Niger-Congo languages)은 위의 5대 어족에 포함되어 있지도 않다. 학자들에 따라서 세계의 언어는 9대 어족, 10대 어족으로 분류되기도 한다. 물론 니제르·콩고 어족은 학자들 간에 이견이 많아 현재 확실히 인정받지 못해 가설적인 어족이라고 할 수 있다.

인도·유럽 어족은 세계 최대의 어족으로, 영어, 스페인어, 힌두스탄어, 포르투갈어, 벵골어, 펀자브어, 러시아어, 독일어, 프랑스어, 이탈리아어, 페르시아어 등이 이 어족에 속한다. 유럽에서 쓰이는 대부분의 언어가 이 어족에 속하고, 동아시아와 동남아시아를 제외한 인도와 이란 등의 아시아 지역에서도 이 어족의 언어가 사용된다.

---

[79] 『두산세계대백과사전』 참조. 위의 5대 어족은 유럽과 아시아, 아프리카에서 사용되는 언어들로, 아메리카 대륙에서 쓰이는 어족은 포함되어 있지 않은 점이 의아할 수도 있다. 북아메리카의 미국은 영어를 사용하고, 남아메리카의 여러 나라는 스페인어와 포르투갈어를 사용한다. 아메리카 원주민의 여러 언어는 사용 인구가 적어서 5대 어족에 포함되지 않는다.

셈·함 어족은 셈족과 함족이라는 민족들이 사용하는 언어라는 의미에서 함·셈 어족(Hamito-Semitic languages)이라고도 하는데, 언어가 사용되는 지역을 따라 아프리카아시아 어족 또는 아프로아시아 어족(Afroasiatic languages)이라고도 한다. 북아프리카, 서아시아, 아프리카 북동부 지역(아프리카의 뿔)에서 사용된다. 이 어족에 속하는 언어들은 세계에서 기록된 역사가 가장 오래된 언어들로, 현재 사용되는 아랍어 외에 고대 이집트어, 성서의 히브리어 등이 이 어족에 속한다.

우랄·알타이 어족은 우랄 어족과 알타이 어족이 연관성이 있다는 학설에 따라 사용하게 된 명칭이다. 우랄 어족은 이 어족에 속한 언어의 조어가 우랄산맥과 가까운 지역에서 유래했다는 학설에서 비롯된 명칭이다. 헝가리어, 핀란드어, 에스토니아어 등이 이 어족에 속한다. 알타이 어족은 1960년대까지 널리 받아들여졌는데, 이후 알타이 어족에 속하는 언어끼리의 유사성이 동족어라서가 아니라 서로 영향을 주고받았기 때문이라는 주장이 나오면서 여전히 이 어족에 대한 상반된 의견이 팽팽하게 맞서고 있다. 중앙아시아에 있는 알타이산맥의 이름을 따서 명명되었다. 알타이 어족은 퉁구스 어족, 몽골 어족, 튀르크 어족으로 구성된다. 학자에 따라 한국어와 일본어를 이 어족에 넣기도 한다(『표준국어대사전』).[80]

중국·티베트 어족에는 중국어, 티베트어, 미얀마어 등이 속한다. 13억 명 이상이 표준 중국어나 중국어 방언을 사용하고 있어 사용 인구의 수만 보면 인도·유럽 어족 언어 다음으로 많이 쓰인다.

오스트로네시아(Austronesia) 어족은 동남아시아와 태평양지역의 여러 섬, 마다가스카르 등지에서 사용된다. 말레이어, 자와어, 타갈로그어 등이

---

[80] 아마도 독자들 가운데 다수는 한국어가 알타이 어족에 속한다고 배웠을 것이다. 그러나 알타이 어족의 언어들과 한국어와의 친족 관계를 입증할 수 있는 증거가 거의 발견되지 않아서, 최근 일각에서는 한국어를 다른 언어와 공통의 조어가 없는 계통적 고립어로 보아야 한다는 의견이 제시되었다.

이 어족에 속한다. 말레이어는 말레이반도의 말레이족이 사용하는 언어로 말레이시아, 인도네시아, 싱가포르, 브루나이의 공용어이다. 자와어는 인도네시아의 자와섬에서 사용되는, 자와족이 사용하는 언어이다. 타갈로그어는 영어와 함께 필리핀에서 공용어로 쓰인다. '오스트로'는 남쪽을 의미하고 '네시아'는 섬을 의미하는 그리스어 'nesos'에서 유래한 어휘이므로[81] 오스트로네시아 어족은 한자어로 남도(南島) 어족이라고 한다. 따라서 베트남어, 크메르어 등이 속한 오스트로아시아 어족(Austroasiatic languages)은 남아시아 어족이라는 뜻이다.

(2) 유형론적 분류(typological classification)

언어를 구조나 형태의 각도에서 분류하면 고립어(isolating language), 교착어(agglutinative language), 굴절어(inflectional language)로 분류된다.

고립어는 문장 속에서 단어가 형태 변화 없이, 각 단어의 순서만으로 문법적인 관계가 결정되는 언어이다. 중국어와 베트남어, 타이어, 미얀마어 등이 고립어에 속한다.

교착어는 첨가어라고도 하는데, 단어에 접사를 붙여 문법적 관계를 나타내는 언어이다. 한국어, 일본어, 튀르키예어, 핀란드어, 헝가리어 등이 교착어에 속한다. 굴절어와 달리 어간이 형태 변화를 하지 않는다.

굴절어는 단어 자체의 형태 변화로 문법적인 관계를 나타내는 언어이다. 프랑스어, 라틴어 등 인도·유럽 어족의 여러 언어가 굴절어에 속한다. 다만 영어의 경우, 소유격에는 -'s가 아직도 쓰이고 있기는 하지만, 목적격의 경우 대명사에만 격 곡용의 흔적이 남아 있고, 일반 명사는 주어로 쓰이든 목적어로 쓰이든 단어의 형태가 변하지 않으며 어순에 의해 격이 결정된다. 따라서 예전에는 영어를 굴절어로 보는 시각이 우세했으나, 지

---

[81] 『네이버지식백과사전』 참조.

금은 영어가 고립어에 가깝다고 보는 시각이 우세하다.

　구조나 형태가 비슷한 언어들이라고 해서 같은 어족에 속하는 것은 아니다. 베트남은 중국어에서 한자음을 차용(借用)해 사용해 왔기 때문에, 베트남어의 음운체계는 베트남어가 중국어의 방언이라 해도 믿어질 정도로 중국어의 음운체계와 비슷하다. 심지어 베트남어의 성조 체계는 중국어의 평, 상, 거, 입성이 두 개의 음역으로 나뉘던 중고 중국어의 성조 체계와 매우 비슷해서, 음운체계만 고려하면 베트남어가 중국·티베트 어족에 속하는 것처럼 보인다. 더욱이 베트남어도 중국어처럼 고립어이며, 기본 어순도 SVO이다. 중국어에서 유래한 2음절 어휘도 많지만, 원래는 각각의 음절이 의미를 갖는 단음절 형태소어인 것도 중국어와 베트남어의 공통점이다. 그러나 베트남어는 중국·티베트 어족이 아닌 오스트로아시아 어족의 언어로 분류된다. 기본 어순은 SVO이지만, 베트남어는 중국어처럼 수식어+피수식어의 어순이 아닌 피수식어+수식어의 어순을 가지며, 문법이 캄보디아의 공용어인 크메르어와 비슷하다. 예를 들면 '어느 나라 사람'은 중국어로 '哪国人'으로, 중국어와 한국어의 어순은 같다. 그러나 베트남어로는 'người nước nào'로 '사람+나라+어느'의 순서가 된다. '여러분'은 베트남어로 'các bạn'인데, các이 복수를 나타내는 어휘로서 한국어 '~들'에 해당하고, bạn은 친구, 동료를 뜻하는 어휘이다. '그의 전화번호'는 'số điện thoại của anh ấy'인데, số가 번호, điện thoại는 전화, của는 '~의'를 뜻하며 anh ấy는 '그'를 의미한다.

　어족을 분류하는 것이 쉬운 일은 아니다. 베트남어도 오스트로아시아어족이 아닌 다른 어족에 속한다는 주장이 일찍이 제기되었다. 베트남어의 성조를 연구한 앙리 마스페로(1912)는 "같은 어족에 속하는 언어끼리는 규칙적으로 대응되는 성조가 있고, 성조가 없는 언어가 성조가 있는 언어에서 어휘를 차용할 때 성조는 차용하지 않으며, 베트남어에 보이는 성조와 성모 간의 대응 관계가 타이어에 보이는 성조와 성모 간의 관계와 같다"[82]는 이유로, 베트남어가 오스트로아시아 어족에 속하지 않으며 타이 어족에 속한다고 주장했다. 베트남어와 같이 오스트로아시아 어족에 속하는 몬·크메르어파의 여러 언어에는 대부분 성조가 없기 때문이다. 그런데 오드리쿠르[83]는 베트남어의 성조는 어말 자음이 소실되면서 생겨난 것으로 베트남어는 원래 성조가 없었으며, 타이 어족이 아닌 오스트로아시아 어족에 속한다고 주장했다.

최근 베트남어가 같은 어족에 속하는 몬·크메르어와는 달리 성조가 있는 것은 중국어의 영향 때문이라는 주장이 나왔다. 김태경(2024)은 베트남 한자음과 중국 한자음의 성조 체계를 비교하고, 베트남어의 성조 체계는 평, 상, 거, 입성이 두 개의 음역으로 나뉘던 고대 중국어의 성조 체계와 매우 비슷한데, 이것은 고대 중국어에서 어휘를 차용할 때 성조도 함께 도입했기 때문이라는 결론을 내렸다. 베트남어도 중국어와 같은 단음절어이다. 같은 음절도 성조에 따라 의미가 달라지는데, 한국어나 일본어처럼 주격 조사, 목적격 조사 등 다양한 조사를 활용할 수 없는 언어에서 의미를 변별하기 위해서는 성조도 받아들였을 것이라는 생각이다. 이러한 주장은 성조가 없는 언어가 성조가 있는 언어에서 어휘를 차용할 때 성조는 차용하지 않는다는 마스페로의 주장과는 완전히 다른 것이다. 또한 김태경(2024)에서는 8~9세기 베트남 한자음(SV)의 성조 값과 한대 베트남 한자

---

82 마스페로(Henri Maspero)의 연구는 오드리쿠르(2018:2)에서 재인용. 마스페로는 원래 이집트학을 연구했으나 후에 중국학을 연구한 학자이다. 오드리쿠르의 원 논문은 De l'origine des tons en vietnamien, *Journal Asiatique* 242: 69-82 (1954)으로, *Problèmes de phonologie diachronique*: 146-160에 다시 게재된 것을 Marc Brunelle(2018:1-25)가 영어로 번역해 인터넷에 게재한 The origin of tones in Vietnamese를 참조했다. 출처: https://shs.hal.science/ halshs-01678018.
83 앙드레 조르주 오드리쿠르(André-Georges Haudricourt)는 프랑스의 인류학자이자 언어학자이다.

음(OSV)의 성조 값이 차이가 나는 것은 OSV가 반영하는 중국어가 SV가 반영하는 중국어와 달랐음을 나타낸 것으로 보았다. 중국어도 각 방언의 차이가 얼마나 큰지 살펴보라. 거의 천 년 가까운 세월이 흐르는 동안 지배계층이 다른 지역으로 이동했을 수 있고, 왕조가 바뀌면서 새롭게 형성된 지배계층의 중국어도 변했을 것이다. 그것이 반영된 것이 OSV와 SV의 차이라는 것이다. 어족을 구분하는 일이 쉽지 않은 만큼 어쩌면 마스페로가 주장한 것처럼 베트남어가 오스트로아시아 어족이 아닌 타이 어족에 가까웠을 수도 있다. 이러한 학설들은 모두 아직까지 확실히 인정된 것은 아니며, 이 문제는 앞으로 더 연구되어야 한다.

제9장 중국의 문자

문자는 선사시대와 역사시대를 나누는 기준이 된다. 문자가 없어도 사회 구성원들끼리의 의사소통은 가능하지만, 당시의 사회 구성원이 쌓은 삶의 지혜는 입말로 전해진다고 하더라도 전달에 큰 어려움이 있을 수밖에 없으므로, 문자가 없이는 문명의 큰 발전은 기대하기 어렵다. 따라서 어느 정도 발전된 사회에서는 구성원들이 나름의 문자를 만들어 사용하기 시작했다. 인류의 문명이 대대로 발전할 수 있었던 것은 문자의 창제 덕분이라고 할 수 있다.

9.1. 문자 이전의 기록 방법

문자가 없던 시기에 인류는 새끼줄로 매듭을 묶는, 이른바 결승(結繩)의 방식으로 의견을 교환했다. 결승은 중국뿐 아니라 세계의 여러 곳에서 문자가 만들어지기 전에 광범위하게 사용되었던 것으로 보인다. 또한 결승 외에 서계(書契)라고도 불린 부절(符節)도 문자가 제조되기 전에 여러 지역에서 광범위하게 사용되었던 것으로 보인다.

중국의 결승은 유물이 남아있지 않아 알 수 없지만, 잉카제국에서 사용하던 매듭인 키푸(quipu)의 전통은 지금도 아메리카 인디언 사이에 남아 있으며, 당시의 결승에 대해서도 연구 결과가 남아있다. 키푸는 페루어로 매듭을 뜻하는데,[84] 매듭의 형태로 수를 나타내고 노란색, 흰색, 녹색, 붉은색의 끈을 사용해 각각 황금, 은, 곡물, 군대를 표시하는 방법으로 각 지방의 인구, 생산물, 수입 등을 기록했다. 추상적 개념은 나타내기 어려워 평화와 죽음 같은 소수의 관념만을 나타낼 수 있었는데, 검은색으로 죽음을, 흰색으로 평화를 나타냈다. 또한 헤로도토스(기원전 484~425)는 페르시아의 왕 다리우스가 병사들에게 가죽 띠의 매듭으로 참전(參戰)한 일수를 계산하게 했다고 전한다. 우리나라에서는 1910년대 말까지 전남의 농촌에서 결승이 사용되었는데, 지방에 따라 조금씩 차이는 있으나 원칙적으로 5진법의 원리를 적용했다고 한다. 이 밖에도 티베트, 멕시코, 서아프리카, 오스트리아, 오키나와 등에서도 결승의 방법이 사용되었다.

부절은 나무토막에 두 사람의 약속 사항을 새기고 둘로 나누어 가졌다가 나중에 약속한 내용을 이행하면서 확인하는 방법을 말한다. 문자가 만들어진 이후에도 문자가 보급되지 못한 지역에서는 여전히 부절을 사용했고, 문자를 읽지 못하는 사람들도 계속해서 부절을 사용했다. 또한 사신들이 신분을 증명하는 징표로 돌, 대나무, 옥 따위를 둘로 갈라서 하나는 조정에 보관하고 다른 하나는 본인이 지니고 다니면서 신분의 증거로 사용하기도 했다. 그러나 사회가 점점 발달하면서 결승과 부절 등의 방법만으로는 시간과 공간의 제약을 벗어나 사회 구성원끼리 소통하는 것이 점점 어려워졌고, 이에 따라 문자가 만들어지게 되었다.

현재까지 발굴된 문자 가운데 기원전 3500년경부터 사용되었던 쐐기문

---

[84] 영어의 quipu는 스페인어의 quipu의 철자를 따른 것이고, 그 어원은 안데스산맥 지대의 토착민인 케추아족이 사용하는 언어 케추아어까지 거슬러 올라간다. 결승과 부절에 관한 내용은 『국어국문학자료사전』(1998)과 『두산백과사전』, 『위키백과』, 이규갑(2001:25-28) 등을 참조했다.

자 또는 설형(楔形)문자가 인류가 사용한 최초의 문자로 알려져 있다. 고대 이집트의 상형(象形)문자도 기원전 3200년경까지 거슬러 올라간다. 문자의 발달 과정을 보면 표의문자가 표음문자보다 먼저 사용되었다. 주로 점토판에 쓰인 쐐기문자도 초기에는 표의문자로, 사물의 모양을 본뜬 상형문자의 형태를 띠었다. 그러다가 시간이 지나면서 상형의 요소가 줄어들고 음소를 표기하는 표음문자로 변했다.

쐐기문자는 주로 점토판에 기록되었는데, 점토판은 전쟁 등으로 인해 불에 타면서 오히려 더 강해져 수천 년을 지나면서도 보존되었다. 유명한 함무라비 법전도 쐐기문자로 기록되었다. 페니키아인들이 수메르인이 사용하던 쐐기문자와 이집트 문자의 영향을 받아 페니키아 문자를 만들고, 페니키아인이 만든 알파벳이 그리스로 전해져 사용되었다. 그러다가 로마가 페니키아와 그리스를 점령한 후, 이 그리스 알파벳을 사용함으로써 로마자라는 명칭이 쓰이게 되었다. 그러므로 알파벳은 쐐기문자에서 비롯되었다고 할 수 있다.

한자 역시 사물의 모양을 본뜬 상형문자가 가장 오래된 형태이지만 한자는 음소를 기록하는 표음문자로 발전하지는 않았다. 한자 가운데 형성자의 성부(聲符)가 소리를 나타낸다고는 하지만, 한자의 형성자는 한 언어에 존재하는 음소를 문자로 만들어 표기하는 표음문자와는 완전히 다른 문자이다.

9.2. 한자의 기원과 변화

한자의 기원을 논할 때 항상 거론되는 인물이 창 지에(蒼頡)이다. 중국의 전설에 나오는 황제(黃帝)의 관리로 알려진 창 지에가 새와 짐승의 발자국을 보고 문자를 만들었다고 전해진다. 창 지에란 인물이 『한서(漢書)』 「예문지

(藝文志)』에 나오는 것으로 보아 이 전설이 한대까지 계속 전해졌던 것으로 보이는데, 창 지에가 실존했던 인물이었는지는 현재로서는 알 수 없다. 만일 그가 실존 인물이었다면 그 당시까지 통용되던 한자를 모으고 정리한 사람이었을 가능성도 있다. 그처럼 까마득한 옛날에 한 사람이 문자를 만들어서 통용시키는 일은 아예 불가능했을 것이기 때문이다.

가장 오래된 한자는 상(商)나라 시기의 유물인 갑골(甲骨)에 새겨진 문자인 갑골문(甲骨文)이라고 보지만, 중국의 산시성(陝西省) 시안(西安) 빤포(半坡) 지역에서 발견된 도기 파편에 새겨진 부호 형태를 도문(陶文)이라 하여, 한자의 기원으로 보는 견해도 있다. 도문은 신석기시대인 기원전 4천년대의 양사오(仰韶) 문화 유적지에서 발견되었다. 이것이 최초의 문자로 인정받는다면 인류 최초의 문자라는 이름을 얻겠지만, 자료가 빈약하여 후에 나온 갑골문 등 고대 문자와의 직접적인 연관성이 아직 발견되지 않았다. 따라서 도문은 인류 최초의 문자로 아직 인정받지 못하고 있다.

사실 갑골문이 발견되어 상나라가 역사적인 왕조로 인정받은 것도 백년이 넘었을 뿐이다. 주(周)나라 때의 문자인 금석문(金石文)을 연구한 왕 이롱(王懿榮)이 1899년 갑골에 새겨진 문자가 상나라 때 문자임을 밝히자, 그때까지 전설의 왕조였던 상나라가 역사적으로 실존한 중국 최초의 왕조로 인정받게 되었다.[85] 상나라의 건국 연도나 멸망 연도에 대해서는 지금으로서는 정확히 알 수 없지만, 사전에는 기원전 1600년경에 세워져 기원전 1046년경에 멸망한 것으로 되어 있다. 중국의 역사를 배울

---

[85] 중국에서는 중국 최초의 왕조를 '하(夏)나라'라고 한다. 그러나 다른 나라에서는 중국의 역사를 배울 때 최초의 왕조를 상나라로 배우는데, 갑골문이 발견되어서 역사서에 실린 기록들이 사실로 인정되었기 때문이다. 마지막 도읍지 은은 지금의 허난성(河南省) 안양시(安陽市)이다. 갑골문이 발견되기 전에는 주나라가 중국 최초의 왕조로 여겨졌다.

때 중국 최초의 왕조를 상나라 또는 은(殷)나라로 배우는데, 은은 상나라의 마지막 도읍지이다. 학계에서는 은이 도읍지였던 기간을 대략 200년 정도(최영애 2011:133)로 추정한다. 그렇다면 갑골문은 지금으로부터 약 3300년에서 3100년 전에 사용된 문자 기록이다.

한나라 때 문자학자인 쉬 선(許愼)은 자신이 편찬한 자전인『설문해자(說文解字)』에서 한자의 구성 원리를 설명하면서, 사물의 모양을 본떠 만든 상형문자보다 추상적인 기호에서 유래한 글자인 지사(指事) 글자를 상형문자 앞에 놓았는데, 이것이 쉬 선이 지사자가 상형자보다 먼저 만들어졌다고 생각해서 그렇게 한 것인지는 알 수 없다. 결승과 서계의 기능이 주로 숫자의 표기와 관련이 있으므로 一(일), 二(이), 三(삼), 上(상), 下(하) 등의 간단한 지사자는 상형자보다 먼저 만들어졌을 가능성도 부정할 수 없다. 一, 二, 三 같은 숫자나 해와 달을 그린 상형자는 아마 거의 같은 시기에 만들어졌을 것이다. 사물의 모양을 본뜬 상형자를 예로 들어본다.

女 ⺃   子 ⼦   月 ⺆   力 ㄨ

女(녀)는 여성이 무릎을 꿇고 앉은 모습이고, 子(자)는 강보에 싸인 아기의 모습을 그린 글자이다. 月(월)은 반달을 그린 글자이고, 力(력)은 밭에서 쓰던 쟁기를 그린 글자이다. 쟁기를 사용하려면 힘이 필요했으므로 힘을 의미하게 되었다.

上 ⌒   下 ⌒   亦 ⼤   刃 ⼑

상형문자가 만들어진 후에는 추상적인 개념을 나타내기 위해 기호 형태의 문자가 만들어졌다. 一, 二, 三, 四(사, 갑골문 ≡) 같은 글자들은 상형문자만큼이나 일찍 만들어졌겠지만, 本(본), 末(말) 같은 기존 상형문자에 획을 추가해 만든 지사문자는 확실히 상형문자가 만들어진 이후에 나온 문자이다. 쉬 선이 『설문해자』에서 예로 든 지사문자는 上, 下인데, 上, 下는 기준선의 위아래에 점을 찍어 위와 아래를 나타냈다. 후대 학자들은 本, 末 같이 기존 글자에 부호의 역할을 하는 획이 추가된 刃(인), 寸(촌), 亦(역) 등도 지사문자에 넣었다. 亦은 앞 면에 실린 갑골문에서 볼 수 있듯이 두 팔을 벌리고 선 사람의 양쪽 겨드랑이에 두 개의 점을 찍어 겨드랑이를 나타낸 글자인데, 나중에 '또한'이란 의미로 쓰이게 되었다. 刃은 칼날 부분에 점을 찍어 '칼날'이라는 뜻을 나타냈다.

위와 같은 방식으로 글자를 만드는 것이 한계에 부딪히자, 고대 중국인들은 이미 만들어진 글자에 다른 글자를 합해서 새로운 글자를 만들게 되었다.

好 休 衆 男

好(호)는 여성이 아이를 품에 안고 있는 모습으로, 품에 아이를 안은 여성이 느끼는 행복한 감정에서 '좋다'라는 의미를 나타내게 되었다. 休(휴)는 사람이 나무에 기대어 쉬고 있는 모습을 그린 글자로, '쉬다'라는 의미로 쓰였다.[86] 衆(중)은 태양 아래에 세 사람이 서 있는 모습인데, 뙤약볕 아래에서 일하는 여러 사람의 모습을 그린 것으로, '무리'라는 의미로 쓰였다. 男(남)은 밭과 쟁기를 그린 문자로, 남자 또는 아들이라는 의미로 사용되었다. 이러한 글자들의 특징은 글자를 구성하는 각 부분이 글자의

---

86 休의 갑골문은 타이완의 중국문화대학에서 출판한 『中文大辭典』 제1권, 835쪽을 참조했다.

전체 뜻에 기여한다는 것이다. 이렇게 뜻을 모아 글자를 만들었다는 의미에서 이러한 방식으로 글자를 만드는 것을 회의(會意)라고 한다.

그런데 회의의 방법으로도 글자를 만들기가 쉽지 않았다. 그러자 기존에 있던 글자를 그 글자의 본래 의미와는 관련이 없는, 다른 의미를 나타내는 데에 사용하기 시작했다. 예를 들면 女는 여자를 뜻하는 글자인데, 이인칭 대명사인 '너', '당신'이라는 단어와 음이 같았다. 그래서 女가 이인칭 대명사로 사용되기 시작했다. 그러나 여자를 의미하는 女와 혼동되기 쉬워 나중에 후인들이 이인칭 대명사로 女 대신에 汝(여)를 사용하게 되었다. 현재 고문헌에 쓰인 汝는 후인들이 女를 汝로 바꿔 기재한 것이다(최영애 2011:126-127). 이렇게 음이 같은 글자를 빌려 쓰는 것을 가차(假借)라고 한다.

대명사는 대부분 가차자이다. '너'와 '나'를 비롯해 삼인칭 '그'와 같은 개념은 사실 문자로 만들기 어려웠을 것이다. 따라서 이러한 인칭 대명사는 대부분 가차자이다. '나'와 '너', '그'를 표기하는 데 쓴 我(아), 女, 其(기) 모두 가차자이다.

또한 자기 '스스로'를 문자로 나타내는 것도 어려웠을 것이다. 自(자)는 원래 코를 그린 문자인데, 코의 모양을 본뜬 글자를 가차해 '자기' 또는 '스스로'의 의미로 썼다. 自를 '코'와 '스스로' 두 가지 의미로 쓰다 보니, 뜻을 분명히 구분해서 써야 하는 경우가 생길 수밖에 없었다. 그래서 코를 뜻하는 글자에 성부(聲符)를 붙여 鼻(비)라는 글자를 만들어 '코'의 의미로만 사용하게 되었다.

自　　　其　　　豆　　　來

대명사로 쓰이는 其도 원래 대나무를 엮어 만든 삼태기를 그린 문자이다. '그것'을 의미하는 글자를 만들기 어려워 '그것'을 의미하는 어휘와 음이 같은 글자인 其를 '그것'의 의미로 사용하기 시작했고, 나중에는 두 의미를 구분하기 위해 竹(대 죽)을 붙인 箕(키 기)를 삼태기의 의미로 사용하게 되었다.

豆(두)도 원래 음식이 담겨 있는 제기(祭器)를 그린 그림인데, 나중에 '콩'의 의미로 가차되었다. 豆는 지금도 제기를 의미하는 문자로도 쓰인다. 단사두갱(簞食豆羹)이라는 말은 '대그릇 하나에 담은 밥과 한 그릇의 국'이라는 뜻으로, 제대로 갖추지 못한 적은 음식을 이르는 말이다.

'오다'라는 생각도 문자로 만들기 어려웠을 것이다. 따라서 '밀보리'를 뜻하는 상형문자 來(래)를 '오다'라는 의미를 나타내는 데에 쓰게 되었는데, 來가 일상생활에서 '오다'라는 의미로 더 많이 쓰이게 되자 뜻을 분명히 하기 위해 '밀보리'를 나타내는 麥(맥)자를 만들어 쓰게 되었다. 현재 보리와 밀은 각각 大(대)와 小(소)를 붙여서 보리는 대맥(大麥), 밀은 소맥(小麥)으로 구분한다.[87]

萬(만)도 원래는 '전갈'을 그린 상형문자였으나 숫자 일만(10,000)을 뜻하는 글자로 가차되었다. 따라서 본래의 의미를 나타내기 위해 虫(벌레 훼)를 붙여 蠆(전갈 채)라는 글자를 만들었다. 北(북)도 두 사람이 등을 맞대고 서 있는 모습을 그린 글자로 원래의 의미는 '등', '등지다'였으나 북쪽의 의미로 쓰이게 되자 '등'이라는 본래의 뜻을 나타내기 위해 背(등 배)라는 글자를 만들었다.

萬　　　　　　北　　　　　　筆　　　　　　齒

---

[87] 예전에는 밀가루의 포장지에 소맥분이라고 적혀 있었는데, 한자어라서 요즘은 사용하지 않는 것 같다.

위에서 본뜻을 분명히 하기 위해 만들어진 글자는 공통점이 있다. 만들어진 글자에 추가된 부분이 뜻을 나타내는 형부(形符)가 되면 원래의 글자는 소리를 나타내는 성부가 된다. 箕에서 竹이 형부이고 其가 성부이다. 蠆에서는 虫가 형부이고 萬이 성부이다. 背는 月(肉)이 형부이고 北이 성부이다. 筆(필)에서는 竹이 형부이고 聿(붓 율)이 성부이다. 앞 면에 제시된 筆의 갑골문에서 볼 수 있듯이 聿은 붓을 손으로 잡은 것을 그린 문자이다. 따라서 筆의 갑골문만으로도 당시 이미 붓이 사용되었음을 알 수 있다. 반대로 드물지만 성부가 추가되기도 한다. 鼻에서는 卑(비)가 성부로 추가되었다. 또한 齒(치)는 止(지)가 성부로 추가되었다.[88] 이렇게 성부와 형부로 나뉘는 글자들을 형성(形聲)자라고 하는데, 이처럼 처음에는 원래 있던 글자에 성부나 형부가 붙어 형성자가 만들어졌다. 가차자가 형성자보다 먼저 쓰였다는 증거는 갑골문에는 형성자가 가차자로 쓰인 예가 전혀 없다는 사실에서 찾을 수 있다(최영애 2011:131).

위와 같이 한자는 처음에 사물의 모양을 본떠 만들었고, 형태가 없는 추상적인 개념은 부호 형태로 만들어 사용했다. 그러다가 이렇게 만들어진 글자를 두 개 이상 조합해서 새로운 의미를 나타내는 새로운 글자들을 만들었다. 그러나 그래도 글자가 부족하자 기존에 있던 글자를 그 글자의 본래 의미와는 관련이 없는, 다른 의미를 나타내는 데 사용하게 되었고, 이 과정에서 뜻을 분명히 하기 위해 원래의 글자에 성부나 형부를 붙여 새로운 글자를 만들었다. 이렇게 만들어진 글자가 형성자이다.

---

88 형부가 붙은 글자들은 자전(字典)에서 형부를 부수(部首)로 검색하면 되는데, 성부가 붙은 鼻와 齒는 글자 자체가 부수인 제부수로 처리되었다. 한편 鼻를 회의문자로 분류한 사전도 있다(『네이버한자사전』).

9.3. 한자체의 변화 과정

주나라 초기의 갑골문도 70년대 이후 다량 발굴되고 글자가 새겨진 상나라 때의 청동기도 발견되었지만, 상나라 시기에는 문자를 기록할 때 주로 갑골이 사용되었고, 주나라 시기에는 주로 청동기가 사용되었다. 초기의 한자는 주로 한자가 기록된 재료의 영향을 받았다. 딱딱한 갑골에 날카로운 도구로 글자를 새겨넣었기 때문에 갑골문(甲骨文)은 글자체가 가늘고 날카롭다. 금문(金文)은 진흙으로 만든 틀에 글자를 새겨넣고 녹인 쇳물을 부어 만들었기 때문에 글자체가 굵고 부드럽다. 즉 갑골문과 금문의 명칭은 글자체가 아닌, 글자가 새겨진 도구에서 유래한 것이다. 반면 후대의 글자인 전서(篆書), 예서(隸書), 해서(楷書)는 글자체로 분류되었다.

1. 갑골문(甲骨文)

갑골문은 거북의 딱지나 짐승의 뼈에 새겨진 글자라는 의미에서 귀갑수골문자(龜甲獸骨文字)라고 불렸다가 이를 줄여서 갑골문자라고 했고, 1921년 루 마오떠(陸懋德)가 갑골문이라고 지칭한 이후에는 갑골문이라 불리게 되었다(이규갑 2001:76). 짐승의 뼈 가운데에는 주로 소의 뼈가 사용되었다. 거북의 딱지로는 너무 단단하고 울퉁불퉁한 등딱지보다 주로 배딱지가 사용되었다. 또한 상나라의 마지막 도읍지인 은의 유적지에서 발견되었기 때문에, 갑골문을 은허(殷墟) 문자라고도 한다.

당시 상나라 왕실은 국가의 대소사를 처리할 때, 갑골에 글자를 새기고 그 갑골을 불에 구워 갈라진 금을 보고 미래를 예측했다. 그리고 점을 친 내용을 갑골에 기록했는데, 왕실에서 점을 친 내용을 기록한 것이므로, 갑골문을 복사(卜辭)라고도 한다. 갑골을 영어로는 'oracle bones'라고 하고 갑골문은 'oracle bone script'라고 하는데, oracle이 신탁(神託)이나 예언자를 가리키기 때문이다.

왕 이롱이 갑골문을 발견한 과정도 흥미롭다(이규갑 2001:73-75). 현재 허난성(河南省) 안양시(安陽市)의 한 마을(小屯村)에서는 수당(隋唐) 시기에도 갑골 조각이 출토되었는데, 처음에는 그 뼈들이 무엇인지 모르고 쌓아두었다. 그러다가 우연히 그 뼈의 가루가 약효가 있다는 것이 알려지게 되었고, 베이징의 약방에서도 갑골 조각을 구매해 판매했다. 그런데 1899년 왕 이롱이 몸이 아파 지어오게 한 갑골 조각에 무엇인가 새겨져 있는 것을 보게 되었고, 금석학자였던 그는 이 글자가 고대의 문자임을 알고 한 골동품상에게 갑골을 수집하게 했다. 이렇게 해서 갑골문이 세상에 알려지게 되었다.

현재까지 발견된 갑골 조각의 숫자는 10만 개가 넘고, 새겨진 문자의 수는 4,672자이며, 식별이 가능한 글자는 1,723자이다(이규갑 2001:76). 갑골문 가운데에는 글자를 붓으로 쓰고 새기지 못한 갑골 조각도 발굴되었는데, 이는 당시 이미 붓이 사용되었음을 의미한다.

학자들이 요약한 갑골문의 특징은 다음과 같다. 첫째, 좌우가 뒤바뀐 형태가 많아 한 글자에 좌우 대칭형의 두 가지 형태가 공존한다.

둘째, 한자에서 왼쪽인 편(偏)과 오른쪽인 방(旁), 즉 편방(偏旁)의 위치가 좌우로 뒤바뀐 것이 많고, 또 상하로 뒤바뀐 것도 많다.

셋째, 田(밭 전)의 여러 글자체에서 볼 수 있듯이, 여러 가지 글자체가 공존하는 등 글자의 자형이 고정되어 있지 않다.

田　田　田　田

넷째, 두세 글자를 한 글자처럼 모아쓴 글자가 많다(최영애 2011:137). 十五(십오)의 갑골문에서 ｜이 十이고 ✕가 五이다. 十五는 숫자를 좌우로 배열했는데, 五十(오십)은 숫자를 아래위로 배열했다. 七月(칠월)에서는 十이 七이다.

十五　✕｜　｜✕　　　五十　✕　　　七月　┤├

다섯째, 모양은 같은데, 다른 글자들이 있다. 다음에서 從(좇을 종)과 比(견줄 비)는 모두 두 사람이 나란히 서 있는 모습을 그린 글자이다.

從[89]　𠂉𠂉　𠂉𠂉　　　比[90]　𠂉𠂉

갑골문은 상형, 지사, 회의, 가차, 형성자를 모두 포함하고 있어 당시 이미 체계를 갖춘 한자였다. 앞에서 갑골문이 사용된 시기가 지금으로부터 약 3300년에서 3100년 전인 것으로 추정했다. 그런데 이처럼 체계를 갖춘 문자가 단기간에 만들어진 것일 수는 없다. 그러므로 중국 문자는

89　從의 갑골문에서 왼편 자형은 최영애(2011:124), 오른편 자형은 김경일(2004:155)을 참조했다.
90　比의 갑골문은 타이완의 중국문화대학에서 출판한 『中文大辭典』 제5권, 760쪽을 참조했다.

지금으로부터 약 3300년 전보다 더 이전에 만들어져 사용되기 시작했을 것이다. 그러나 갑골문에는 형성자의 비율이 20% 정도밖에 되지 않는다(최영애 2011:134). 한나라 때 간행된 『설문해자』에는 형성자의 비율이 80% 이상이고, 현재는 90% 이상이라고 하니,[91] 갑골문이 문자가 만들어지는 과정에서 여전히 초기 단계에 있었음을 알 수 있다.

2. 금문(金文)

금문은 청동기에 새겨진 글자를 가리킨다. 글자가 새겨진 상나라 시기 청동기도 있지만, 청동으로 된 그릇들이 많이 생산된 시기는 주나라 시기이며, 주로 이 시기에 제작된 청동기에 많은 글자가 새겨져 있어, 금문은 주나라 시기의 대표적인 글자체가 되었다. 주나라 시기는 오늘날의 시안(西安) 서쪽에 위치한 하오징(鎬京)이 수도이던 서주(西周) 시기와 루오양(洛陽)으로 도읍을 옮긴 동주(東周) 시기로 나뉘는데, 동주 시기가 제후국들이 패권을 다투던 춘추전국시대이다. 금문은 서주 시기와 춘추시대까지 많이 사용되었다.

롱 껑(容庚)이 편찬한 『금문편(金文編)』에 진한(秦漢) 시기까지의 금문이 모두 수록되어 있는데,[92] 롱 껑에 의하면 상나라 말기인 은 시기부터 주나라 시기까지 발견된 금문은 모두 2,965자로, 이 가운데 1,804자는 해독되었다. 또한 진한 시기의 금문은 985자인데, 이 가운데 951자가 해독되어, 발견된 전체 3,950자 가운데 2,755자가 해독되었으며, 나머지 1,195

---

[91] 『위키백과』에는 김태만 외(2011)가 쓴 『쉽게 이해하는 중국문화』에서 인용하여, 『설문해자』에 실린 한자의 약 82%가 형성자이고, 『강희자전』에 실린 5만여 한자 가운데 약 89%가 형성자라고 쓰고 있다. 그런데 현대 사회에 이르러 화학 원소 기호도 형성자로 대거 만들어지는 등 형성자가 계속 늘고 있어 현재 형성자의 비율은 90% 이상이라고 할 수 있다.

[92] 이 단락의 내용은 이규갑(2001:79-80)에서 재인용.

자는 해독되지 않았다.

  글자가 가장 많이 새겨진 청동기는 서주 말기에 만들어진 모공정(毛公鼎)으로 497자가 수록되어 있다. 주나라 왕이 모공(毛公)에게 내린 책명(策命)을 기록한 것으로, 나라의 법과 풍습을 바로잡고 정치를 바로 세우라는 내용이 실려 있다.[93]

모공정 외관   모공정 내부

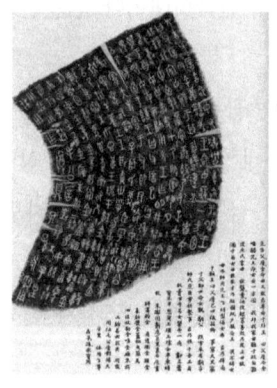

탁본

---

93 모공정 외부와 내부 사진, 탁본은 『중국학위키백과』에서 옮겨 실었다. 모공정의 글자 수는 이규갑(2001:80)에서 인용.

정(鼎)은 그림에서 볼 수 있듯이 발이 세 개이고 손잡이가 두 개 달린 솥인데, 글자가 새겨진 그릇 가운데 종(鐘)과 정이 많아 금문은 종정문(鐘鼎文)이라고도 불렸다. 또한 구리를 길금(吉金)이라고도 불렀기 때문에 금문을 길금문(吉金文)이라고도 한다.

그릇을 제작할 때 흙으로 빚은 안틀과 겉틀을 만들고, 안틀과 겉틀 사이에 쇳물을 붓고 쇳물이 단단히 굳으면 안틀과 겉틀을 제거했다. 글자는 겉틀의 표면에 양각이나 음각으로 새겼는데, 진흙의 표면이 양각이면 그릇에는 음각으로 글자가 새겨지고 진흙의 표면이 음각이면 그릇에는 양각으로 글자가 새겨졌다. 이러한 제작 과정으로 인해 날카로운 도구로 글자를 새긴 갑골문보다 글자체가 훨씬 부드러워졌고 선도 굵어졌다.

3. 대전(大篆)과 고문(古文)

춘추시대의 뒤를 이은 전국시대에는 주로 진(秦), 초(楚), 연(燕), 제(齊), 한(韓), 위(魏), 조(趙)의 일곱 나라가 강성하여 패권을 다투었으므로 후대 사람들은 이 나라들을 전국칠웅(戰國七雄)이라 불렀다. 이 가운데 대체로 진나라에서 당시 사용되던 글자를 대전으로 보고, 나머지 여섯 나라에서 쓰이던 글자를 후대 사람들이 고문이라 칭하게 되었다.

대전은 주문(籒文)이라고도 하는데, 서주 말기인 선왕(宣王) 때 태사(太史)인 조우(籒)가 만들었다고 전해진다. 글자는 개인이 만들어 통용되게 할 수 없으므로, 아마 조우가 당시의 글자체를 정리한 것으로 보인다. 그런데 조우가 지었다고 하는 『사주십오편(史籒十五篇)』이 『한서』「예문지」와 『설문해자』 서문에 『대전십오편(大篆十五篇)』이라고 되어 있어 후대 사람들이 주문과 대전을 같은 문자로 보게 되었다. 대전은 『설문해자』에 220여 자가 수록되어 있다(최영애 2011:141).

이에 비해 진나라 동쪽에 위치한 여섯 나라에서 쓰이던 글자가 옛 문자라는 의미의 고문(古文)이라고 불리게 된 것은 진시황이 실용 서적을 제외한 모든 책을 금지한 데서 비롯된 일이다. 진시황이 죽고 한나라가 들어선 후, 공자(孔子)의 옛집 벽 속에서 진시황의 금서령(禁書令)을 피해 숨긴 것으로 보이는 서적들이 발견되었다. 진시황이 기원전 210년에 사망하고, 옛 노(魯)나라 지역을 다스리게 된 한나라 경제(景帝)의 아들 노공왕(魯恭王)이 궁실을 넓히려고 공자의 옛집을 헐다가 이 책들을 발견했다. 노공왕의 재위 연도가 기원전 155년에서 129년이므로, 그사이 대략 육십 년 정도에서 최대 팔십 년 정도의 시간이 흘렀을 뿐이지만, 그동안의 금서정책으로 인해 이 서적에 쓰인 글자를 알아보지 못한 사람들이 먼 옛날의 글자라고 여겨 고문이라 불렀고, 이렇게 해서 여섯 나라의 문자는 고문이라고 불리게 되었다.

고문은 『설문해자』에 500여 자가 수록되어 있으며, 서문에 이 책들이 모두 벽 속의 책(壁中書)에서 인용한 것이라는 설명이 붙어있다(최영애 2011:143). 요약하면 대체로 전국시대 전국칠웅 가운데 하나인 진나라에서 사용된 글자는 대전, 나머지 여섯 나라에서 사용된 글자는 고문으로 본다.

4. 소전(小篆)

갑골문과 금문의 명칭은 글자가 새겨진 재료에서 비롯되었지만, 대전부터는 글자체 자체를 가리킨다. 소전은 대전과 함께 전서(篆書)라 불린다.[94] 소전은 『설문해자』에 9,353자가 실려 내려온다.

진시황은 전국시대의 혼란을 수습하고 마침내 중국을 통일했다. 그가

---

[94] 도장을 전서체로 새겼기 때문에, 중국어 어휘 '篆刻(zhuànkè)'는 '도장을 새기다'를 뜻한다.

여러 지역을 통치하면서 중앙정부와 각 지역의 관리들은 서로 공문을 주고받아야 했는데, 이 과정에서 서로 글자체가 달라 문서를 해독하는 데 어려움이 있었던 것 같다. 그는 재상인 리 쓰(李斯)에게 글자체를 통일하게 했고, 리 쓰는 자연히 다른 지역이 아닌 전국시대 진나라에서 통용되던 대전을 바탕으로 글자체를 통일했던 것으로 보인다. 이는 소전이 대전과 글자체가 비슷한 데에서도 알 수 있다.

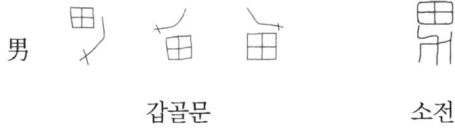

男   갑골문   소전

소전은 약간 타원형으로 선이 둥근 형태인데, 각 편방을 통일하여 편방마다 하나의 자형만을 갖게 하고 한자 내에서 편방의 위치를 고정시켰다(이규갑 2001:86). 男의 갑골문은 여러 가지 형태가 보인다. 그러나 소전에서는 위에서 볼 수 있듯이 田의 위치가 위로 고정되었다.[95]

5. 예서(隸書)

예서의 隸는 '종'을 뜻하며, 관청의 심부름꾼인 관노를 지칭한다. 죄수를 관리하던 하급 관리였던 청 먀오(程邈)가 감옥으로 호송되어 온 죄수들의 인적 사항 등을 기록하면서 복잡한 글자체를 간단하게 정리해 만들었다고 전한다. 진시황 때는 사소한 이유로도 처형되는 일이 흔했던 만큼 투옥되는 죄수들이 많았을 것이다. 이러한 상황에서 "청 먀오가 관리하던

---

95 소전의 자형은 『中文大辭典』 제6권, 650쪽에 수록된 『설문해자』 자형을 보고 그린 것이다.

죄수가 도망쳐 청 먀오가 감옥에 갇히게 되었는데, 그는 이를 불행으로 여기지 않고 감옥에 있는 시간을 활용해 복잡한 소전을 간략하게 정리해 진시황에게 바쳤다고 한다. 이에 만족한 진시황은 청 먀오를 사면하고 어사(御史)의 벼슬을 내렸다고 한다"(이규갑 2001:88). 그러나 진대(秦代)의 공식 문자는 여전히 소전이었고, 한나라 때에 이르러서야 식자층도 편리한 예서를 사용하게 되면서 예서가 한나라의 대표적인 글자체가 되었다. 한자(漢字)라는 명칭도 한나라의 글자라는 의미에서 비롯되었다고 한다.

예서는 시기별로 조금씩 차이를 보이는데, 진나라 때 사용된 예서는 진예(秦隷) 또는 고예(古隷)라고 하고, 한 무제(武帝) 이후의 예서는 한예(漢隷)라고 한다. 진예는 소전의 형태가 아직 남아있는 이른 시기의 예서로, 한나라 초기의 것으로 보이는 마왕퇴백서(馬王堆帛書)의 자형이 대표적이다.[96] 한 무제 이후의 한예는 옆으로 넓고 세로로는 짧은 형태를 보인다. 그런데 후한(後漢) 중기 이후의 예서를 이전의 한예와 구분하기도 한다(이규갑 2001:93). 후한 중기 이후의 예서는 네모반듯하고 필획이 균형을 이루고 있는데, 대표적인 것으로 희평석경(熹平石經)의 글자를 들 수 있다. 예서는 이후에 등장한 해서와 크게 차이가 없으며, 예서부터 근대 문자로 본다.

---

[96] 마왕퇴(馬王堆)는 '마왕(馬王)의 무덤(塚)'이라는 뜻으로, 10세기 중반 그곳을 다스렸던 마 인(馬殷)의 무덤이라고 전해지면서 붙은 이름이다. 지금의 후난성(湖南省) 창사시(長沙市)에 있다. 총 3개의 묘로 구성되어 있는데, 마왕퇴백서(馬王堆帛書)는 마왕퇴(馬王堆) 3호묘에서 발굴된, 비단에 쓴 서책인 백서(帛書)를 말한다.

마왕퇴백서[97]   희평석경[98]

6. 해서(楷書)

　예서는 소전에 비해 훨씬 쓰기 쉬워졌지만, 그래도 여전히 쓰기 어려웠던 것 같다. 한나라 초기에 예서를 쉽게 쓰기 위해 필획을 연결해 쓴 초서(草書)가 생겨났기 때문이다. 초서는 흘려 쓴 글자체를 가리키는데, 시기별로 장초(章草), 금초(今草), 광초(狂草)의 순으로 사용되었다. 장초는 세 초서체 가운데 가장 먼저 쓰였고, 가장 덜 흘려 쓴 글씨로 글자끼리 분리되어 있으며, 예서의 느낌이 남아있는 초서이다. 금초는 장초에 비해 더 흘려 쓴 글씨로 장초보다는 읽기 어렵지만 각 글자끼리는 여전히 분리되어 있었다. 광초는 글자 그대로 미친 듯이 흘려 쓴 글씨로, 글자끼리도 연결되어 있어 알아보기 어려운 서체이다. 일본어의 히라가나는 한자의 초서의 영향을 받았고, 중국에서 사용하는 간체자 가운데에도 초서체에서

97　출처:『중국학위키백과』
98　출처: 搜狗百科. https://baike.sogou.com. 희평(熹平)은 후한(後漢) 영제(靈帝)의 두 번째 연호이다.

유래한 글자들이 있다.

해서는 예서의 토대 위에, 초서의 장점인 편리함을 더해 만들어졌다(이규갑 2001:99). 글자 그대로 모범이 되는 서체로 진서(眞書) 또는 정서(正書)라고도 불렸다. 진대(秦代)에서 한나라 초기까지의 예서를 고예(古隸)라고 하고 해서를 금예(今隸)라 부르기도 했는데, 예서를 바탕으로 상대적으로 늦게 형성되었기 때문이다. 일설에 의하면 해서는 후한(後漢) 초기인 장제(章帝) 때 왕 츠종(王次仲)이라는 사람이 만들었다고 한다(이규갑 2001:100). 해서는 위진남북조 시기를 거치면서 당대(唐代)에 표준 글자체로 자리매김하였고 지금까지 사용되고 있다.

또한 해서보다 쓰기 쉬우면서 초서보다 알아보기 쉬운 행서(行書)도 후한 시기부터 지금까지 사용되어 왔다. 흔히 행서를 해서와 초서의 중간쯤 되는 서체라고 하는데, 필획이 해서보다 연결되어 쓰기 편하면서도 초서처럼 읽기 어렵지 않기 때문이다. 행서는 후한 환령(桓靈) 때 리우떠성(劉德昇)에게서 비롯되었다는 설이 정설로 되어 있다(이규갑 2001:104).

동진(東晉)의 왕 시즈(王羲之)는 해서, 행서, 초서에 모두 능했다고 한다. 당나라 때의 오우양 쉰(歐陽詢)과 얜 전칭(顔眞卿)은 해서를 잘 쓰기로 유명했다.

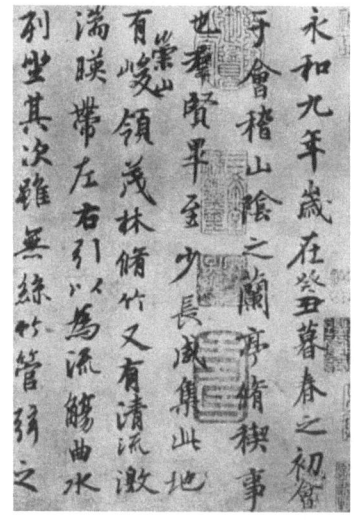 

왕 시즈의 난정서(蘭亭序)⁹⁹　　오우양 쉰의 구성궁예천명(九城宮醴泉銘)¹⁰⁰

9.4. 『설문해자』와 육서

『설문해자』는 후한 때 쉬 선(許愼)이 편찬한 자전으로, 당시 통용되던 9,353개의 한자를 소전의 글자체로 수록하고, 한나라의 글자체인 예서로 글자의 뜻과 형태를 설명했다. 소전 외에 전국시대 진(秦)을 제외한 여섯 나라가 사용하던 고문이나, 주문이 있는 한자는 고문이나 주문도 함께

99　왕 시즈의 행서는 『중국학위키백과』에서 옮겨 실었다. 난정(蘭亭)은 회계군(會稽郡) 산음현(山陰縣)에 위치했다. 어느 날 이곳에 문인들이 모여 술을 마시며 시를 지어 시집을 만들었다. 왕 시즈가 시집의 서문을 행서로 썼는데, 이것을 난정서(蘭亭序)라고 한다.
100　오우양 쉰의 해서는 『중국학위키백과』에서 옮겨 실었다. 구성궁(九城宮)은 수나라 때의 한 궁궐로, 당 태종 때 이 궁궐을 수리해 구성궁으로 개칭했다고 한다. 구성궁의 정원 한 모퉁이에서 단맛이 나는 샘물(醴泉)이 솟는 것을 기념해 비문을 세우고 구성궁예천명이라 이름 지었는데, 그 비문의 글씨를 오우양 쉰이 쓴 것이다.

수록했는데, 이러한 이체자(重文 chóngwén)가 1,163자나 된다.[101]

'說文解字'란 文을 설명하고 字를 해석한다는 뜻인데, 여기서 文은 둘 이상의 편방으로 나뉠 수 없는 독체자(獨體字)를 뜻하며, 日, 月, 上, 下와 같이 당시 사용되던 상형자와 지사자를 가리킨다. 字는 독체자의 상대적인 개념인 합체자(合體字)를 뜻하며, 둘 이상의 文이 합해 이루어진 회의자와 형성자를 가리킨다. 즉 설문해자란 말은 쉬 선 시기에 통용되던 한자를 풀이해 놓았다는 뜻이다.

1. 육서(六書)

앞에서 상형, 지사, 회의, 가차, 형성의 순서로 한자가 만들어져 사용되어 온 것을 살펴보았다. 상형자와 一, 二, 三, 上, 下 같은 간단한 지사자는 아마도 거의 같은 시기에 출현했을 것이다. 쉬 선은 『설문해자』에 한자를 여섯 가지로 나누어 설명했는데, 이러한 분류법이 육서(六書)이다. 쉬 선은 육서를 지사, 상형, 형성, 회의, 전주(轉注), 가차의 순으로 배열했다. 그런데 육서의 순서는 일반적으로 『한서』 「예문지」에 나오는 빤 꾸(班固 32년~92년)의 육서의 순서를 따라 상형, 지사, 회의, 형성, 전주, 가차의 순으로 배열한다(최영애 2011:146-147). 쉬 선이 밝힌 육서는 다음과 같다.

> 첫째는 지사이다. 지사는 보아서 알 수 있고, 살피면 뜻이 보이는데, 上, 下가 그러하다. 一曰指事。指事者, 視而可識, 察而見意, 上下是也。
> 둘째는 상형이다. 상형은 그려서 그 물체를 이루는데, 형체를 따라 굽힌다. 日, 月이 그러하다. 二曰象形。象形者, 畫成其物, 隨體詰詘, 日月是也。
> 셋째는 형성이다. 형성은 사물로서 이름을 삼고 비유를 취해 서로 이루는 것으로 江, 河가 그러하다. 三曰形聲。形聲者, 以事爲名, 取譬相成, 江河

---

[101] 『설문해자』의 이체자 숫자는 중국의 바이두(百度)에서 인용.

是也。

넷째는 회의이다. 회의는 글자들(類)을 나란히 놓고 뜻을 합쳐서, 가리키는 바를 나타내는 것으로, 武, 信이 그러하다. 四曰會意。會意者, 比類合誼,[102] 以見指撝, 武信是也。

다섯째는 전주이다. 전주는 (같은 류의) 글자들(類)을 한 부수(首)로 세워, 같은 뜻을 서로 주고받는 것으로, 考, 老가 그러하다. 五曰轉注。轉注者, 建類一首, 同意相受, 考老是也。

여섯째는 가차이다. 가차는 본래 그 글자가 없어서 소리에 따라서 사물을 기탁하는 것으로, 令과 長이 그러하다. 六曰假借。假借者, 本無其字, 依聲託事, 令長是也。

사물로서 이름을 삼고 비유를 취한다는, 형성에 대한 위의 정의에서 이름은 아마도 '뜻'을 의미하고, 즉 형성자의 형부(形部)와 관련이 있고, 비유는 '소리'를 의미하는 것인 듯하다. 가차의 경우 소리에 따라서 사물을 기탁한다는 것은 소리가 같은 글자로 사물, 즉 나타내고자 하는 의미를 나타낸다는 뜻으로 풀이된다. 나머지 상형, 지사, 회의에 대한 정의는 쉽게 이해할 수 있다.

이 가운데 상형, 지사, 회의, 형성은 글자가 만들어진 원리를 나타내고, 가차, 전주는 글자를 활용하는 방법으로 볼 수 있다. 그런데 전주는 가차처럼 글자를 활용하는 방법이라고는 하지만, 『설문해자』에서 전주의 예로 고(考), 로(老) 두 글자밖에 들지 않아서(최영애 2011:147), 쉬 선이 무슨 이유로 쓰임이 많지 않은 전주를 가차와 함께 언급했는지는 알 수 없다.

『설문해자』에 수록된 소전과 여섯 나라의 고문 등의 고문자(古文字)는 청나라 말기에 갑골문이 발견된 후 대대적으로 진행된 고문자 연구에 큰 도움이 되었다. 『설문해자』에 그와 같이 고문자가 실려 있지 않았다면

---

[102] 類를 사물의 종류로 풀이하기도 하는데, 본서에서는 글자 군(群)을 지칭하는 것으로 본다.

지금까지 해독된 갑골문자의 뜻을 알아내는 것이 더 어려웠을 것이다.

2. 부수

『설문해자』는 가장 먼저 부수(部首)라는 개념을 도입하고, 부수에 따라 글자를 검색하는 방법을 사용함으로써 이후에 간행된 자전(字典)에 큰 영향을 미쳤다. 부수는 여러 한자가 공유하는 구성 부분이다. 예를 들면 定(정), 家(가), 富(부) 등은 공통된 부분 宀(면)을 갖는다. 따라서 글자를 수록할 때 부수인 宀을 먼저 나열하고 그 아래에 宀이 부수인 定, 家, 富 등을 수록했다. 이렇게 부수를 사용하여 글자를 배열하자 자전에서 글자를 찾는 것이 훨씬 쉬워졌다.

『설문해자』에는 모두 540개의 부수가 있다. 첫 번째 부수는 一로 정하고 다음에 글자의 형태가 비슷한 부수가 이어지도록 배열하고, 뜻도 연관되도록 배열하여 글자를 찾는 데 드는 시간이 크게 줄어들었다. 그런데 540개의 부수도 매우 많은 데다 부수의 순서도 현대 자전처럼 필획 수라는 분명한 기준이 아니어서 글자를 찾는 데 여전히 많은 시간이 들었다. 따라서 이후에 나온 자전들은 부수의 개수를 조금씩 줄여나갔다.

북송 초기에 요나라의 승려 행균(行均)이 자전인『용감수감(龍龕手鑑)』(997)[103]을 지으면서 부수를 242개로 대폭 줄이고, 부수도 글자의 형태가

---

[103] 원래 이름은『용감수경(龍龕手鏡)』이다.『용감수경』은 거란 성종(聖宗) 15년(997)에 거란의 승려 행균(行均)이 편찬한 한자 자전이며, 용감(龍龕)이란 말은 불전(佛典)을 의미한다. 요(遼)나라 시대의 음운을 연구하는 데에 유일한 자료이다. 편찬자인 행균이 승려였으므로 특히 불전에 나오는 글자까지 빠뜨리지 않고 망라한 것이 이 책의 특색이다.『용감수경』은 중국에서는 이미 사라지고 남송대(南宋代)에 이르러『용감수감』으로 이름을 바꾼 것이 전해져 오다가, 근래『속석일총서(續石逸叢書)』에 수록되어 간행되었다. 그러므로 한국에 남아있는『용감수경』이 현존하는 유일한『용감수경』이다.『용감수경』은 모두 4권으로 되어 있으며, 고려대학교에 소장된 것은 이 가운데 제3권과 제4권이다. 1963년에 우리나라의 보물로 지정되었다가 1997년

아닌 부수의 평, 상, 거, 입 사성에 따라 배열했다(이규갑 2001:152). 이후 명나라 때 메이 잉쭈오(梅膺祚)가 『자휘(字彙)』라는 자전을 간행하며 부수를 214개로 줄였고, 부수도 필획 수가 적은 부수부터 차례대로 배열했다. 이 방법은 글자를 찾는 시간을 획기적으로 줄여주었다. 청나라 때 간행된 『강희자전(康熙字典)』이 이 방법을 그대로 채택했고, 지금도 중국뿐 아니라 한국과 일본도 이 방법을 채택해 자전을 출판하고 있다.

현재 사용되는 자전이나 사전은 부수로 글자는 찾는 방법 외에, 글자의 음으로 검색하는 방법과 한자의 전체 필획 수로 검색하는 방법도 함께 사용하고 있다. 독음으로 검색하는 경우 글자의 독음을 모르면 아무 소용이 없다. 또한 전체 필획 수로도 검색할 수 있지만 획수가 같은 글자들이 많아서 검색하는 데 많은 시간이 든다. 그러므로 부수를 만든 것도 획기적이고, 부수를 필획 수에 따라 배열한 것도 자전의 발전사에서 본다면 획기적인 일이다.

9.5. 중국의 문자 개혁과 간체자

우리나라는 한글을 사용하지만, 우리말 어휘의 과반수는 한자어이다. 한글 단체들은 국립국어원이 간행한 『표준국어대사전』에 실린 51만여 개의 낱말 가운데 한자어는 29만여 개로 57%였다고 발표했다.[104] 이 중에서도 사전에만 실렸을 뿐 일상생활이나 전문 분야에서 전혀 사용되지 않는 낱말이 많아 실질적인 한자어 비율은 더 낮다고 한다. 국립 국어연구원이 2002년 발표한 '현대 국어 사용 빈도 조사'를 보면, 우리말 어휘의

국보(제291호)로 승격되었다. 『위키백과사전』 참조.
[104] 이 단락의 내용은 머니투데이 2013년 10월 9일 기사에서 인용.

사용 비율은 토박이말이 54%, 한자어 35%, 외래어가 2%였다. 한국인의 한자어 사용 비율이 35%라는 말은 한자를 알면 한국인이 사용하는 어휘의 1/3 이상을 쉽게 이해할 수 있다는 뜻이다.

교육부에서는 1972년 한문 교육용 기초한자 1,800자를 제정하고 중학교와 고등학교에서 각각 900자씩 가르치도록 했다. 이후 2000년에 교육인적자원부에서 개편안을 발표한 후, 중학교 과정 한자 가운데 4자, 고등학교 과정 한자 가운데 40자, 즉 44자를 교체해 2008년부터 학생들에게 가르치고 있다.[105]

일본은 1981년 1,945자의 상용한자를 제정해 초등학교에서 1,000자, 중학교에서 945자를 가르쳤으나, 이후 여러 차례 수정을 거쳐 2010년 2,136자를 제정했다. 이 가운데 1,026자는 초등학교에서, 1,110자는 중고등학교에서 가르친다.

중국은 한자를 상용하는 나라이기 때문에 한국이나 일본보다는 한자를 많이 가르친다. 1988년 국가어언문자공작위원회(國家語言文字工作委員會)가 국가교육위원회와 함께 상용자 2,500자와 차상용자(次常用字) 1,000자를 제정했고, 상용자 2,500자는 초등학교에서, 차상용자는 중학교에서 가르치고 있다. 간체자가 아닌 정자(正字)를 사용하는 타이완은 상용자가 중국보다 많은데, 4,808자를 상용자로 제정해 가르치고 있다.

1. 한자와 발음기호

베트남어 어휘의 60% 정도가 한자어에서 유래한 것으로 알려져 있다. 한대부터 음과 함께 도입된 한자는 베트남 상류층에서 사용되었는데, 14세기부터는 8세기 이후 조금씩 생겨난 이두(吏讀) 문자인 쯔놈(字喃 chữ

---

[105] 한국, 중국, 일본의 상용한자 수에 대해서는 『위키백과사전』 참조.

nôm)이 널리 쓰이기 시작했다. 쯔놈은 베트남의 고유어를 표기하기 위해 한자의 음과 뜻을 차용해 만들었으나 흔히 속자(俗字)로 여겨져 조정의 공식 문서에는 한자가 사용되었다.

쯔놈은 어떤 어휘를 글로 표기하기 위해 음이 같은 글자를 사용하기도 하고, 음이 같은 적당한 한자가 없으면 회의와 형성의 원리에 따라 새로운 한자를 만드는 방법을 통해 생겨난 문자 체계이다. 숫자 1을 의미하는 어휘 một[mot]을 나타낼 문자가 없어 음이 같은 沒(몰)을 사용해 표기했고, '~을 가지다', '있다'를 의미하는 어휘 có[kɔ]가 문자가 없어 固(고)에서 소리를 빌렸다. 이 같은 가차 사례도 있고, 숫자 3(ba)을 표기하기 위해 뜻을 나타내는 三과 소리를 나타내는 巴(파)를 결합해 형성자 吧를 만들기도 했으며, 하늘(trời)을 나타내기 위해 天(천)과 上을 위아래로 결합해 새로운 회의자 죤를 만들기도 했다. 또한 이두나 향찰처럼 한자의 일부만을 가져다 쓰기도 했다. 예를 들면 '하다'(làm)라는 어휘를 표기하기 위해 뜻이 같은 한자인 爲(위)의 상부 爫(조)만을 가져다 làm을 표기했다. 그러나 베트남에서는 현재 한자를 사용하지 않고 있으며, 로마자로 된 문자를 사용한다.

한자를 배우는 중국인들도 로마자로 된 한어병음자모(漢語拼音字母)를 따로 배운다. 한자마다 발음이 달라서, 발음을 모르는 한자의 음을 학습하거나 사전을 검색할 때 반드시 알아야 하는 발음기호이다. 타이완에서는 주음부호(注音符號)라는 발음기호를 사용한다.[106] 이 기호는 다른 언어의 표음문자를 배우는 것과 같은 방식으로 학습하면 된다. 주음부호와 한어병음자모를 비교하면 다음과 같다.

---

106 1912년 청나라가 멸망하고 세워진 중화민국에서는 1913년 독음통일회(讀音統一會)를 개최해서 장 타이앤(章太炎)이 창안한 '기음자모(記音字母)'를 채택해 한자의 음을 표기하기로 결정했다. 이후 여러 차례 수정을 거쳐 1931년 현재 사용되는 주음부호의 순서와 성모 21자, 운모 16자가 결정되었다(김상근 1995:98-99).

ㄅ b	ㄆ p	ㄇ m	ㄈ f				
ㄉ d	ㄊ t	ㄋ n	ㄌ l				
ㄍ g	ㄎ k	ㄏ h					
ㄐ j	ㄑ q	ㄒ x					
ㄓ zh	ㄔ ch	ㄕ sh	ㄖ r				
ㄗ z	ㄘ c	ㄙ s					
ㄚ a	ㄛ o	ㄜ e	ㄧ i	ㄨ u	ㄩ ü		
ㄝ ie	ㄞ ai	ㄟ ei	ㄠ ao	ㄡ ou			
ㄢ an	ㄣ en	ㄤ ang	ㄥ eng	ㄦ er			

한어병음자모에서 개음, 주요모음, 운미가 함께 표기된 iang, uai, üan 과 같은 운모는 주음부호로는 ㄧㄤ, ㄨㄞ, ㄩㄢ과 같이 표기하면 된다. 주음부호는 주요모음과 운미를 합한 운을 하나의 부호로 표기하는 것이 특징이다.

타이완에서는 로마자로 된 표기법도 사용한다. 영국인 토마스 웨이드(Thomas Francis Wade 1818~1895)가 중국에 거주하는 영국인을 대상으로 중국어 교재『어언자이집(語言自邇集)』을 출간하며 한자의 발음을 영어의 알파벳을 사용해 표기했는데, 타이완에서는 여전히 이 웨이드식 표기법으로 인명이나 지명을 표기한다.[107] 웨이드식 표기법을 한어병음자모와 비교했을 때 운모보다는 성모의 표기법이 큰 차이를 보이는데, 한어병음자모의 b와 p, d와 t, g와 k를 웨이드식 표기법으로는 각각 p와 p', t와 t', k와 k'로 표기한다. 또한 구개음 j, q와 권설음 zh, ch를 웨이드식 표기법으로는 똑같이 ch, ch'로 표기한다. 마찰음의 표기는 조금 달라서 구개음 x는 hs, 권설음 sh는 한어병음자모와 같이 sh로 표기한다. z, c, s는 ts, ts',

---

107 영국인 허버트 자일스(Hebert Giles 1845~1935)가 이 표기법을 약간 수정해서 사용했기 때문에 웨이드·자일스 표기법이라고도 한다.

s로 표기하는데, 뒤에 a, e[ə], o, u 모음이 뒤따르지 않는 zi, ci, si와 같은 음절은 tzŭ, tzʻŭ, ssŭ로 표기한다. 예를 들면 字, 次, 丝는 『어언자이집』에 각각 tzŭ, tzʻŭ, ssŭ로 표기되어 있다. 또한 r 성모는 j로 표기한다. 따라서 로마자로 표기된 중국 이름으로도 중국 출신인지 타이완 출신인지 파악할 수 있다.

시대순으로 보면 웨이드식 표기법이 가장 먼저 사용되었고, 이후 주음부호와 한어병음자모의 순으로 사용되어 왔다. 그렇다면 고대 중국인들은 어떤 방식으로 한자의 음을 표기했을까? 글자마다 음과 뜻이 다른 한자의 학습은 지금보다 고대에 훨씬 더 어려웠을 것이다. 고대 중국인들이 주로 사용한 방법은 표음 대상이 되는 글자와 음이 같거나 비슷한 글자로 음을 표기하는 것이었다. 예를 들면 '童(동)의 음은 同(동)이다'(童音同), '童은 同처럼 읽는다'(童讀若同)와 같이 발음을 표기하는 방법이다.

그러나 글자에 따라 음이 같은 글자를 찾기 어려웠을 것이고, 또한 찾았어도 그 글자가 더 어려운, 거의 사용되지 않는 글자라면 표음의 의미가 없었을 것이다. 따라서 고대인들은 두 개의 글자로 표음 대상이 되는 글자의 음을 표기하는 기발한 방법을 생각해 냈다. 두 글자 가운데 첫 글자로는 표음 대상이 되는 글자의 성모를 표기하고, 두 번째 글자로는 표음 대상이 되는 글자의 운모를 표기한 후 마지막에 절(切)자를 붙이는 방법이다. 예를 들면 『광운(廣韻)』에 한(寒)의 음을 호안절(胡安切)로 표기했는데, 이 경우 寒과 胡의 성모가 같고 寒과 安의 운모가 같다. 고대 중국인들은 이러한 발음 표기 방법을 반절(反切)이라 칭했고, 성모를 나타내는 첫 글자를 반절상자(反切上字), 운모를 나타내는 두 번째 글자를 반절하자(反切下字)라고 불렀다. 이러한 발음 표기 방법으로 거의 모든 글자의 음을 표기할 수 있었으므로, 반절은 후에 로마자 표기법이나 주음부호가 등장하기 전까지 계속 사용되었다.

한국어처럼 표음문자를 사용하면 문자를 익히는 동시에 어휘를 읽을 수 있지만 중국어를 학습할 때는 발음기호인 표음문자를 익히고, 그 발음 기호를 수단으로 각 한자의 음을 익히는 이중의 수고를 해야 한다. 이외에도 일상생활에 쓰이는 개별 한자를 수천 자 외워야 하므로, 문자를 습득하는 데 많은 시간을 들여야 한다. 이와 같은 이유로 중국에서는 문맹률이 높았고, 가장 큰 원인으로 지목된 한자 학습의 어려움을 줄이기 위해 간체자를 제정해 사용하게 되었다.

2. 한자 간소화 방안

중국에서 한자를 국가 차원에서 간소화시켜 사용하게 한 것은 1950년대 이후의 일이다. 중국 정부는 1956년 정식으로 515개의 한자를 간소화한 간체자와 54개의 간소화된 편방(偏旁)을 공포했다. 편방에서 한자의 왼쪽이 편, 오른쪽이 방이다. 이후에도 한자 간소화 작업을 계속해서, 1964년 5월 2,236자의 간체자 표(簡化字總表)를 발표했고, 1986년에 개별 글자에 대한 조정을 거쳐 2,235자의 간체자 표를 다시 발표했다(이규갑 2001:109).

한자를 간소화한 방법을 살펴보면 기존의 글자를 변형시키는 방법, 기존의 간단한 글자를 채택해 사용하는 방법, 여러 개의 이체자(異體字) 가운데 가장 많이 사용되는 글자만 남기고 다른 글자들은 폐기하는 방법으로 크게 나눌 수 있다.

먼저 어떠한 방법으로 기존의 글자를 변형해 필획 수를 줄였는지 살펴본다.

① 글자의 일부만 사용: 亲(親), 么(麼), 务(務), 医(醫), 飞(飛), 亏(虧), 术(術), 业(業)

② 편방을 간단하게 바꿈: 时(時), 欢(歡), 麦(麥), 报(報), 对(對), 脑(腦), 块(塊), 独(獨), 饭(飯), 还(還)

③ 성부를 간단하게 바꿈: 运(運), 机(機), 灯(燈), 邮(郵), 远(遠)
④ 전체를 간단하게 바꿈: 铁(鐵), 钱(錢), 两(兩), 写(寫), 圣(聖), 经(經)
⑤ 새로운 회의자를 만듦: 尘(塵), 笔(筆)
⑥ 새로운 형성자를 만듦: 惊(驚), 厅(廳), 忧(憂)

다음으로 어떠한 방식으로 기존 글자를 활용했는지 살펴본다.
① 초서체를 채택함: 个(個), 听(聽), 为(爲), 头(頭), 车(車), 发(發), 艺(藝), 药(藥), 苏(蘇)
② 필획이 적은 다른 글자로 대체: 干(幹), 后(後), 几(幾)
③ 옛 글자를 채택함: 云(雲), 从(從), 电(電)
④ 이체자, 속자를 채택함: 儿(兒), 尔(爾), 号(號), 虫(蟲), 点(點)

마지막으로 여러 가지 이체자를 정리했다. 이체자란 글자의 형태는 다르지만 같은 뜻, 같은 음을 가진 글자를 가리킨다. 바위를 뜻하는 한자에는 巖(암), 岩(암), 嵒(암), 巉(암) 등의 여러 한자가 있는데, 중국에서는 가장 필획 수가 적은 岩을 사용하고 나머지는 이체자로 규정했다. '큰 산'을 뜻하는 岳(악)과 嶽(악)에서는 역시 필획 수가 적은 岳을 사용하고 嶽은 이체자로 규정했다. 이체자는 몇 가지 유형으로 정리된다.

첫째, 편방의 위치가 다른 유형이다. 예를 들면 裏(리)와 裡(리), 峯(봉)과 峰(봉), 羣(군)과 群(군)은 형태는 다르지만 같은 글자이다. 裡와 峰은 裏와 峯에서 부수인 衣(의)와 山(산)의 위치를 왼쪽 편(偏)으로 옮기고, 群은 羣에서 부수인 羊(양)을 오른쪽 방(旁)으로 옮겼을 뿐이다. 안쪽을 뜻하는 裏, 裡는 중국에서는 현재 성부인 '마을 리' 里로 대체되어 쓰이고 있고, 봉우리 봉은 峰, 무리 군은 群이 쓰인다.

둘째, 의미를 나타내는 형부가 다른 유형이다. 館(관)과 舘(관), 嘩(화)와 譁(화), 迹(적)과 跡(적), 鋪(포)와 舖(포)가 해당된다. 중국에서는 館의 간체자인 馆, 嘩의 간체자인 哗, 鋪의 간체자인 铺를 사용한다. '자취 적'의 경우에는 필획이 더 적은 迹을 사용한다.

셋째, 성부가 다른 유형이다. 綫(선)과 線(선), 映(영)과 暎(영), 跡(적)과 蹟(적), 煙(연)과 烟(연) 등이 해당된다. 중국에서는 綫의 간체자인 线을 사용한다. 映과 暎 중에서는 더 간단한 형태인 映을 사용한다. '자취 적'의 경우 위에서 살펴본 바와 같이 迹, 跡 외에도 성부가 다른 蹟이 있는데 迹을 사용하고 나머지는 이체자로 규정했다. 煙과 烟 중에서는 필획 수가 적은 烟을 사용한다.

문맹률을 낮추기 위해 한자의 필획 수를 줄이려는 이와 같은 노력 덕분에 한자의 필획 수는 눈에 띄게 줄어들었다. 간체자 방안을 제정하기 전에는 간소화 대상 글자 2,261자의 평균 필획수가 16획이었는데, 간체자 방안을 제정해 이체자를 정리하고 한자의 형태를 간소화한 후에는 2,235자로 줄었고, 이 글자들의 평균 필획수는 10.3획으로 줄었다(이규갑 2001:112-113).

참고문헌

김경일 2004. 『김경일 교수의 제대로 배우는 한자 교실』, 서울: 바다출판사.
김상근 1995. 『중어학기초』, 서울: 중앙대학교출판부.
김태경 2003. 「『圓音正考』와 尖團音」, 『중국어문학논집』, 제25호.
김태경 2023. 「合口 3等 介音의 순서와 撮口 韻母의 형성 과정」, 『중국어문학지』, 제85집.
김태경 2024. 「중국 한자음과 베트남 한자음의 성조 체계 비교」, 『중국언어연구』, 제113집.
박현중 2011. 「영어와 한국어의 시제와 상에 대한 비교연구」 충남대학교 대학원 석사학위논문.
성백인·김현권 1998. 『언어학개론』, 서울: 한국방송대학교출판부.
엄익상 2002. 『중국언어학 한국식으로 하기』, 서울: 한국문화사.
이규갑 2001. 『한자가 궁금하다』, 서울: 학민사.
조의연·조숙희 2018. 「번역연구에서 그라이스 대화 격률의 유용성」, 『번역학연구』, 제19권 5호.
최영애 2011. 『중국어란 무엇인가』, 서울: 통나무.
G. Yule 1996. *Pragmatics*, Oxford University Press. 서재석·박현주·정대성譯, 2001, 『화용론』, 서울: 박이정.
Chin-chuan Cheng(鄭錦全) 1973. *A Synchronic Phonology of Mandarin Chinese*, The Hague: Mouton. 엄익상역, 2002, 『현대중국어 생성음운론』, 서울: 학고방.
San Duanmu(端木三) 2003. *The Phonology of Standard Chinese*, Oxford University Press. 엄익상외 역, 2021, 『표준중국어음운론』, 서울: 한국문화사.
Norman, Jerry(노먼) 1988. *Chinese*, Cambridge: Cambridge University Press. 전광진역, 1996, 『중국언어학총론』, 서울: 동문선.
馮 蒸 1997. 『漢語音韻學論文集』, 北京: 首都師範大學出版社.

李珍華·周長楫 1999.『漢字古今音表』, 北京: 中華書局.

威妥瑪(Wade, Thomas) 1886.『語言自邇集』, 張衛東譯, 2002, 北京: 北京大學出版社.

北京大學中國語言文學系 語言学教研室 1995.『漢語方言詞滙』(第二版), 北京: 語文出版社.

Austin, J. L. 1962(1965). *How to do things with words*, New York: Oxford University Press.

Grice, Paul. 1975. 'Logic and conversation', in P. Cole and J. Morgan (eds.) *Syntax and Semantics 3: Speech Acts*. New York: Academic Press.

Haudricourt, André 1954. De l'origine des tons en vietnamien, *Journal Asiatique* 242: 69-82. Reprinted in *Problèmes de phonologie diachronique*: 146-160, 'The origin of tones in Vietnamese' translated by Marc Brunelle, 2018. (https://shs.hal.science/halshs-01678018)

International Phonetic Association 1999. *Handbook of the International Phonetic Association*, Cambridge University Press.

Ladefoged, Peter 2001. *A Course in Phonetics*, Harcourt College Publishers.

Leech, Geoffrey 1983. *Principles of Pragmatics*, New York: Longman.

Searle, John R. 1979. *Expression and Meaning*, Cambridge: Cambridge University Press.

찾아보기

ㄱ

가능보어 114, 115
가차(假借) 207, 212, 222, 223
가차자 207, 209
각운 42
간접 화행 158, 159
간체자 182, 219, 230, 232
감탄문 133
감탄법 133
감탄사 98, 120
갑골문 15, 204, 205, 209, 210, 211, 212, 213, 216, 223
강세 52
『강희자전(康熙字典)』 225
개구호 47, 51
개별 언어학 11, 12
개사(介詞) 110
개음 27, 44, 46
개음절 43
거성 54, 169, 172, 192
격 95, 120, 123
결과보어 114
결승 201, 202, 205
겸양의 격률 163
겸어(兼語) 103

겸어문(兼語文) 102, 136
경구개음 21
경성 53, 56, 65, 66, 67
경성의 법칙 68, 69
경순음 46
계열적 관계 138, 146, 150
계층적 반의 149
고립어 73, 82, 178, 181, 197
고모음 25, 48
고문(古文) 215, 216, 221, 223
고예(古隸) 218
곡용 73, 123
곡용 어미 73
공감의 격률 163
공동격 123, 124
공명음 45
공손 원리 163
공시 언어학 14, 165
공자(孔子) 216
관용어 154, 155
관용의 격률 163
관형격 123, 182
관형사 86, 98
관화(官話) 방언 54, 169, 172, 184, 187, 188, 190, 192

찾아보기 235

『광운(廣韻)』 173, 229
광초(狂草) 219
교착어 64, 82, 197
구 87, 135
구강음 22
구개음 177, 192, 193, 228
구개음화 33
구절 구조 규칙 85, 88, 90, 91, 94
구절 구조 문법 88
구조조사 111, 112
구조주의 언어학 83
국제 음성 문자 17, 18
굴절 72, 73, 76, 78, 80
굴절 접사 63, 72, 73, 74, 75, 95, 123, 126, 127
굴절어 64, 82, 95, 197
권설 운미 70
권설운 50
권설음 20, 26, 46, 168, 228
그라이스의 대화 격률 162, 163
그린버그 82
근대 중국어 168, 169
금문 210, 213, 216
금서령(禁書令) 216
금석문 204
금예(今隸) 220
금초(今草) 219
기능어 80
기본 모음 사각도 25
기수 106
기저부 94

기저형 92
길금문(吉金文) 215
길이 19, 27, 51, 52
깐 방언 55, 189, 191
깐(贛) 방언 54, 187

ㄴ

나무 그림 87
남도(南島) 어족 197
남방 관화 191
남방 관화 방언 188, 189
남방 방언 187, 190
남부 방언 193
남아시아 어족 197
내파음 23
노먼 180, 190, 191, 192
『논어(論語)』 178
높이 19, 27, 51, 54
능동태 133
능원(能願)동사 104

ㄷ

다시쓰기 88
다의 138, 139, 142
다의어 126, 139, 140, 141, 142, 143
단모음 31, 43, 48, 52, 53
단문 135
단수 121
단순방향보어 115
단순어 76, 78
단어 13, 57

단언 157
단음 177
단음절 43
단음절 형태소 60
단일어 76
대명사 98, 180, 181
대사(代詞) 98, 106
대전(大篆) 215
대치 96
도구격 123, 124
도문(陶文) 204
독체자(獨體字) 222
동계어 186, 193
동량사 107
동사 97, 98, 99, 108, 121, 126, 180, 181
동사 술어문 136
동사구 58, 86, 88, 91
동음이의 142
동음이의어 144
동음이형어 145
동의 138, 146, 150
동의어 147, 148
동의의 격률 163
동태조사 111, 116
동형 138, 139, 140, 142
동형동음어 144
동형어 140, 141, 142, 143, 144, 145
동형이음어 144, 145
동형이의어 144
동화 171

동화작용 39, 171
두음 42
등급 반의어 149, 150
등운도 16
디오니시우스 트락스 96

ㄹ

랑가주 83
랑그 11, 83
로마자 203, 228
롱 껑(容庚) 213
리 쓰(李斯) 217
리우 떠성(劉德昇) 220

ㅁ

마 지앤종(馬建忠) 16
마르티네 30
『마씨문통(馬氏文通)』 16
마찰음 23, 45, 228
말음 27, 42, 171
메이 잉쭈오(梅膺祚) 225
메콩강 171
명량사 107
명령문 133, 158, 159
명령법 133
명사 96, 98, 99, 120, 121, 122, 123
명사구 86, 88
모공정(毛公鼎) 214
모라 53
모음 19, 25, 42
모음 핵 42

목적격 123, 182, 183
목적어 179, 181, 183
몬·크메르어 199
몽골 어족 196
무기음 23, 24, 45
무성음 22, 45, 169
무조건 변화 168, 169
무표항 36
문법 범주 95, 120
문법 변화 178
문법 형태소 61, 66, 72, 73
문법학 15
문자학 14, 15
문장 13, 79, 84, 135
문장 의미론 137
미얀마어 24, 196
민(閩) 방언 54, 173, 187, 189
민난(閩南) 방언 173, 189
민뚱(閩東) 189
민베이(閩北) 방언 189, 190

ㅂ

바이어 186
반3성 52
반3성의 법칙 68
반의 138, 146, 148, 150
반의어 148
반절(反切) 15, 173, 229
반절상자 229
반절하자 229
발생론적 분류 195

발화 수반 행위 156, 158, 159
발화 지시사 157, 158
발화 행위 156
발화 효과 행위 156
방언 54, 186
방향 반의어 149
방향보어 114, 115
범주 95
베트남 한자음 167, 174, 175, 176, 194, 199
베트남어 197, 198
변별 자질 29, 34, 169
변이 형태 61, 127
변이음 29, 32
변형부 94
변형생성문법 85, 91, 94
병렬 관계 118
병치 150
보격 123
보문소(補文素) 89
보통화 188
복모음 31
복문 89, 135
복사(卜辭) 210
복수 121
복합 76, 77, 78
복합방향보어 115
부가 76, 77, 78
부사 97, 98, 106, 108, 109
부사격 123
부사구 86

부수(部首) 224
부절 201, 202
부정 부사 180
부정문 181, 183
북방 관화 191
북방 관화 방언 188
북방 방언 187
북부 방언 193
분절음 27, 29, 72
분포 97
분포주의 84, 85
분할 27
불완전 동사 100
블룸필드 84
비강음 22
비교 언어학 165, 186
비모음 26
비음 22

ㅅ

사호(四呼) 47, 51
산발적 변화 168, 170, 172, 176
삼인칭 124, 125, 183, 184
삼중 모음 27, 48
상 95, 120, 129
상고 중국어 166, 167, 175, 186, 194
상고 한어 186
상보적 반의 148
상보적 분포 32, 33, 63
상성 54, 169, 172, 192
상위 138, 146, 150

상위어 150
상형 212, 222, 223
상형(象形)문자 203, 206, 208
상형자 205
상호적 반의 149
서계 201, 205
서남 관화 191
서남 관화 방언 188, 189
서법 95, 120, 132
서북 관화 191
서북 관화 방언 188
서수 106
서술격 123
선언 157
설근음 46, 51
설면음 51
『설문해자(說文解字)』 15, 205, 215, 216, 221, 222, 223, 224
설배성 34
설정성 34
설첨음 46, 51
설첨전음 46, 48, 51
설첨후음 46, 48, 51
설측음 23
설형(楔形)문자 203
성 95, 120, 121
성모 27, 44, 175, 193, 228
성문 파열음 173
성문음 21
성부(聲符) 193, 203, 207, 209, 232
성분 85

성분 분석 85
성운학 14
성조 27, 44, 52, 53, 54, 56, 172, 192, 199
세기 19, 27, 51, 52
소쉬르 11, 83, 84
소유격 123, 182
소전(小篆) 216, 218, 219, 221, 223
수(數) 95, 10
수동태 133
수사 98, 99, 106
순음 46
순치음 20, 46, 51, 174, 175, 176
순행동화 39, 41
술부 85
술어 99, 100, 103, 104, 108, 180
쉬 선(許愼) 205, 221
시앙(湘) 방언 54, 187, 189, 191
是자문 99, 136
시제 95, 120, 126, 128
신어 184
신조어 184
실사(實詞) 98
심리적 연상 178
심층 구조 92, 94
쐐기문자 203

ㅇ

아리스토텔레스 96
아언(雅言) 188
알타이 어족 196

압운 44
앙리 마스페로 198
양거 169, 192
양사(量詞) 98, 99, 107, 185
양사오(仰韶) 문화 204
양상 169, 192
양순음 20, 46, 51, 174, 175, 176
양입 169, 192
양조 169, 170, 192
양평 54, 169, 192
앤 전칭(顔眞卿) 220
어기조사 111, 116, 117
어두 자음군 43, 193, 194
어두음 172
어말 자음 172, 199
어말 자음군 43
어말음 172
어미 73
어순 80, 81, 178, 179, 180, 181
『어언자이집(語言自邇集)』 228, 229
어족 186, 194, 195
어중음 172
어휘 변화 181
어휘 형태소 61, 72, 73
어휘론 137, 138
억양 53
언약 157
언어 행위 156
언표 내적 행위 156, 159
언표적 행위 156
언향적 행위 156

여격 123, 124
역사 언어학 14, 165
역사비교언어학 165, 166, 193
역행동화 40, 41
연구개음 21, 46, 171
연동문(連動文) 102, 136
연합복문 136
영성모 176, 193, 194
예서(隸書) 210, 217, 218, 219, 220, 221
5대 어족 195
오도제(五度制) 표기법 55, 67
오드리쿠르 199
오스트로네시아(Austronesia) 어족 196, 197
오스트로아시아 어족 200
오우양 쉰(歐陽詢) 220
완료상 129, 130
완전 동사 100
왕 시즈(王羲之) 220
왕 이룽(王懿榮) 204, 211
왕 츠종(王次仲) 220
외래어 184, 185
요령의 격률 163
『용감수감(龍龕手鑑)』 224
용언 73
우(吳) 방언 54, 55, 187, 189, 191
우랄 어족 196
우랄·알타이 어족 196
운(韻) 15, 45, 228
운도 15, 16

운두 27, 44
운모 27, 44, 46
운미 27, 44, 46, 171, 194
운복 27, 44
운서 15, 171, 173
운율론 29, 51
운율소 44, 51
원순 모음 25, 171
웨이드식 표기법 228, 229
웨이드·자일스 표기법 228
위에(粤) 방언 54, 173, 187, 189, 190, 192, 194
유기음 23, 24, 45
유성음 22, 45, 169
유음 23
有字文 101, 136
유추 173, 178
유표항 35
유형론적 분류 197
육서(六書) 222
은유 151, 154
은허(殷墟) 문자 210
음거 169, 192
음상 169, 192
음성 변화 167, 168, 170, 177
음성 자질 34
음성 전위 171
음성학 12, 13, 17
음성학적 적합성 72
음소 12, 29, 30, 31
음소론 29

음역 54, 184, 185
음운 규칙 37, 38
음운 변동 37, 38
음운 부문 94
음운 분열 174, 175, 176
음운 합류 174, 176
음운론 12, 13, 29, 138
음운학 15
음입 169, 192
음절 29, 42
음조 169, 170, 192
음평 54, 55, 169, 192
음향 음성학 17
의문 대명사 106, 179, 181
의문문 133, 158, 159
의문법 132, 133
의미 규칙 152
의미 부문 94
의미론 13, 137, 138
의성사(擬聲詞) 98
의성어 120
의역 184, 185
의존 형태소 61, 66, 75, 76
의존명사 131
이두(吏讀) 226, 227
이인칭 124, 183
이중 모음 26, 27, 31, 43, 48, 53
이중 분절 30
이체자 222, 230, 231
이판사판 154
이합사(離合詞) 118

이화 171
이화작용 40, 171
인과관계 118
인도·유럽 어족 197
인칭 121, 124, 126
인칭 대명사 106, 121, 125, 158, 182
일반 언어학 11, 12
일본 한자음 167
일인칭 124, 182
입성 169, 172, 192
입성 운미 173
입파삼성 172

ㅈ

자동사 100
자립 형태소 61, 75, 76
자오 위앤런 67
자음 19, 42
『자휘(字彙)』 225
장모음 52, 53
장애음 45
장초(章草) 219
재구 193
저모음 25
전사 18
전서(篆書) 210, 216
전설 모음 25
전제 159, 160
전주 222, 223
전청 169
전치사(介詞) 87, 98, 110, 111, 179,

181
전치사구 87, 180, 181
전탁 169, 170
전통문법 83
전환 관계 118, 119
절 87, 118, 135
접근음 23
접사 73
접속사(連詞) 98, 118
정관사 121
정도보어 113, 128
정문(正文) 136
정반 의문문 113
정서(正書) 220
정태(靜態) 언어학 14
제1차 기본 모음 25
제2차 기본 모음 25
제치호 47, 49, 51
제프리 리치 163
조건 관계 118
조건 변화 168, 169, 177
조동사 100, 104
조사 73, 98, 111
조어 166, 186, 194
조음 음성학 17, 18
존 설 157
존 오스틴 156
존스 25
존현문(存現文) 102, 136
종속절 136
종정문(鐘鼎文) 215

주격 123, 182, 183
주문(籒文) 215, 21
주부 85
주술술어문 103
주어 182
주요모음 27, 44, 46, 171
주음부호 227, 228, 229
주절 136
주종관계 118
중고 중국어 168, 169, 174
중국 한자음 167, 199
중국어파 186
중국·티베트 어족 186, 196, 198
중모음 48
중문 135
중부 방언 187, 190, 193
중순음 46
중앙 모음 25
『중원음운(中原音韻)』 171
중의(重義) 93
중의성 152, 153, 154
중첩 76, 77, 78, 104, 105
중화 34
지사(指事) 205, 212, 222, 223
지사문자 206
지사자 205
지시 157
지시 대명사 99, 106, 132, 158
직시(直示) 158
직유 151
직접 화행 158, 159

진서(眞書) 220
진예(秦隷) 218
진행상 129
쯔놈 226, 227

ㅊ

차용 184
차청 169
차탁 169
창 지에(蒼頡) 203
처소격 123, 124
첨가어 197
첨단불분 177
첨음 177
청유법 133
청음 169
청취 음성학 17
체언 73
초분절 음소 51
초분절음 28
초서(草書) 219, 220
촘스키 85, 91
촬구호 47, 49, 51, 168
최소 대립쌍 30
치음 20
치조음 20, 46
치조·경구개음 21, 46
치·치조음 20, 46
7대 방언 54, 173, 187, 190
칭찬의 격률 163

ㅋ

커지아(客家) 방언 54, 173, 187, 189, 190, 194
콤리 126
크메르어 197, 198
키푸 202

ㅌ

타동사 100
타이 말 124
타이 어족 199, 200
탁상변거 170
탁음 169
태 95, 121, 133
토마스 웨이드 228
통사 변화 178
통사 부문 94
통사론 13, 79
통시 언어학 14
통합 관계 142, 143
통합적 관계 138, 150
퉁구스 어족 196
튀르크 어족 196
티베트어 196
티베트·버마어파 186

ㅍ

파롤 11, 84
파생 72, 73, 76, 78
파생 관계 142
파생 접사 73, 74, 75

파열음 23, 45
把자문 136
被자문 136
파찰음 23, 45
편문(偏文) 136
편방(偏旁) 211, 230, 231
편정복문 136
평분음양 170
평서문 116, 133, 158, 159
평서법 132, 133
평성 169, 170, 172, 192
평순 모음 25
폐쇄음 23
폐음절 43
포유복문 136
표준 이론 92, 94
표층 구조 92, 93, 94
표현 157
품사 95, 97, 98
플라톤 96
피동문 134
피동태 133
破音字 144

ㅎ

하위 138, 146, 150
하위어 150
한국 한자음 167, 194
한어 186
한어병음자모 18, 37, 227, 228, 229
한예(漢隸) 218

함의 160, 161
함축 162
합구호 47, 51
합성 72, 75, 76, 78, 184
합성어 75, 76, 77, 78
합체자(合體字) 222
항목과 과정 64
항목과 배열 64
해서(楷書) 181, 210, 218, 219, 220
행균(行均) 224
행서(行書) 220
향찰 227
허사(虛詞) 98
현대 중국어 168
협력의 원리 162
형부(形符) 209
형부(形部) 223
형성 212, 222, 223, 227
형성자 182, 209, 213, 227
형용사 96, 98, 104, 105, 106, 108, 121, 122
형태 61
형태론 13, 57, 72, 79, 127
형태소 13, 57, 59, 84, 126, 128, 181
형태음소론 65
형태음운론 65, 70
호격 123
혼성문 135
화용론 155, 160
화행 156
환치 30

활용 73
활용 어미 73
회의(會意) 207, 212, 222, 223, 227
회의자 227
후설 모음 25
후치사 86
훈고학 14
히라가나 219

A

a baker's dozen 154
accusative 123
acoustic phonetics 17
active voice 133
adverb phrase 86
affricate 23
Afroasiatic languages 196
agglutinative language 197
Agreement Maxim 163
allomorph 61
allophones 32
alveolar 20
ambiguity 152
analogy 173
analytical 137
André Martinet 30
antonymy 148
Approbation Maxim 163
approximant 23
articulatory phonetics 17
aspect 95, 120
aspirated 23, 34
assertives 157
assimilation 39, 171
association 178
auditory phonetics 17
Austroasiatic languages 197
Austronesian languages 195

B

back vowels 25
bilabial 20

C

cardinal vowel system 25
case 95, 120
closed syllable 43
coda 42
collocation 150
commissives 157
commutation 30
complementary 148
complementary distribution 32
composition 72
Comrie 126
conjugation 73
consonant 19, 34, 42
continuant 34
cooperation 162
Copenhagen) 84
coronal 34

D

D. Jones 25
dative 123
declarations 157
declension 73
deixis 157, 158
dental 20
dental-alveolar 20
derivation 72
determiner 86
Dionysius Thrax 96
diphthong 26, 48
directives 157
dissimilation 40, 171
distinctive feature 34
distributionalism 84
dorsal 34
double articulation 30

E

ending 44
entailment 160
expressives 157

F

Ferdinand de Saussure 11
final 44
fricative 23
front vowels 25
function word 80

G

gender 95, 120
Generosity Maxim 163
genetic classification 195
genitive 123
Geoffrey Leech 163
glottal 21
Greenberg 82
Gricean maxims 162

H

Half-Third Tone Rule 68
Hamito-Semitic languages 196
high vowels 25
homograph 144

I

idiom 154
illocutionary act 156
implication 162
implosive 23
Indo-European languages 195
inflection 72
inflectional language 197
initial 44
intonation 53
IPA 17, 177
isolating language 197
item and arrangement 64
item and process 64

J

John Austin 156
John Searle 157

L

labial 34
labiodental 20
Ladefoged 31
language 83
langue 11, 83
lateral 23
length 19, 27, 51
Leonard Bloomfield 84
linguistic competence 85
locutionary act 156
low vowels 25

M

manner of articulation 19
marked 35
medial 44
metaphor 151
metathesis 172
mid central vowel 25
minimal pair 30
Modesty Maxim 163
monophthong 48
mood 95, 120
mora 53
morph 61
morpheme 57

morphology 13, 57
morphophonemics 65

N

nasal 22, 34
nasal vowels 26
neutral tone 56
Neutral Tone Rule 68
neutralization 34
Niger-Congo languages 195
nominative 123
noun phrase 86
nucleus 42, 44
number 95, 120

O

Old Sino-Vietnamese 174
onset 42
open syllable 43
operational 137
oracle bone script 210
oracle bones 210
oral 22
OSV 174, 175, 176, 200

P

palatal 21, 36
palato-alveolar 21
parole 11, 84
part of speech 95
passive voice 133

perlocutionary act　156
person　121
phoneme　29
phonemics　29
phonetic compatibility　72
phonetic feature　34
phonetics　13, 17
phonological variation　37
phonology　13, 29
phrasal verb　58, 91
phrase structure rule　88
pitch　19, 27, 51, 54
place of articulation　19
plosive　23
Politeness Principle　163
polysemic word　139
polysemy　139
postposition　86
pragmatics　155
Prague　84
preposition　87
prepositional phrase　87
presupposition　159
primary cardinal vowels　25
prosodeme　51
prosody　29, 51

Q

quipu　202

R

reciprocal　148
reconstruction　193
register　54
retroflex　20
retroflexion　72
rewriting　88
rhyme　15, 42
rounded vowels　25

S

schwa　25
secondary cardinal vowels　25
segmental sound　27
segmentation　27
semantic rule　152
semantics　13, 137
Semito-Hamitic languages　195
sentence　79, 84
simile　151
Sino-Tibetan languages　195
Sino-Vietnamese　174
sonorant　34
SOV　82, 179, 181
speech act　156
standard theory　92
stop　23, 34
stress　19, 27, 51
strident　34
structure　83
substitution　96

suprasegmental phoneme   51
suprasegmental sound   28
SV   174, 175, 176, 200
SVO   82, 178, 179, 181, 198
syllable   42
Sympathy Maxim   163
synonymy   146
syntax   13, 79

T

Tact Maxim   163
tense   95, 120
Thai   124
Thomas Francis Wade   228
tone   27, 53
Traditional grammar   83
transcription   18
transformational generative

grammar   85
triphthong   48
typological classification   197

U

unaspirated   23
unmarked   36
unrounded vowels   25
unvoiced   22
Ural-Altaic languages   195

V

velar   21
verb phrase   86
voice   34, 95, 121
voiced   22
vowel   19, 42
VSO   82